Informatik-Fachberichte

Herausgegeben von W. Brauer
im Auftrag der Gesellschaft für Informatik (GI)

25

Programmiersprachen und Programmentwicklung

6. Fachtagung des Fachausschusses
Programmiersprachen der GI
Darmstadt, 11.-12. März 1980

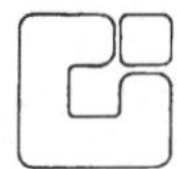

Herausgegeben von H.-J. Hoffmann

Springer-Verlag
Berlin Heidelberg New York 1980

Herausgeber
Prof. Dr. Hans-Jürgen Hoffmann
Fachgebiet Programmiersprachen
und Übersetzer
Institut für Praktische Informatik
Fachbereich 20
Technische Hochschule Darmstadt
Steubenplatz 12
6100 Darmstadt

AMS Subject Classifications (1970): 68 A 05
CR Subject Classifications (1974):   4., 4.1, 4.12, 4.2, 4.22, 4.9, 5.23

ISBN-13:978-3-540-09937-6   e-ISBN-13:978-3-642-67600-0
DOI:10.1007/978-3-642-67600-0

CIP-Kurztitelaufnahme der Deutschen Bibliothek
Programmiersprachen und Programmentwicklung:
6. Fachtagung d. Fachausschusses Programmiersprachen d. GI, Darmstadt,
11. - 12. März 1980 / hrsg. von H.-J. Hoffmann. - Berlin, Heidelberg, New York:
Springer, 1980.
(Informatik-Fachberichte; 25)

NE: Hoffmann, Hans-Jürgen [Hrsg.]; Gesellschaft für Informatik / Fachausschuss
Programmiersprachen

2145/3140 - 5 4 3 2 1 0

Vorwort

Die Fachtagungen, die der Fachausschuß 2 PROGRAMMIERSPRACHEN der Gesellschaft für
Informatik[*] seit 1971 regelmäßig, nunmehr zum sechsten Mal, veranstaltet und in Ta-
gungsbänden dokumentiert, geben Zeugnis von dem jeweiligen Selbst-Verständnis des
Faches PROGRAMMIERSPRACHEN, zumindest aus der Sicht einiger seiner Repräsentanten
und der Vortragenden. Die 6. Fachtagung, die am 11. und 12. März 1980 in Darmstadt
stattfindet, spielt darin sicherlich keine Sonderrolle. Es wurde diesmal eine breitere
Thematik gewählt, wie es aus der Tagungsbezeichnung hervorgeht, nämlich

PROGRAMMIERSPRACHEN UND PROGRAMMENTWICKLUNG.

Jedenfalls wird damit zum Ausdruck gebracht, daß Programmiersprachen nicht nur eine
Zielsetzung in sich haben, d.h. einem Selbstzweck unterworfen sind, sondern zu einem
weiteren Zweck, der Programmentwicklung, in Beziehung treten, in Beziehung treten
müssen. Dieses verbreiterte Selbst-Verständnis hat sich - bedauerlicherweise - im
Tagungsprogramm und als Folge davon im Tagungsband nicht übermäßig deutlich ausge-
wirkt. Die Veranstalter legen allerdings zum Zeitpunkt der Drucklegung die (berech-
tigte) Hoffnung, daß in der vorgesehenen Diskussion über "Software Engineering -
Programmiersprachen, Programmentwicklung -" zu der breiteren Thematik einige beach-
tenswerte Aussagen kommen. Im Tagungsband, der den Tagungsteilnehmern zu Beginn der
Tagung ausgehändigt wird, läßt sich eine solche Diskussion noch nicht einfangen;
ihre Auswirkungen zeigen sich, hoffentlich, an anderer Stelle.

In der Bitte um Vortragsmeldung hatte der Fachausschuß die Thematik der Fachtagung
in die folgenden Worte gefaßt:

> Es soll berichtet werden über neue Konzepte in Programmiersprachen, über die
> Lösung besonderer Probleme bei der Implementierung von Programmiersprachen
> insbesondere bei der semantischen Analyse, Code-Erzeugung und Laufzeitunter-
> stützung, über den Einsatz von Programmiersprachen z.B. zur Systemimplemen-
> tierung, bei Programmgeneratoren, in Systemen, die die Programmspezifikation
> und Programmentwicklung unterstützen, u.ä. sowie über neue Erkentnisse und
> fundierte Wertungen zur Programmiertechnik. Neben diesen Schwerpunkten sind
> auch Meldungen zu allgemein interessierenden Themen aus dem genannten Gebiet
> erwünscht sowie Referate zur Analyse der Programmiersprachen-"Landschaft"
> willkommen.

[*] K. Alber (TU Braunschweig), C. Haenel (Siemens, München), H.-J. Hoffmann
(TH Darmstadt), G. Mußtopf (SCS, Hamburg), H.-J. Schneider (Univ. Erlangen-
Nürnberg), G. Seegmüller (Univ. München) und C. v. Urach (Daimler-Benz,
Stuttgart).

Auf die Bitte am Vortragsmeldung gingen 34 Beiträge ein. In einer breiten, sorgfältigen Begutachtung wurden daraus 13 Beiträge ausgewählt und zur Tagung angenommen. Allen Beitragenden, auch denjenigen, deren Beitrag nicht angenommen wurde, sei an dieser Stelle für die aufgewendete Mühe gedankt. Darüberhinaus wurden noch vier für ihre Arbeiten bekannte Wissenschaftler aufgefordert, in eingeladenen Vorträgen über ihr Arbeitsgebiet zu berichten. Auch hier sei der Dank dafür ausgesprochen, daß sie die Einladung annahmen und in verhältnismäßig kurzer Zeit auch einen schriftlichen Beitrag fertigstellten.

Es mag vielleicht auffallen, daß zwei Teilgebiete aus der Thematik Programmiersprachen und Programmentwicklung, in Anbetracht ihrer Aktualität jedenfalls, unterrepräsentiert sind: Die beiden Fachgruppen des Fachausschußes, nämlich die Fachgruppe "Interaktives Programmieren" und die Fachgruppe "Compiler-Compiler" stehen auf eigenen Füßen und bedürfen für die Darstellung ihrer Arbeit nicht einen Teil einer umfassenderen Fachtagung. Trotzdem war es von der Veranstaltern gerne gesehen, daß die Fachgruppe "Interaktives Programmieren" am 10. März 1980 am gleichen Tagungsort ihr diesjähriges Treffen veranstaltet; Im Heft 4 der Notizen für Interaktives Programmieren werden die Beiträge zu diesem Treffen veröffentlicht.

Allen, die zum Zustandekommen und zur Durchführung der Tagung beigetragen haben, sei an dieser Stelle gedankt. Man sehe es mir nach, daß ich keine Namen aufzähle. Der Dank ist darum nicht geringer. Die Tagungsteilnehmer finden in den Tagungsunterlagen eine Zusammenstellung von Spendern, denen an dieser Stelle - vorab - nun pauschal gedankt sei.

Darmstadt, Dezember 1979   Hans-Jürgen Hoffmann.

INHALTSVERZEICHNIS

Vergleich einiger Konzepte moderner Echtzeitsprachen 1
    U. Ammann
    - eingeladener Vortrag -

The "Design by Objectives" Method for Controlling Maintainability:
    A Quantitative Approach for Software 19
    T. Gilb
    - eingeladener Vortrag -

An Incremental Compiler as Component of a System for Software
    Generation 29
    M. Nagl
    - eingeladener Vortrag -

Recent History and the Furture of COBOL 45
    D. F. Nelson
    - eingeladener Vortrag -

A Critical Review of PASCAL Based on a Formal Storage Model 57
    B. Austermühl, W. Henhapl

Exception Handling with Multi-Exit Statements 71
    R.-J. Back

A Methodology for Message Oriented Programming 83
    P.R.F. Cunha, C.J. de Lucena, T.S.E. Maibaum

LIS as Object Code for an ADA-O-Compiler 95
    M. Dausmann, G. Persch, G. Winterstein

Design Rationale for the Interactive Programming Language CSSA 111
    H.L. Fischer, P. Raulefs

OPTRAN, a Language for the Specification of Program Transformations 125
    I. Glasner, U. Möncke, R. Wilhelm

VI

Some Considerations for an Extension of PL 360 143
    F. Hertweck, I. Precht

Eigenschaften von Programmiersprachen - definiert durch attributierte
    Grammatiken 157
    U. Kastens

Das Konzept des Programmiersprachenkerns von TA3
    - Darstellung eines deskriptiv orientierten Ansatzes - 175
    G. Knorz

Ein Praktikum im Übersetzerentwurf: Struktur und Erfahrungen 189
    H.H. Kron, R. Lutze

A Basis for Secure Systems Implementation Languages 199
    K.-P. Löhr

Benutzergerechtes Editieren - eine neue Sichtweise von Problemlösen
    mit DV-Systemen 211
    H. Oberquelle

Sequentialisierung von Parallelen Prozessen 221
    J. Schauer

VERGLEICH EINIGER KONZEPTE MODERNER ECHTZEITSPRACHEN

Urs Ammann
Contraves AG, Abt. EMGC
Postfach
CH-8052 Zuerich
Switzerland

ZUSAMMENFASSUNG: Einleitend wird den Wurzeln der Multiprogrammierung in den klassischen Programmiersprachen der zweiten Generation - PL/I, Simula und Algol 68 - kurz nachgegangen. Der Hauptteil konzentriert sich auf einige markante Sprachelemente interessanter Sprachen wie Ada, Cuncurrent Pascal, Modula und PEARL und es werden einige Bemerkungen zur Implementierung verschiedener dieser Konzepte gemacht.

ABSTRACT: In the introductory part we follow the roots of multiprogramming in the classical second generation languages PL/I, Simula and Algol 68. In the main part we concentrate on some salient features of interesting languages such as Ada, Concurrent Pascal, Modula and PEARL and comment on the implementation of several of these concepts.

Inhalt
------

1. Einleitung

2. Die klassischen Sprachen der zweiten Generation

3. Moderne Systemimplementationssprachen
   3.1 Concurrent Pascal
   3.2 Modula
   3.3 PEARL
   3.4 Ada

4. Schlussbemerkung

Referenzen

1. Einleitung

Mit der rasanten Zunahme des Einsatzes von Mini- und Mikro-Rechnern im Anwendungsbereich Prozesskontrolle, z. B. zur Steuerung und Regelung von technischen Prozessen, ist das Interesse an den sogenannten Echtzeitsprachen in den letzten Jahren sprunghaft gestiegen. Der hauptsaechlichste Grund dafuer ist, dass man mit der konventionellen, in diesem Einsatzbereich noch immer dominierenden Assemblerprogrammierung an verschiedene Grenzen stoesst. So geben etwa die duerftige Produktivitaet der Maschinenprogrammierer, die nicht mehr bewaeltigbare Komplexitaet neuer Anwendungen, die mangelnde Sicherheit und Modularitaet der entwickelten System-Software und die damit einhergehende Kostenexplosion zu wachsender Besorgnis Anlass. Diesen Problemen wird nun in zunehmendem Mass durch den Einsatz von Echtzeitsprachen Herr zu werden versucht. Die schwerwiegendsten Hemmschuhe bei dieser begruessenswerten Entwicklung sind wohl der Bedarf an qualitativ einwandfreier zusaetzlicher Infrastruktur-Software (Compiler), Effizienzeinbussen in den uebersetzten Programmen und nicht zuletzt das traege Verhaften im Hergebrachten.

Moderne Echtzeitsprachen sind im landlaeufigen Sinn hoehere Programmiersprachen mit einigen zusaetzlichen Sprachelementen, um die Anforderungen der Systemprogrammierung im allgemeinen und der Echtzeitprogrammierung im speziellen abzudecken. Im Idealfall lehnen sie sich im algorithmischen Teil stark an bestehende Sprachen wie Algol, Pascal oder PL/I an und verfuegen ueber ein strenges Typenkonzept, reiche Datenstrukturierungsmoeglichkeiten sowie einen Satz von bewaehrten Anweisungen zur Steuerung des Berechnungsflusses. Um den Beduerfnissen der Systemprogrammierung gerecht zu werden, sollten sie ein Konzept zur Modularisierung von Programmen (wie etwa der Modul in Modula [Wir77] oder das Package in Ada [DoD79]) enthalten. Dazu muss die Moeglichkeit zum Ausdruecken von (pseudo-) parallelen Berechnungen wie etwa die Task (in Ada oder PEARL [KFK77]) oder den Prozess (in Modula) gegeben sein. Diese nebenlaeufigen Berechnungen muessen synchronisiert werden koennen (etwa durch Semaphore wie in Algol68 [Wij69] oder durch Signale wie in Modula) und es braucht ein Sprachelement zum gegenseitigen Ausschluss konkurrierender Prozesse beim Zugriff auf gemeinsame Daten (Monitor in Concurrent Pascal [Han75], Interface-Modul in Modula, Rendezvous in Ada). Daneben sind meist auch Sprachelemente vorhanden, welche die maschinennahe Programmierung erlauben, wie etwa die Einflussnahme auf die Datenrepraesentation und die Adressen von Objekten, die Programmierung von Peripheriegeraeten und damit die Integrierung von Interrupts und des damit zusammenhaengenden Prioritaets-Scheduling ins Benuetzerprogramm. Um schliesslich den Beduerfnissen der Echtzeitprogrammierung gerecht zu werden, muss eine mit der Umwelt synchronisierte Uhr vorhanden sein und es muessen Sprachelemente existieren, welche die Einplanung von Berechnungen mit Bezug auf die Uhrzeit erlauben.

Grundsaetzlich lassen sich die Echtzeitsprachen in zwei Klassen einteilen. Die erste Klasse besteht aus jenen Sprachen, welche die Beduerfnisse der Multiprogrammierung und insbesondere der Echtzeitprogrammierung (fast) ausschliesslich mit Aufrufen von Standardprozeduren oder - weit schlimmer - mit eingestreuten Assemblersequenzen abdecken, also (fast) keine auf diesen spezifischen Anwendungsbereich zugeschnittenen Sprachelemente enthalten. Zu dieser Klasse gehoeren Sprachen wie CORAL66 [HMSO70], RTL/2 [Bar76], sowie verschiedene Erweiterungen von FORTRAN fuer Echtzeitanwendungen. Vom heutigen Stand der Sprachentwicklung muss dieser Ansatz als veraltet bezeichnet werden. Wenn er auch einige wenige Vorzuege wie

explizitere Kontrolle und erhoehte Effizienz der Objektprogramme
aufzuweisen hat, so vermag er doch konzeptionell nicht zu befriedigen
und bedeutet in jedem Fall Verlust an Sicherheit, Modularitaet und
Uebertragbarkeit.

Zur zweiten Klasse gehoeren jene Sprachen, die den Beduerfnissen der
Multiprogrammierung durch geeignete Sprachkonstrukte nachkommen. Zu
ihnen gehoeren weniger bekannte Vertreter wie PROCOL [PRO70], HAL/S
[HAL75] und PORTAL [Lie79], von denen in der Folge nicht oder nur am
Rande die Rede sein wird, und prominentere Vertreter wie Ada [DoD79],
Concurrent Pascal [Han75], Modula [Wir77] und PEARL [KFK77]. Ihnen
wird der Hauptteil des Vortrages gewidmet sein.

Zunaechst soll jedoch kurz den Urspruengen der Multiprogrammierung in
der Mitte der 60er Jahre entstandenen Sprachen der zweiten Generation
nachgegangen werden.

2. Die klassischen Sprachen der zweiten Generation

Es ist fuer das Verstaendnis der Sprachelemente moderner
Echtzeitsprachen recht nuetzlich, kurz auf die Grundlagen der
Multiprogrammierung in den klassischen Sprachen Algol 68 [Wij69], PL/I
und Simula [Dah66] einzugehen.

Die erste, wenn auch keineswegs verwunderliche Feststellung, die dabei
gemacht werden kann, ist die, dass sich die grundsaetzlich unter-
schiedlichen Sprachphilosophien auch in den Mitteln zur Beschreibung
von parallelen Berechnungen wiederspiegeln: in Algol68 Beschraenkung
auf das absolut Notwendige, in PL/I eine Fuelle von Sprachelementen
und in Simula die Rueckfuehrung auch dieser Beduerfnisse auf das
zentrale Sprachelement, die Klasse.

Algol68, das sich ja durch wenige "orthogonale" Konzepte auszeichnet,
die jedoch beliebig miteinander kombiniert zu einer maechtigen
Vielfalt werden, beschraenkt sich auf zwei in ihrer Schlichtheit nicht
mehr zu uebertreffende Sprachelemente. Es ist dies einerseits der
Datentyp SEMA mit den auf Sema-Variablen anwendbaren monadischen
Operatoren /, ↓ und ↑ (Initialisierung, P- und V-Operation).
Andererseits existiert eine Parallel-Klausel, in der nebenlaeufige
Berechnungen voneinander durch Kommata getrennt und durch Klammern zu
einer Einheit zusammengefasst werden koennen, der zur Kennzeichnung
das Symbol PAR vorangestellt wird. Damit lassen sich Prozesse kreieren
und starten, deren Synchronisation durch n-wertige Semaphore
ermoeglicht wird. Zusaetzliche Sprachelemente, etwa zum garantierten
gegenseitigen Ausschluss beim Zugriff mehrerer Prozesse auf deren
gemeinsame Daten gibt es nicht, kann jedoch mit Semaphoren explizit
ausprogrammiert werden (vergl. unten).

Ein kleines Beispiel aus dem Algol68-Report moege den Gebrauch von
Parallel-Klauseln und Semaphoren illustrieren. Es implementiert eine
Menge von Produzenten, die Seiten produzieren, welche sie in einem
gemeinsamen Magazin abliefern. Hier werden sie von Konsumenten
abgeholt und konsumiert.

```
begin int nmb magazine slots, nmb producers, nmb consumers;
  read ((nmb magazine slots, nmb producers, nmb consumers));
  [1 : nmb producers] file infile, [1 : nmb consumers] file outfile;
  for i to nmb producers do open (infile [i], inchannel [i]);
    ¢ inchannel and outchannel are defined in a surrounding range ¢
  for i to nmb consumers do open (outfile [i], outchannel [i]);
  mode page = [1 : 60, 1 : 132] char;
  [1 : nmb magazine slots] ref page magazine;
  int ¢ pointers of a cyclic magazine ¢ index := 1, exdex := 1;
  sema full slots = / 0, free slots = / nmb magazine slots,
    in buffer busy = / 1, out buffer busy = / 1;
  proc par call = (proc (int) p, int n) ¢ calls n incarnations of p in
    parallel ¢ : (n > 0 | par (p (n), par call (p, n - 1)));
  proc producer = (int i) : do (heap page page; get (infile[i], page);
    ↓ free slots; ↓ in buffer busy;
    magazine [index] := page; index ÷::= nmb magazine slots +:= 1;
    ↑ full slots; ↑ in buffer busy;
  proc consumer = (int i) : do (page page;
    ↓ full slots; ↓ out buffer busy;
    page := magazine [exdex]; exdex ÷::= nmb magazine slots +:= 1;
    ↑ free slots; ↑ out buffer busy; put (outfile [i], page));
  par (par call (producer, nmb producers),
       par call (consumer, nmb consumers))
end
```

Das Beispiel zeigt schoen zwei in ihrer Natur verschiedene Synchronisationsbeduerfnisse:
- Wenn das Magazin voll resp. leer ist, muessen die Produzenten resp. Konsumenten, die eine Seite abliefern, resp. holen wollen, warten (Semaphore full slots, free slots).
- Wenn ein Produzent resp. Konsument die kritischen Daten des Magazins manipuliert, so duerfen die andern Produzenten resp. Konsumenten keinen Zugriff haben (Semaphore in buffer busy, out buffer busy). Dagegen koennen ohne weiteres gleichzeitig ein Produzent und ein Konsument am Magazin operieren.

Anders als in Algol68, welches als systematische Verallgemeinerung von Algol60 verstanden werden muss, wurde in PL/I versucht, die als erfolgreich eingestuften Sprachelemente von Algol60, COBOL, FORTRAN und LISP zu vereinen. Die dabei verbliebenen Luecken wurden durch eine ganze Reihe von neuen Sprachkonstrukten abzudecken versucht.

Ein grundsaetzlich neues Element ist die Task, welche eine in sich sequentielle Berechnung definiert, die jedoch parallel zu anderen Berechnungen geschehen kann. Kreiert wird eine Task ueber die normale CALL-Anweisung mit der auch Prozeduren aufgerufen werden, wobei die Existenz optioneller Attribute die Task-Kreation vom simplen Prozeduraufruf unterscheidet:

```
CALL p(a1,...,an),TASK(task name),EVENT(event name),PRIORITY(n);
```

normaler Proz.auf-   optionelle Attribute, welche die Ausfuehrung
ruf mit akt. Para-   von p nebenlaeufig machen
metern a1...an

MIt dem TASK-Attribut kann der Task zwecks spaeterer Identifizierung ein Name gegeben werden, mit dem PRIORITY-Attribut wird die Ausfuehrungsprioritaet der Task in Relation zu den Prioritaeten der andern Tasks gestellt, was die Prozessorverwaltung beeinflusst, sofern weniger Prozessoren zur Verfuegung stehen, als lauffaehige Tasks vorhanden sind. Schliesslich kann ueber das EVENT-Attribut ein Ereignis mit der Beendigung der zugehoerigen Task p verknuepft werden. Dieses Ereignis - welches also eintritt, wenn p beendet ist - kann in der Task, welche p kreiert hat, abgewartet werden. Die allgemeine Form dieser Synchronisationsanweisung lautet "WAIT(e1,e2,...em) k". Hierin

sind die ei Namen von Ereignissen und das optionelle k (1<=k<=m,
Defaultwert k = m) ist eine ganze Zahl. Die Ausfuehrung dieser
Anweisung bewirkt, dass die Task, welche sie enthaelt warten muss, bis
mindestens k der m Ereignisse eingetreten sind.

Ferner gibt es in PL/I sogenannte ON Condition, mit denen waehrend den
Berechnungen auftretende Bedingungen (wie Ueberlauf oder Division
durch Null) abgefangen werden koennen. Jede ON-Anweisung definiert
effektiv eine Prozedur, die jedoch (normalerweise) nicht explizit
aufgerufen wird, sondern beim Eintreten der mit ihr assoziierten
Bedingung implizit zur Ausfuehrung gelangt. Damit ist in PL/I auch die
Behandlung von Hardware-Interrupts ermoeglicht.

Allein diese - keineswegs erschoepfende - Darstellung der Moeglichkeiten von PL/i zeigt, dass es sich hier um eine Sprache handelt, in
der nicht die Duerftigkeit, sondern die Vielfalt der Mittel
beaengstigend ist.

Von unwesentlichen Einschraenkungen abgesehen, ist Simula eine echte
Erweiterung von Algol60. Als besonders fruchtbar erwies sich dabei die
Klasse, in welcher Daten und zugehoerige Prozeduren zu einer Einheit
zusammengefasst werden koennen. Erstmals wurde damit der Tatsache
Rechnung getragen, dass nicht nur Prozeduren ihre lokalen Daten
brauchen, an denen sie operieren koennen, sondern dass auch umgekehrt
Daten ihre lokalen Prozeduren brauchen, die sie manipulieren. Dieses
fuer die Modularisierung von Programmen sehr wichtige Konzept lebt in
verfeinerter Form in allen modernen Programmiersprachen fort (Modul in
Modula, Package in Ada, Class in Concurrent Pascal).

Syntaktisch ist die Deklaration einer Klasse einer Prozedurdeklaration
sehr aehnlich. Das einleitende Symbol CLASS wird gefolgt vom
Klassennamen, der Liste der formalen Parameter, dem Parameter-
Spezifikationsteil und einer Anweisung - gewoehnlich einem Block - in
dieser Reihenfolge. Semantisch besteht jedoch ein grundlegender
Unterschied. Waehrend Prozeduren aufgerufen werden, werden Klassen
instanziiert. Ein Prozeduraufruf bewirkt die implizite Kreation eines
Datensegmentes fuer die lokalen Daten der Prozedur gefolgt von der
Ausfuehrung der Prozeduranweisungen, der anschliessenden Vernichtung
des kreierten Datensegmentes und der Rueckkehr zum Aufrufsort. Anders
jedoch, wenn eine Inkarnation, d.h. Instanz einer Klasse verlangt
wird. Dies geschieht ueber den Generator NEW, auf den der Klassenname
folgt, und bewirkt zunaechst ebenfalls die Kreation eines lokalen
Datensegmentes gefolgt von der Ausfuehrung der Klassenanweisungen,
falls vorhanden. Dann aber erfolgt ohne Loeschen des lokalen
Datensegmentes die Rueckgabe der Kontrolle an die Stelle der
Generierung, wo der weitere Zugriff zur Klasseninstanz mit einer
Zuweisung der Referenz auf das generierte Datensegment an eine
Referenzvariable v sichergestellt wird. Ueber v kann nun weiter an der
Klasseninstanz operiert werden, indem ein zur Klasse lokaler Name n
ueber die Bezeichnung v.n weiterhin zugreifbar bleibt. Die Klassen-
instanz und damit das ihr zugeordnete Datensegment verschwindet erst,
wenn es keine Referenz mehr auf sie gibt.

Die in einem Klassenrumpf allenfalls enthaltenen Anweisungen sind also
als Initialisierung jeder der Klasseninstanzen zu verstehen. Neben
einem solchen Initialisierungsteil kann eine Klasse aber auch noch
einen Finalisierungsteil haben, der fuer jede Inkarnation bei deren
Verschwinden ausgefuehrt wird, wodurch ein sauberer Abschluss jeder
Inkarnation erzwungen werden kann. Zu diesem Zweck ist der
Anweisungsteil durch "INNER;" in zwei Teile zu teilen. Der erste Teil
stellt die Initialisierung, der zweite Teil die Finalisierung dar.

Aufbauend auf dem fundamentalen Konzept der Klasse, koennen nun in

Simula mit Hilfe der Anweisungen DETACH und RESUME Ko-Routinen realisiert werden. DETACH, welches nur im Anweisungsteil einer Klasse stehen kann, bewirkt, dass die Ausfuehrung der Klasseninkarnation unterbrochen wird und zur Stelle zurueckgekehrt wird, wo die Kontolle an diese Inkarnation abgegeben wurde (d.h. hinter das NEW resp. hinter ein RESUME). Die Anweisung RESUME v bewirkt, die Abgabe der Kontrolle an die als Argument angegebene Klasseninkarnation v, und zwar hinter die Stelle ihrer letzten Unterbrechung. Waehrend bei Prozeduren zwischen der aufrufenden und der aufgerufenen Instanz immer eine Master/Slave-Beziehung besteht, koennen sich also Ko-Routinen gegenseitig gleichberechtigt aktivieren.

In besonderen, sogenannten Simula-Bloecken ist es ferner erlaubt, Prozess-Klassen (ACTIVITY) zu deklarieren. Die mit Hilfe dieser Klassen generierbaren Prozess-Instanzen sind Prozesse im Sinne der Simulation von Systemen diskreter Ereignisse, d.h. sie haben aktive Phasen, waehrend denen die Zeit stillsteht, in denen aber eine Zustandsveraenderung des Systems geschieht, und inaktive Phasen, waehrend denen die Zeit verstreicht, ohne dass das System seinen Zustand aendert. Zwischen den aktiven Phasen eines Prozesses koennen beliebig viele aktive Phasen anderer Prozesse stattfinden, was zu einem quasi-parallelen Ablaufen der Prozesse fuehrt. Aktive Phasen werden Ereignisse (events) genannt. Es ist immer genau ein Prozess aktiv. Die aktiven Phasen der Prozesse werden durch spezielle Anweisungen explizit in eine zeitlich geordnete Warteschlange (sequencing queue SQS) eingeplant, und zwar entweder mit direktem Bezug auf die Systemzeit TIME (DELAY, AT, hold) oder dann mit Bezug auf eingeplante (aktive) Phasen anderer Prozesse (BEFORE, AFTER, PRIOR). Die zeitliche Verzahnung der Prozesse geschieht also vollstaendig unter Programmkontrolle, was den Einplanungsanweisungen (scheduling statements) den Charakter von Synchronisationsanweisungen gibt.

Neben dem Zustand aktiv gibt es drei weitere, inaktive Zustaende, in denen sich ein Prozess befinden kann, naemlich suspendiert, wenn ein Ereignis fuer ihn eingeplant ist, passiv, wenn keines eingeplant ist und terminiert, wenn der Prozess beendet ist. Die Zustandsuebergaenge in Abhaengigkeit der Einplanungsanweisungen lassen sich etwa wie folgt veranschaulichen (p, p0 sind Prozesse):

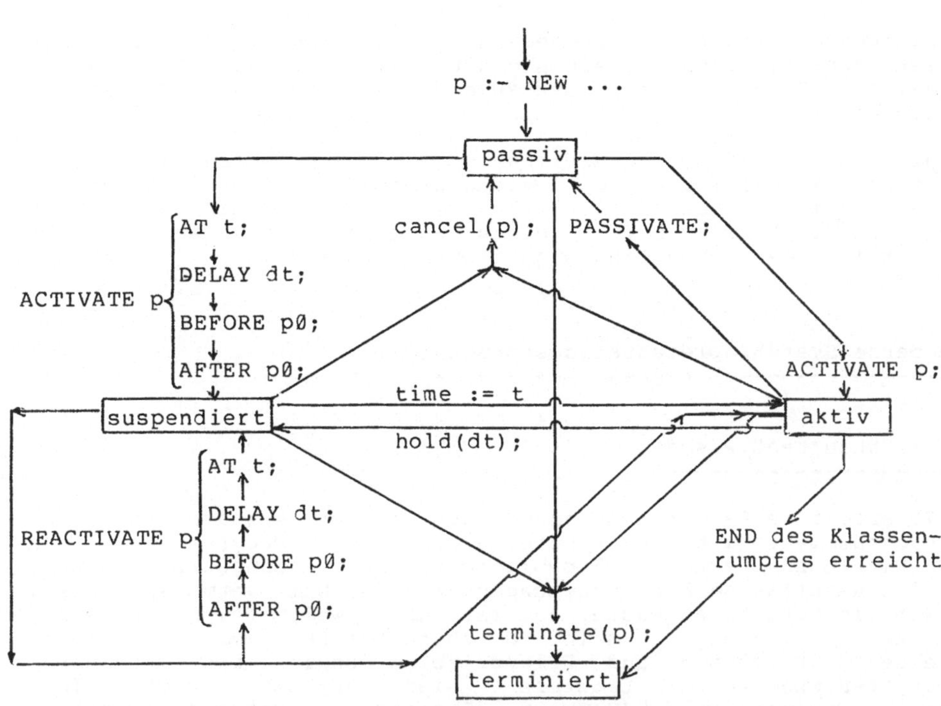

Was ist nun die Beziehung zwischen dem klassischen
Prozedurmechanismus, den alle drei Sprachen, Algol68, PL/I und Simula
beibehalten haben und den neuen Konzepten der parallelen Berechnungen
von Algol68 (PAR-Klausel) und PL/I (Task), sowie den Ko-Routinen und
den ereignisorientierten diskreten Prozessen von Simula? Eine
Charakterisierung der Natur der verschiedenen Aufrufe und deren
Konsequenzen fuer die Implementierung mag dies verdeutlichen:

Prozeduraufrufe sind – wie bereits erwaehnt – asymmetrische Aufrufe.
Sie definieren eine strikt sequentielle Verarbeitung. Die
Implementierung der nach dem LIFO-Prinzip zu verwaltenden Daten
geschieht durch einen einfachen Stack.

Ko-Routinen-Aufrufe sind symmetrische Aufrufe. Mit ihnen laesst sich
eine rudimentaere Form von Pseudo-Parallelismus realisieren. Die Ko-
Existenz der Daten verlangt nach einem unabhaengigen Stack pro Ko-
Routine.

Ereignisorientierte Prozesse werden durch eingeplante Aufrufe
aktiviert. Es braucht also Laufzeitroutinen zur Verwaltung des SQS.
Das eigentliche Prozess-Scheduling allerdings geschieht durch die
Einplanungsanweisungen im Benutzerprogramm selbst und erlaubt eine
verallgemeinerte Form des Pseudo-Parallelismus.

Tasks (und PAR-Berechnungen) schliesslich sind charakterisiert durch
ungeplante Aufrufe. Es braucht also einen Scheduler, der die
allenfalls notwendigen Sequenzialisierungen der parallelen
Berechnungen selbst vornimmt. Dabei ist dieser Scheduler, abgesehen
von eventuellen Prioritaetsbedingungen (Task-PRIORITY) und expliziter
Synchronisationsanweisungen (WAIT) in seinen Entscheidungen frei,
wobei fuer eine vernuenftige Implementierung allerdings ein faires
Scheduling vorausgesetzt werden muss, was eine positive
Ablaufgeschwindigkeit aller Tasks verlangt. Sind aber mehrere
Prozessoren verfuegbar, so koennen Tasks unter den genannten

Nebenbedingungen effektiv parallel ablaufen. Die Organisation der Daten ist derart, dass sie einen gegabelten Stack darstellen, wobei jede dynamische Kreation einer Task zu einer Gabelung des Stacks in zwei Teile Anlass gibt.

Den Konzepten Prozedur, Ko-Routine und ereignisorientierter Prozess liegt also ein Modell mit einem einzigen Prozessor zugrunde. Nicht so beim Task-Konzept, das parallele Berechnungen zulaesst, wobei selbstverstaendlich der Effekt eines Programmes unabhaengig vom konkret realisierten Scheduling-Algorithmus sein muss.

3. Moderne Systemimplementationssprachen

3.1 Concurrent Pascal

Seit 1972 arbeitete Per Brinch Hansen nach eigener Aussage an einer neuen Programmiersprache fuer die Strukturierte Programmierung von Computer-Betriebssystemen. 1975 publizierte er im Concurrent Pascal Report das Resultat seiner Bemuehungen. Wie der Name vermuten laesst, lehnt sich die Sprache an Pascal an, ist aber weit davon entfernt, eine echte Erweiterung zu sein. So fehlen zum Beispiel - verstaendlicherweise - Filetypen und Filevariablen sowie die Standard-Input/Output-Prozeduren. Letztere sind ersetzt durch einen universellen Treiberaufruf "IO(Daten, Operation, Geraet)". Direkte, maschinennahe Geraeteprogrammierung gibt es im Gegensatz zu vielen andern Systemimplementierungssprachen nicht. Hansen stellt sich hier auf den Standpunkt, dass es fuer die Qualitaet und insbesondere die Sicherheit der Programme besser sei, wenn maschinennahe Elemente wie Register, Adressen und Interrupts von der Sprache ausgeschlossen sind. Auch Zeigertypen und damit die Moeglichkeit zur expliziten dynamischen Generierung von Variablen fehlen in Concurrent Pascal. Solche Variablen stellen natuerlich ebenfalls eine potentielle Fehlerquelle dar und verlangen erst noch eine dynamische Speicherverwaltung. Gerade diese wird aber in Concurrent Pascal strikt vermieden, indem die in einem Programm vorkommenden Prozesse permanent sind und damit deren Anzahl konstant ist und ueberdies keinerlei rekursive Aufrufe gestattet sind. Damit kann die Speicherverwaltung statisch geschehen, indem zur Compilationszeit bestimmt werden kann, wieviel Speicherplatz die Datenbereiche der einzelnen Systemkomponenten zur Laufzeit maximal benoetigen werden. Die Beschraenkung auf eine fixe Anzahl von Prozessen begruendet Hansen damit, dass dies die Semantik und die Implementierung der Sprache betraechtlich vereinfache und zudem fuer eine grosse Klasse von Echtzeitanwendungen voellig genuegend sei.

Die wesentlichste Erweiterung gegenueber Pascal stellen die beliebig schachtelbaren Systemtypen dar. Concurrent Pascal erlaubt die Vereinbarung von Prozess-, Klassen-, und Monitor-Typen. Prozesse definieren potentiell parallele Berechnungen und sind in dieser Eigenschaft den PL/I-Tasks aehnlich. Sie werden jedoch nicht aufgerufen, sondern zu Beginn der Ausfuehrung eines Programmes durch eine sogenannte Initialisierungsanweisung (INIT) gestartet. Prozessprioritaeten koennen keine spezifiziert werden.

Die Klasse ist eine eingeschraenkte Form der Simula-Klasse, eingeschraenkt in erster Linie darum, weil deren Instanzen nicht dynamisch durch einen Generator kreiert, sondern quasi-statisch durch die Deklaration einer Klassenvariablen vereinbart wird. Diese Klassen haben lediglich einen Initialisierungsteil, jedoch keinen Finalisierungsteil. Die Initialisierung wird durch die Ausfuhrung einer INIT-Anweisung veranlasst. Lokale Variablen einer Klasseninstanz und deren Prozeduren sind von aussen nicht zugreifbar. Eine Ausnahme bilden jene Prozeduren einer Klasse, welche in ihrer Deklaration als sogenannte Entry-Prozeduren gekennzeichnet sind.

Waehrend Simula in seiner Eigenschaft als Simulationssprache das Prozess-Scheduling vollkommen dem Benuetzer ueberlasst, gibt es in Concurrent Pascal zwei auf die spezifischen Beduerfnisse der quasi-parallelen Berechnungen zugeschnittene Synchronisationshilfen. Mit dem Monitor steht dem Programmierer ein Sprachelement zur Verfuegung, welches den gegenseitigen Ausschluss von Prozessen bei deren Zugriff auf gemeinsame Daten sicherstellt. Die Idee des Monitors, welche von Dijkstra [Dij71] stammt, wurde von Hoare [Hoa74] und Hansen aufgegriffen und konkretisiert. Ein Monitor ist eine Klasse, deren Entry-Prozeduren gleichzeitig von mehreren Prozessen aufgerufen werden koennen. Da die lokalen Daten eines Monitors, wie diejenigen jeder gewoehnlichen Klasse, von aussen nicht zugegriffen werden koennen, muessen sie ueber Entry-Prozeduren manipuliert werden. Concurrent Pascal garantiert nun, dass jederzeit hoechstens ein Prozess eine solche Prozedur ein und desselben Monitors ausfuehrt (d.h. darin aktiv ist). In der Terminologie von [Han73] ist dies das sogenannte "Short-Term Scheduling" der Prozesse durch die unterliegende virtuelle Maschine. Dieses Scheduling macht die Implementierung der Aufrufe von Monitorprozeduren wesentlich komplizierter als jene fuer Klassenprozeduren. Eine einfache Scheduling-Strategie wie etwa "first come, first served" ist darum angebracht, wenn die Effizienz der Programme nicht leiden soll.

Periphere Geraete muessen als in der Hardware implementierte Monitore angesehen werden, deren Entry-Prozedur IO den aufrufenden Prozess solange verzoegert, bis die verlangte Input/Output-Operation abgeschlossen ist. Eine Implementierung der Monitore durch Semaphore wird in [Hoa74] gegeben.

Neben dem Monitor stellt die Sprache noch ein Mittel, und zwar fuer das "Medium-Term Scheduling" zur Verfuegung. Es ist dies die QUEUE, ueber welche Prozesse unter expliziter Programmkontrolle synchronisiert werden koennen. Zu diesem Zweck ist es erlaubt, innerhalb von Monitoren Variablen q vom Standardtyp QUEUE zu deklarieren. Mit der Anweisung DELAY(q) wird der Prozess, der sie ausfuehrt in die Warteschlange q zum Schlafen gelegt (inaktiv gemacht), bis er durch die Ausfuehrung der Anweisung CONTINUE(q) von einem andern Prozess wieder geweckt (aktiviert) wird. Beispielsweise muss ein Konsumentenprozess, der Daten aus einem gegenwaertig leeren Puffer abholen will, solange warten, bis ein Produzentenprozess wieder welche gebracht hat (im Algol68-Beispiel von frueher erfuellt das Semaphor full slots diese Aufgabe).

Im Gegensatz zur Condition von Hoare, kann an einer Queue-Variablen hoechstens ein Prozess warten (CONTINUE(q) ist wirkungslos, falls kein Prozess an q wartet). Hansen gab der elementareren 1-Prozess-Queue den Vorzug, weil sie die einfachste Loesung dieses Synchronisations-problems sei, die zudem (ueber die Datenstruktur ARRAY OF QUEUE) auch die Realisierung von n-Prozess-Queues erlaube, und zwar mit dem Vorteil eines vom Benuetzer frei waehlbaren Scheduling zum Abbau der Multi-Queues.

Das folgende Beispiel implementiert binaere Semaphore zur Synchronisation von jeweils zwei Prozessen als abstrakter Monitor-Datentyp:

```
TYPE semaphore =
      MONITOR VAR s: RECORD closed: Boolean;
                              open:    queue
                  END;
            PROCEDURE ENTRY p;
            BEGIN IF s.closed THEN delay(s.open);
                  s.closed := true
            END;
            PROCEDURE ENTRY v;
            BEGIN s.closed := false;
                  continue(s.open)
            END;
      BEGIN s.closed := false;
      END;
VAR s: semaphore;
   ...
   s.p;
   "hier ist exklusiver Zugriff garantiert"
   s.v;
```

Als essenziellsten Beitrag von Concurrent Pascal betrachtet Hansen
selbst die Moeglichkeit der Spezifikation von Zugriffsrechten, die
fuer alle Systemtypen gegeben ist. Weil Zugriffsrechte in
Betriebssystemen fuer gewoehnlich keine Baumstruktur haben, sondern
allgemeinere gerichtete Graphen darstellen, haelt Hansen die
klassische Blockstruktur, welche auf einen Baum als Zugriffsgraph
herauslaeuft, nicht fuer das geeignete Mittel der Spezifikation von
Zugriffsrechten. Er verbietet darum sogar die Schachtelung von
Prozeduren, erlaubt aber in Systemtypen die Spezifikation der
Zugriffsrechte per Parameter. Welche nicht-privaten Daten und damit
welche andern Systemtypen ein gegebener Systemtyp zugreifen darf, ist
also parametrisierbar und wird bei der einmaligen Initialisierung
jeder Systemkomponente festgelegt. Das Einhalten dieser
Zugriffsbeschraenkungen kann vom Compiler natuerlich geprueft werden.

Die sprachlichen Mittel zur Echtzeitkontrolle sind in Concurrent
Pascal rudimentaer. Mit der Standardprozedur WAIT wird der
ausfuehrende Prozess bis zum naechsten 1-Sekunden-Signal einer Uhr
verzoegert. Die parameterlose Funktion REALTIME liefert die seit der
Systeminitialisierung verstrichene Zeit in Sekunden und ueber den
Aufruf ATTRIBUTE(RUNTIME) erfaehrt der aufrufende Prozess seine
bisherige Laufzeit seit seiner Initialisierung.

3.2 Modula

Modula [Wir77] wurde von Niklaus Wirth in den Jahren 1975/76
entwickelt mit dem Ziel, eine Sprache zu schaffen, "which is intended
primarily for programming dedicated computer systems including process
control systems on smaller machines". Wirth beschraenkte sich dabei
nach bewaehrtem Muster frueherer Sprachentwicklungen auf einfache
Konzepte und trat den Beweis fuer die effiziente Implementierbarkeit
seiner Sprache mit einer PDP11-Implementierung gleich selbst an. Von
Hansen und Hoare uebernahm er - in teilweise abgeaenderter Form - die
Konzepte Prozess, Klasse (Modul), Monitor (Interface-Modul) und
Condition (Signal), so dass als einziger wirklich origineller Beitrag
die Integrierung der maschinennahen Geraeteprogrammierung bleibt, auf
die spaeter noch naeher eingegangen wird.,

Der Name dieser in ihren Grundzuegen ebenfalls an Pascal orientierten
Sprache leitet sich von ihrem zentralen Sprachelement, dem Modul ab.

Dieser uebernimmt hier die Rolle der Klasse als Modularisierungskonzept und ist eine Kollektion von Konstanten, Typen, Variablen und
Prozeduren, die darin zu einer Einheit zusammengefasst werden. Der
Programmierer hat dabei die totale Kontrolle einerseits darueber,
welche modullokalen Namen in der Umgebung bekannt sein sollen und
andererseits auch darueber, welche Namen der Umgebung im Modul
zugreifbar sein sollen. Diese Namen werden in der sogenannten Define-
resp. Use-Liste im Modulkopf aufgefuehrt. Dabei gelten zur weiteren
Modularisierung die Regeln, dass die Struktur eines aus einem Modul
exportierten Typs ausserhalb unbekannt ist (d.h. Variablen dieses Typs
koennen nur ueber ebenfalls exportierte modullokale Prozeduren
manipuliert werden) und dass exportierte Variablen ausserhalb des
exportierenden Moduls nur gelesen, aber nicht geschrieben werden
duerfen. Anders als Hansen sieht Wirth im Modulkonzept nicht einen
weit tauglicheren Ersatz fuer das klassische Blockkonzept, sondern
lediglich eine willkommene Ergaenzung.

Im Gegensatz zu den Klassen von Simula und Concurrent Pascal koennen
Module nicht instanziiert werden. Ein entsprechender Effekt kann beim
Modul durch Export eines Typs erreicht werden, von dem dann beliebig
viele Variabeln deklariert werden koennen, allerdings ohne den Vorteil
der automatischen Initialisierung.

Die Lebenszeit eines Moduls (resp. dessen lokaler Objekte) ist
identisch mit der Lebenszeit der Prozedur, innerhalb derer er
definiert ist. Mit dem Aufruf dieser Prozedur kommt der Modul in
Existenz und der Modulkoerper wird als Initialisierungsteil
ausgefuehrt. Beim Verlassen der Prozedur verschwindet der zu ihr
lokale Modul wieder. Ein Modul kann nicht aufgerufen werden, sondern
ist als Mittel zur Beeinflussung des Gueltigkeitsbereichs von Namen zu
verstehen. Er erlaubt es, ein Programm aus Bausteinen aufzubauen, die
untereinander wohldefinierte Schnittstellen haben, die durch die Use-
und Define-Liste bestimmt werden, und alle irrelevanten
Implementierungsdetails vom Rest des Programmes verbergen.

Grundlegendes Konzept zur Definition von nebenlaeufigen Berechnungen
ist auch in Modula der Prozess, der jedoch nicht wie in Concurrent
Pascal als abstrakter Datentyp erscheint und darum auch nicht in
Variablendeklarationen instanziiert werden kann. Hingegen koennen
Prozesse mehrmals "aufgerufen" werden, wodurch bei jedem Aufruf eine
neue Instanz gestartet wird. Dieses Starten der Prozesse geschieht
ausschliesslich in der Systeminitialisierungsphase. Danach sind die
Prozesse wie jene von Concurrent Pascal vollkommen anonym und koennen
nur im gegenseitigen Einverstaendnis aufeinander Einfluss ausueben -
ueber gemeinsame Daten und Signale. Die Anzahl der Prozesse in einem
Programm ist ebenfalls fix.

Zum gegenseitigen Ausschluss konkurrierender Prozesse beim Zugriff auf
gemeinsame Daten dient in Modula der dem Monitor entsprechende
Interface-Modul. Er ist zwar nicht als abstrakter Datentyp aufgezogen,
hat aber davon abgesehen dieselben Eigenschaften, insbesondere fuer
das Short-Term Scheduling, wie der Monitor.

Fuer das Medium-Term Scheduling stehen die der Hoare´schen Condition
[Hoa74] voellig entsprechenden sogenannten Signal-Variablen zur
Verfuegung. Diese sind vom Standard-Datentyp SIGNAL und stellen
Multiprocess-Warteschlangen dar. Den Operationen DELAY und CONTINUE
entsprechen hier die Standardprozeduren WAIT und SEND. Ein WAIT(s)
ausfuehrender Prozess wartet so lange, bis er das Signal s erhaelt.
Dieses Warten kann mit einer Prioritaet p (ganzzahlig, > 0) geschehen.
WAIT(s) ist gleichbedeutend mit WAIT(s,1). Sendet nun ein Prozess
durch Ausfuehren der Anweisung SEND(s) das Signal s, so empfaengt es
derjenige Prozess, der in der Warteschlange von s mit der groessten

Prioritaet (kleinstes p) wartet. Warten mehrere Prozesse mit der gleichen Prioritaet auf s, so erhaelt derjenige Prozess das Signal, der am laengsten darauf gewartet hat. Wartet kein Prozess auf s, so hat SEND(s) keine Wirkung. Das Signal geht verloren. Zur Abfrage, ob die Schlange der auf s wartenden Prozesse leer sei, dient die Standardfunktion AWAITED(s), die genau dann FALSE liefert, wenn die Schlange leer ist.

Anders als in Concurrent Pascal koennen Signale auch ausserhalb von Interface-Moduln vereinbart werden, doch bleibt die Operation SEND ausschliesslich letzteren vorbehalten. Wie in Concurrent Pascal stellen WAIT und SEND innerhalb eines Interface-Moduls "singulaere" Anweisungen dar, indem der sie ausfuehrende Prozess die exklusive Kontrolle ueber den Monitor verliert.

Originell ist die Geraeteprogrammierung in Modula. Sie geschieht in speziellen Interface-Moduln, den sogenannten Device-Moduln. Diese duerfen, im Gegensatz zu andern Interface-Moduln, eine Prozessdeklaration enthalten, welche den Geraetetreiber definiert. Nur in diesem darf ein Aufruf der Standardprozedur DOIO enthalten sein, welche einem WAIT auf das Unterbrechungssignal entspricht, das vom zu treibenden Geraet hardwaremaessig gesendet wird. Regulaere Prozesse verkehren mit dem Device-Modul wie fuer alle Moduln ueblich ueber eine modullokale, aber exportierte Prozedur, welche hier die Funktion hat, Daten zu empfangen respektive abzugeben.

In den Device-Moduln kommen einige Maschinenabhaengigkeiten in die Sprache, die jedoch wenigstens ziemlich isoliert sind. Sie sind zugeschnitten auf die PDP11 Maschinen von DEC. Es betrifft dies die Interruptprioritaet des betreffenden Geraetes, die auf den Modulnamen folgt, ferner die Moeglichkeit des Ansiedelns von Variablen an absoluten Adressen und damit der Zugriff auf Puffer- und Statusregister des Geraetes, sowie die Verknuepfung des mit dem DOIO verbundenen Interrupt mit einer Interruptvektoradresse, die im Kopf des Treiberprozesses angegeben wird.

Das folgende Beispiel zeigt einen Device-Modul fuer das Treiben der Echtzeituhr zwecks Implementierung einer Systemzeit TIME und einer PAUSE-Prozedur, mit der sich aufrufende Prozesse fuer eine beliebige Zeitspanne (in Einheiten der Uhrimpulse) schlafen legen koennen.

```
DEVICE MODULE realtime [6];              (* Hardware-Prioritaet 6 *)
  DEFINE time,pause;
  VAR time: integer; tick: signal;
      lcs[177546b]: bits;                (* Line-Clock Status *)
  PROCEDURE pause(n: integer);
    VAR delay: integer;
  BEGIN delay := n;
    WHILE delay > 0 DO
      wait(tick); dec(delay)
    END;
  END pause;
  PROCESS clock[100b];                    (* Interrupt-Vektor-Adr. *)
  BEGIN lcs[6] := true;                   (* Interrupt erlaubt *)
    LOOP doio;                            (* warte auf Interrupt *)
      inc(time);                          (* inkrementiere Zeit *)
      WHILE awaited(tick) DO send(tick) END;
    END;
  END clock;
  BEGIN (* Modul-Initialisierung: *)
    time := 0; clock                      (* Start Clock-Treiber *)
  END realtime
```

Dieses Beispiel verdeutlicht auch, wie in Modula Echtzeitaufgaben geloest werden muessen, naemlich durch die explizite Programmierung der Echtzeituhr. Anweisungen zur Einplanung von Aktivitaeten mit Bezug auf die Realzeit, wie sie etwa in PEARL oder mit Bezug auf die Systemzeit auch in Simula existieren, gibt es in Modula nicht. Aehnlich wie bei anderen Konzepten, z.B. den Files, stellt Modula auch hier nur die Hilfsmittel zur Implementierung zur Verfuegung, verzichtet aber der Einfachheit halber auf das Anbieten der Sprachelemente selbst.

3.3 PEARL

PEARL ist das Resultat einer Sprachentwicklung, die von der Deutschen Bundesregierung im Rahmen ihrer Datenvararbeitungsprogramme durch das Projekt Prozesslenkung mit Datenverarbeitungsanlagen gefoerdert wurde. Wie das Akronym PEARL (Process and Experiment Automation Real-time Language) nahelegt, handelt es sich um eine Sprache zur Programmierung industrieller Echtzeitsysteme. PEARL hat eine lange Entwicklungszeit seit Anfang der 70er Jahre hinter sich und stuetzt sich darum sozusagen ausschliesslich auf die drei klassischen Sprachen der zweiten Generation. Besonders augenfaellig ist dabei die syntaktische Anlehnung an PL/I. Der Umfang der Sprache ist betraechtlich, was sich auch dadurch manifestiert, dass neben Full PEARL [KFK77] noch ein Basis-PEARL definiert ist und noch keiner der bestehenden Compiler weit ueber die Implementation des letzteren hinausgelangt ist.

Primaere Programmeinheit ist der Modul, jedoch nicht in der modernen Bedeutung der beliebig schachtelbaren Implementierungseinheit mit explizit kontrollierbarem Interface, sondern vielmehr in der traditionellen Bedeutung des eine Compilationseinheit bildenden Subsystems. Allerdings ist eine lose Korrespondenz zwischen Define- und Use-Liste von Modula einerseits und dem Global-Attribut sowie der SPC-Spezifikation andererseits gegeben.

Grundlegend ist die Zweiteilung jedes Moduls in einen Systemteil und einen Problemteil. Im Systemteil wird die Konfiguration des (Teil-) Systems beschrieben, insbesondere die Eigenschaften der Peripheriegeraete, die Datenfluesse zwischen den Systemkomponenten, die Zuordnung von Interrupts u.s.w.. Im Problemteil wird die Implementation des (Teil-) Systems gegeben.

Geraeteprogrammierung kann wie etwa in Modula maschinennah durch das Ausloesen von Aktivitaeten im Zusammenhang mit Interrupts geschehen. Zu diesem Zweck existiert sogar der Datentyp INTERRUPT und es gibt Anweisungen zum An- und Ausschalten von Unterbrechungen (ENABLE/DISABLE). Daneben sind aber auch hochkomfortable E/A-Operationen in die Sprache integriert. Die Moeglichkeiten in diesem Bereich erstrecken sich bis zur benuetzerdefinierten abstrakten Datenstation (DATION).

Nebenlaeufige Berechnungen werden in PEARL von prioritaetsbehafteten Tasks durchgefuehrt, fuer deren Aktivitaeten es Einplanungsanweisungen ganz analog zu Simula gibt. Diese Einplanungen koennen entweder direkt (ACTIVATE t) oder mit Bezug auf die Echtzeit (AT 12:00:00 TERMINATE t) oder eine Zeitspanne (AFTER 2 HRS RESUME t) geschehen. Zeiten haben den Datentyp CLOCK, Zeitspannen den Datentyp DURATION.

In Anbetracht der betraechtlich weit zurueckliegenden Urspruenge der Sprache ist es weiter nicht verwunderlich, dass die von PEARL offerierten zwei Synchronisationsprimitiva heutigen Anspruechen kaum zu genuegen vermoegen. Einerseits stehen n-wertige Semaphore zur

Verfuegung, naemlich durch den Datentyp SEMA und die Operationen
REQUEST (P-Operation) und RELEASE (V-Operation). Interessanter aber
ist der BOLT Datentyp (bolt heisst Riegel), mit dem Tasks
synchronisiert werden koennen, bei denen exklusiver und nicht-
exklusiver Zugriff konkurriert, wie z.B. beim Schreiben und Lesen
einer Datenbank. Der exklusive Zugriff geschieht ueber die Prozedur
RESERVE; ihrem Aufruf wird nur stattgegeben, wenn kein nicht-
exklusiver Zugriff im Gang ist. Die Rueckgabe des exklusiven
Zugriffsrechts erfolgt mit einem Aufruf von FREE. Dem nicht-exklusiven
Zugriff dienen die beiden Prozeduren ENTER und LEAVE; ENTER wird immer
stattgegeben ausser wenn ein exklusiver Zugriff hoeherer Prioritaet
ansteht.

3.4 Ada

Ada [DoD79] ist die kuerzlich aus einem Wettbewerb des US Department
of Defense als Sieger hervorgegangene, von der Gruppe Ichbiah der
Honeywell-Bull-CII entwickelte Sprache. Sie soll das Sprachenbabylon
wenigstens im Bereich der Militaerapplikationen und hier wenigstens in
der Programmierung von "Eingebetteten Systemen" abzubauen helfen. Bis
es allerdings soweit kommen kann, wird noch mancher Compiler-
Entwickler Blut schwitzen, denn Ada ist, ebenso wie PEARL, von
beachtlicher Komplexitaet - ohne allerdings darin den Rahmen des von
Algol68 oder gar von Pl/I her Gewohnten zu sprengen.

Das Modularisierungskonzept von Ada ist das Package, welches dieselbe
Funktion und einen aehnlichen Aufbau hat, wie der Modul von Modula.
Unter den Begriff Modul fallen in Ada allerdings nicht nur die
passiven Packages, sondern auch die syntaktisch mit ihnen uebrein-
stimmenden, aber aktiven Tasks.

Ada-Module, Packages und Tasks, sind im allgemeinen zweigeteilt, und
zwar in eine Modul-Spezifikation und in einen Modul-Koerper. Grob
gesprochen enthaelt die Modulspezifikation die Deklarationen der fuer
die Benuetzung des Moduls relevanten Objekte, also jener Namen, die
allgemein zugaenglich sind, waehrend der Modulkoerper der
Implementierung dieser Objekte dient und deshalb Privatsache des
Modul-Implementators ist. Soll zum Beispiel in einem Package eine
Prozedur zum allgemeinen Gebrauch zur Verfuegung gestellt werden, so
wird der fuer die Benuetzer relevante Prozedurkopf, der die ganze
Parameterliste enthaelt, in der Packagespezifikation erscheinen, der
Prozedurkoerper aber vor dem Benuezter verborgen im Packagekoerper
untergebracht sein.

Ada erlaubt auch die Definition von sogenannt generischen Moduln.
Diese im allgemeinen parametrisierten Moduln koennen nicht direkt
verwendet werden, sondern muessen, unter Angabe aktueller Parameter,
generisch instanziiert werden. Diese Instanzen sind dann Moduln im
ueblichen Sinn. Mit diesem Konzept ist es moeglich, einander aehnliche
Moduln als Instanzen aus ein und demselben generischen Modul
abzuleiten. Dies bedeutet nicht nur Schreibersparnis fuer den Programmierer, sondern bei geeigneter Implementierung auch betraechtliche
Codereduktion - allerdings erkauft mit etwas Effizienzeinbusse zur
Laufzeit.

Moduln sind fuer die Entwicklung komplexer Systeme unentbehrlich. Die
Modulspezifikation erlaubt eine exakte Definition der Schnittstelle
zwischen den einzelen Systemteilen. Ohne auf die Feinheiten dieses
Konzepts einzugehen, wozu an dieser Stelle der Platz fehlt, kann doch
gesagt werden, dass seine grosse Flexibilitaet den Rahmen der bisher
ueblichen Modularisierungskonzepte deutlich sprengt.

Nebenlaeufige Berechnungen werden in Ada als Tasks realisiert. Diese koennen auch nach dem Starten (mittels einer INITIATE-Anweisung) noch beliebig per Namen angesprochen werden, z.B. zur Veraenderung der Prioritaet oder zum Abort (durch eine ABORT-Anweisung). Die Anzahl der Tasks ist nicht wie in Modula oder Concurrent Pascal etwa fix, sondern beliebig varierend. Insbesondere die mit dem Killen von Tasks und ihrer natuerlichen Beendingung einhergehende Rueckgewinnung des Speicherplatzes fuer deren Daten ist nicht trivial. Die Daten muessen naemlich noch so lange weiter existieren, als eine andere lebende Task sie zugreifen kann. Dies ist ein ganz aehnliches Problem wie jenes der Speicherbereinigung im Zusammenhang mit ACCESS-Variablen (Zeigern). Zieht man ferner in Betracht, dass Ada natuerlich auch dynamische Arrays und rekursive Subroutinen zulaesst, so kann man die Komplexitaet der durch die Ko-Existenz all dieser Konzepte implizierten Speicherverwaltung erahnen.

Zur Synchronisation von Tasks leistet Ada mit den sogenannten Enrty's und den ueber sie zustande kommenden Rendezvous zwischen Tasks einen von [Hoa78] und [Han78] inspirierten originellen Beitrag. Dieses Konzept vermag Monitore, Queues, Signale und Semaphore spielend zu ersetzen. Allerdings muss auch diese Flexibilitaet mit einem erhoehten Implementierungsaufwand und mit Effizienzverlusten erkauft werden.

Zur Kommunikation miteinander duerfen Tasks Entry-Deklarationen enthalten. Von einer Task, die eine solche Deklaration (in ihrem Spezifikationsteil) enthaelt, sagt man, sie sei der Eigner des Entry. Innerhalb der Eignertask muss dann in einer sogenannten ACCEPT-Anweisung definiert werden, welche Aktion mit dem Aufruf des Entry's verbunden sein soll. Andere Tasks koennen naemlich den Entry wie eine Prozedur aufrufen, wobei sie dabei allerdings verzoegert werden, bis die Eignertask bereit ist, den Aufruf zu akzeptieren. Es bestehen zwei Moeglichkeiten: Entweder der Aufruf geschieht, bevor die Eignertask die mit dem Entry verbundene ACCEPT-Anweisung erreicht hat. Dann wird die rufende Task am Ende der Schlange der am betreffenden Entry wartenden Tasks eingereiht. Oder die Eignertask erreicht eine ACCEPT-Anweisung deren Entry-Warteschlange leer ist. Dann wird sie schlafen gelegt, bis ein entsprechender Entry-Aufruf erfolgt.

Wenn sowohl ein Entry-Aufruf stattgefunden hat als auch die Eignertask eine zugehoerige ACCEPT-Anweisung erreicht hat, so findet das Rendezvous statt: Die Eignertask fuehrt den Koerper der ACCEPT-Anweisung (er kann auch leer sein) aus, worauf die am laengsten in der Entry-Warteschlange wartende Task wieder daraus entfernt wird. Das Rendezvous ist beendet, die Eignertask und die erloeste Task koennen weiterlaufen. Es gibt auch ein Standard-Attribut zum Abfragen der Anzahl der an einem Entry anstehenden Tasks.

Zur Illustration des Gesagten moege im folgenden Beispiel gezeigt werden, wie zweiwertige Semaphore in Ada als Instanzen einer generischen Task ausgedrueckt werden koennen:

Vereinbarung:

```
GENERIC TASK semaphore IS         -- Task-Spezifikation:
   ENTRY p;                       -- P-Operation
   ENTRY v;                       -- V-Operation
END semaphore;


TASK BODY semaphore IS            -- Task-Koerper:
BEGIN LOOP ACCEPT p;              -- abwechselndes Akzeptieren
          ACCEPT v;               -- von P- und V-Operationen
      END LOOP;                   -- (Koerper der Accept-An-
END semaphore;                    -- weisungen sind leer)
```

Gebrauch:

```
    TASK sema IS NEW semaphore;          -- generische Instantiation
    ...
    INITIATE sema;                       -- sema-Task starten
    ...
    sema.p;
    -- hier ist exklusiver Zugriff durch sema gewaehrleistet
    sema.v;
```

Ueberigens sind Semaphore in genau dieser Form in Ada vordefiniert, was aber natuerlich nicht heisst, dass sie auch auf diese Weise - eine Task pro Semaphor - implementiert sind. Im Gegenteil wird jede auf Effizienz bedachte Implementierung eine wesentlich weniger aufwendige Realisierung anstreben.

Am Rande erwaehnt sei hier noch, dass Ada die Nuetzlichkeit der Rendezvous noch betraechtlich zu steigern weiss durch die sogenannten SELECT-Anweisungen. Mit ihnen ist es der Eignertasks moeglich, nicht nur auf das Eintreffen eines einzigen, statisch bestimmten Entry-Aufrufs zu warten, sondern sie erlauben sogar das selektive Warten auf einen von mehreren dynamisch waehlbaren Entry-Aufrufen oder "Timeouts".

Waehrend die Synchronisationskonzepte Monitor, Interface-Modul, Semaphor, Signal, Condition und Queue passive Programmkomponenten sind, geschieht die Synchronisation in Ada ausschliesslich durch aktive Programmkomponenten, also Tasks. Die effiziente Behandlung von Tasks, insbesondere deren Scheduling, ist darum im Hinblick auf die harten Echtzeit-Anforderungen vieler Militaerapplikationen fuer jede Ada-Implementierung von lebenswichtiger Bedeutung.

Die Geraeteprogrammierung kann in Ada aehnlich geschehen, wie in Modula. In streng isolierten sogenannten Repraesentationsspezifikationen koennen naemlich Interrupts mit Entry's assoziiert werden, so dass ein Interrupt einem Entry-Aufruf gleichkommt. Andererseits koennen auch Variablen absolute Adressen zugeordnet werden, sowie viele weitere die Repraesentation betreffende Spezifikationen gemacht werden. Ada ist also, genau wie Modula, nicht maschinenunabhengig, jedoch sind diese Abhaengigkeiten streng isoliert.

Anweisungen zur Einplanung von Aktivitaeten mit Bezug auf die Echtzeit gibt es in Ada nicht (es existiert lediglich eine DELAY-Anweisung). Solche Beduerfnisse muessen bisher durch die explizite Programmierung der internen Uhr (vergl. das Beispiel im Modulateil) abgedeckt werden. Allerdings wurde ein Antrag auf Verankerung der Real-Time Clock in der Sprache durch das DoD kuerzlich gutgeheissen und duerfte in naher Zukunft zu einer Anpassung der Sprache fuehren.

4. Schlussbemerkung

Die Meilensteine in der Entwicklung moderner Sprachen fuer die System-implementierung tragen nur wenige Namen. Zu den klingendsten gehoeren Dijkstra, Hansen, Hoare und Wirth. Ihnen verdanken wir eine Reihe aeusserst tauglicher Konzepte. Trotzdem steht der Durchbruch der Systemimplementationssprachen noch immer bevor.

Hansen mit Concurrent Pascal und Wirth mit Modula haben - nebst anderen - die Richtung aufgezeigt, in der gegangen werden muss. Aber beide Sprachen sind fuer den harten praktischen Einsatz in Anwendungen, die das Leben schreibt, zu wenig leistungsfaehig. Und PEARL, das von Praktikern geschaffen wurde, zeigt deutlich barocke Zuege und ist, obwohl kaum recht geboren, in einigen Belangen schon veraltet.

Und Ada? Gewiss eine aeusserst taugliche Sprache. Aber wird sie nicht den Durchschnittsprogrammierer und vor allem den Compiler-Entwickler ueberfordern? Meiner Meinung nach stellt Ada gerade in dieser Beziehung eine Herausforderung dar, die wir annehmen sollten. Denn nicht so schnell wird eine aehnlich gute Chance wiederkommen, dem Sprachenturm zu Babylon einen kraeftigen Tritt zu versetzen.

Referenzen

[Wir77]   N. Wirth, "Modula: a Language for Modular Multiprogramming",
           Software, Vol.7,3-35,1977

[DoD79]   "Preliminary Ada Reference Manual", ACM Sigplan Notices, 14,
           6, 1979

[KFK77]   "Full PEARL Language Description", PDV-Bericht KFK-PDV 130,
           1977

[Wij69]   A. van Wijngaarden, "Report on the Algorithmic Language
           ALGOL68",1969

[Han75]   P. B. Hansen, "The Programming Language Concurrent Pascal",
           IEEE Transactions on Software Engineering, 1, 2, 1975

[HMSO70]   "Official Definition of CORAL66", HMSO Press, 1970

[Bar76]   J. G. Barnes, "RTL/2, Design and Philosophy", Heyden Press,
           1976

[PRO70]   "Specification du systeme PROCOL", STERIA, Le Chesnay,
           France, 1970

[HAL75]   "HAL/S Language Specifications", Intermetrics, Cambridge
           Mass., USA, 1975

[Lie79]   H. Lienhard, "PORTAL Language Definition", Landis+Gyr, Zug,
           Schweiz, 1979

[Dah66]   O.-J. Dahl, "SIMULA - an ALGOL-based Simulation Language",
           CACM, 9, 9, 1966.

[Dij71]   E. W. Dijkstra, "Hierarchical Ordering   of   Sequential
           Processes", Acta Informatica, 1, 2, 1971

[Hoa74]   C. A. R. Hoare, "Monitors: an Operating System Structuring
           Concept", CACM, 17, 10, 1974

[Han73]   P. B. Hansen, "Operating Systems Principles", Prentice-Hall,
           1973

[Hoa78]   C. A. R. Hoare, "Communicating Sequential Processes", CACM,
           21, 8, 1978

[Han78]   P. B. Hansen, "Distributed Processes - a Concurrent
           Programming Concept", CACM, 21, 11, 1978

The "Design by Objectives" Method for Controlling Maintainability: A Quantitative Approach for Software

Tom Gilb
Iver Holtersvei 2
N-1410 Kolbotn
Norway

ZUSAMMENFASSUNG: Durch Anwendung der "Design by Objectives"-Methode kann im Entwurf von Programmen und Systemen ein gesteuerter Grad an Wartungsfreundlichkeit einbezogen werden. Diese quantitative Methode benutzt eine Zielvorstellung des Wartungslebenszyklus, um quantitativ angegebene Wartungsziele zu erreichen. Diese werden dann durch "System Attribute Specification Table" und die "Function/Attribute Table" in Beziehung gesetzt, um Entwurfs-, Implementierungs- und Testmethoden zu spezifizieren, die einen ausreichenden Grad an Wartungsfreundlichkeit sicherstellen. Der Beitrag jeder Methode zur Wartungsfreundlichkeit kann dann quantitativ ausgedrückt werden.

ABSTRACT: A controlled amount of maintainability can be designed into programs and systems by the use of the Design by Objectives method. This quantitative method uses a conception of the maintenance life cycle to produce quantitatively expressed maintenance goals. These are then related by using the System Attribute Specification and the Function/Attribute table to specify design, implementation, and test techniques to provide the acceptable level of maintainability. The contribution to maintainability of each technique can then be expressed quantitatively.

MAINTENANCE LIFE CYCLE: Most of us think about maintainability as being a process of changes to a system after it is operational. Yet as Gerald Weinberg (11) has pointed out, it is more realistic and useful to view maintainability as something which should interest us starting as soon as we prepare to write the second instruction of a program. The intellectual process of considering the effect of each new or altered instruction on all that has been done and is to be done, is the same in the initial development of the software as it is in the later maintenance of that software.
Hence, it is useful to regard maintenance as having a life cycle of its own. In form, the maintenance life cycle is similar to the development life cycle for computer programs and systems, but is different in the character of the specific stages. These stages in the maintenance life cycle include:

> Problem occurrence: Something needs to be changed, but it might take some time before some person knows it.

> Problem recognition: Someone now knows that the system or program must be modified.

> Administrative delay: Time passes until someone is assigned to do the maintenance.

> Maintenance personnel assigned: Supporting resources are usually needed too.

> Collection of maintenance tools and documentation: The preparation for the active modification works begins.

> Analyses of need: What needs to be changed to reach the desired new state of the program or system?

> Hypothesis: Competing alternative specifications are framed, and one is selected for what to change and how to do it.

> Active correction: The change is made as specified in the accepted hypothesis.

> Test: The basic functioning of the modification is tried out to verify the hypothesis as implemented.

> Side-effect test: A more thorough testing procedure is conducted to attempt to uncover any undesirable side effects of the modification.

> Independent quality inspection: The modification and tests are independently reviewed and approved.

Most of these stages are explicitly recognized in reliability engineering literature. Unfortunately, much of the current approach to program and system maintenance concentrates narrowly on the Analysis phase noted above. This is true even of the academic research (1).

DESIGN BY OBJECTIVES METHOD: Based on observation of the way people prepare, manage, and maintain programs and systems, a method has been created for controlling the development process toward the attainment of any set of system quality goals, including maintainability. In the material that follows, attention is given only to controlling the attainment of a desired degree of maintainability. In designing in whatever degree of maintainability selected, trade-offs appear. Each decision in favor of more maintainability, must be expected to affect, sometimes adversely, several other system properties such as cost, implementation time, reliability, and portability. The overall development process must balance all critical system properties, not just maintainability, to be finally successful.
The Design by Objectives method is briefly pictured in Figure 1(5). The method is a logic building method using a set of highly integrat-

ed design specification tools, which are controlled in their development by reference to a set of system design goals. The tools used are
the System Attribute Specification, the F/A table, and modern analysis,
design, programming, coding, and testing techniques. A key advantage
of the DbO (Design by Objectives) method is that it makes a quantitative approach possible. This is illustrated below for maintainability.

SYSTEM ATTRIBUTE SPECIFICATION: The SYSTEM ATTRIBUTE SPECIFICATION is
a quantified table of system design goals. Overall, the goals may be
any as deemed appropriate, such as maintainability, security, expanda-
bility, development cost, response time, work capacity, implementation
date, availability, etc. Each goal can be exploded in a several-level
hierarchical manner, for greater detail. This goal explosion allows us
to keep high level control of major goal areas, while still allowing
us to explore subgoals in a quantitative and realistic manner. The
ability to control and measure in the real world is highly dependent
on some capability for working with low level subgoals. The high level
goals, while necessary for overview, are rarely capable of a useful
expression in measurable quantitative form. The goals or subgoals are
listed vertically in the attribute specification.
Each goal or subgoal is associated with a set of descriptive parameters listed horizontally in the attribute specification, such as measurement method, worst case, acceptable level, best case, and relative
priority, as in Figure 2. The attribute specification does not specify
which technology will be used (the "how") but does specify which results are desired (the "what"). Completing each cell in the attribute
specification forces an early recognition of the possible conflict
between desireable goals, and forces a reasonable resolution of that
conflict, or in the worst case, a recognition that the goals do not
seem to be realistically attainable with present technology at an
acceptable cost.
Taking maintainability as a goal to be explored, let us select a measure of value to our organizations, translatable to money, but tied to
the way people work and over which the people doing the work have some
control. Time spent or time elapsed is often a useful measure. Then,
if we want realistic control over maintainability, we must break the
maintainability goal down into measurable subgoals. The maintenance
life cycle gives us a basis for this, as shown in Figure 2, such as:

         1--Problem recognition time
         2--Administrative delay time
         3--Maintenance tools collection time
         4--Modification specification time
         5--Active correction time
         6--Local functional correctness test time
         7--Global correctness test time
         8--Independent audit time
         9--Recovery or symptom correction time

The attribute specification may be used to assign priority among the
subgoals, as for example in Figure 2, that subgoal #6 is more important than subgoal #3. Also, the system attribute specification can be
used to specify or refer to the quantitative measuring process to be
used. For example, for subgoal #4, the method presented by Gould and
Drongowski for the identification of artificially inserted bugs could
be cited (7).
For instance, "90 % of the artificial bugs shall be identified by a
typical maintenance programmer within thirty minutes of working time"
is one that has been used successfully. An example of a more complete
measurement approach was reported by Elliot and Story (3) where they
measured 24 attempts of about 42 minutes each to make changes to
programs using different documentation, different programs, and different programmers.

<u>FUNCTION/ATTRIBUTE TABLE</u>: The second major tool in the Design by Objectives method relevant for controlling maintainability is the Function/Attribute table or F/A table. The F/A table was developed from the Requirements/Properties matrix which Barry Boehm of TRW Systems presented in several papers about 1974 (2). The technique seems to have been used in cost/value analysis engineering technology even earlier. The F/A table consists of three major components. A function list can describe any interesting set of system functions. These can be physical (hardware), logical (programs), conceptual (such as organization or motivation) or data. Their main characteristics are that they are of interest at some stage of design, and that they are not a variable quality attribute which is affected by people's design decisions. Function lists can be hierarchically ex-ploded into detail to force more specific design planning. For exam-ple, a function such as "application programs", could be exploded down to the subroutine level if desired.
In the F/A table (see Figure 3a), the "functions" go horizontally across the top. Vertically along the left side, are the subgoals from the SYSTEM ATTRIBUTE SPECIFICATION. Since this example deals with maintainability, the design process must now try to specify one or more techniques at each intersection of a function and attribute, which will result in that particular function having a satisfactory amount of the cited attribute. The techniques are usually specified by a reference symbol in all F/A cells where they have a significant impact. The reference symbol refers to a code description list, as noted in Figure 3b for example. Since the attributes required are specified at a high level, the total quality is some kind of a "sum" of the qualities which each function has, from the use of the speci-fied technique. In practice currently, the "summing" of these quali-ties is largely intuitive, but the engineering literature (see for example (9)) shows us a stringent method for the cumulation of main-tainability attributes from subsystem to system level, whenever we are ready for that level of accuracy and discipline.
The main value of the F/A table is to control the use of resources and techniques to achieve specific goals, such as maintainability. TRW Systems reported (10) that the use of such a table was a major corrective tool in countering the effects of wasted programming effort due to incomplete and incorrect design, which accounted for about 62 % fo the maintenance changes to operational systems. This, the F/A table can be viewed not merely as means of building maintain-ability into a program or system, but also as a means to reduce significantly the need to perform maintenance changes which are them-selves often the result of poor design.
The second value of the F/A table is to quantify the contribution from the use of the selected techniques. As exampled in the Quota/ Control table in Figure 4, each subgoal can be checked against each of the techniques (now treated as a function). How much help can this technique give in achieving this subgoal? A convenient way to express this is as a percentage of the acceptable level. These percentages represent human judgement about the contributions of each technique. Techniques may be grouped. If one of the techniques in a group accounts for all or most of the contribution, its name can be noted after the percentage, as illustrated in Figure 3. While this use of the F/A table is quite new, it has a strong parallel with the MECCA technique (6) for which much experience has been acquired.
Ideally, we need a "Maintainability Design Handbook" unique to each organization, which lists the contribution possible for all of the techniques. For each named technique, we need literature references for more detail, and we need a table of quantified expectations for each technique. The expectations can take any of several forms, such as likely ranges, data from experience, formulas for calculation of the attribute value, or simply advice ("try it on a pilot version")

on how best to handle the estimation. Judging from the data gathered so far, the handbook would probably look somewhat like Phister's book on technology and economics (8).

<u>CONCLUSION</u>: The Design by Objectives (DbO) method described above provides an engineering-based framework for the controlled specification in a quantitative form of the maintainability to be designed into a system or program. This quantitative DbO approach also encourages asking better questions about the effects (as on maintainability) from using the various technological alternatives, and collecting experience about them in a quantitative form. The hierarchical explosion capability of the DbO method allows treating specialized problems such as maintainability in adequate detail yet within the framework of the entire program or system, without losing sight or overall user priorities and objectives.
The basic concepts are already known and applied in maintainability engineering. The question is how can we move these quantitative concepts over into software engineering, how quickly, and how widely? Using the tools described here, the concepts can be applied in a simple way even to current projects, and can give a powerful framework for improved maintainability.

<u>ACKNOWLEDGEMENTS</u>: The author thanks Ned Chapin for rewriting this paper in its entirety.

<u>REFERENCES</u>:

1. ACM. <u>Proceedings of the Software Quality and Assurance Workshop</u> (New York: ACM, 1978), 188 pp.

2. Boehm, B.W. et al. "Characteristics of software quality", <u>Software Technology</u>, Vol. 1, (Amsterdam: Elsevier North-Holland Inc., 1978), 216 pp.

3. Elliot, R.W., Story F.R. "Audio techniques for program documentation", <u>Data Management</u>, Volume 13, Number 11 (November 1975), pp. 32-35.

4. Gilb, Tom. <u>Data Engineering</u> (Lund, Sweden: Studentlitteratur, 1976), 206 pp.

5. Gilb, Tom. "Design by objectives", unpublished.

6. Gilb, Tom. <u>Software Metrics</u> (Cambridge MA: Winthrop/Prentice-Hall, Publishers, 1977), 282 pp. and Studentlitteratur, Lund, Sweden.

7. Gould, J.D., Drongowski P. <u>A Controlled Psychological Study of Computer Program Debugging</u> (IBM RC 4083), 1972, 38 pages.

8. Phister, M. <u>Data Processing Technology and Economics</u> (Santa Monica, CA: Santa Monica Publishing Co. Inc., 1976), 573 pp.

9. Rau, John G. <u>Optimization and Probability in Systems Engineering</u> (New York: Van Nostrand Reinhold Co., 1970), 403 pp.

10. Thayer, T.A., Lipow M., and Nelson E.C. "Software Reliability Study", <u>TRW Systems Software Series</u>, TRW-SS-76-03, (Los Angeles: TRW, 1975), 352 pp.

11. Weinberg, Gerald. <u>The Psychology of Computer Programming</u> (New York: Van Nostrand Reinhold, 1971)

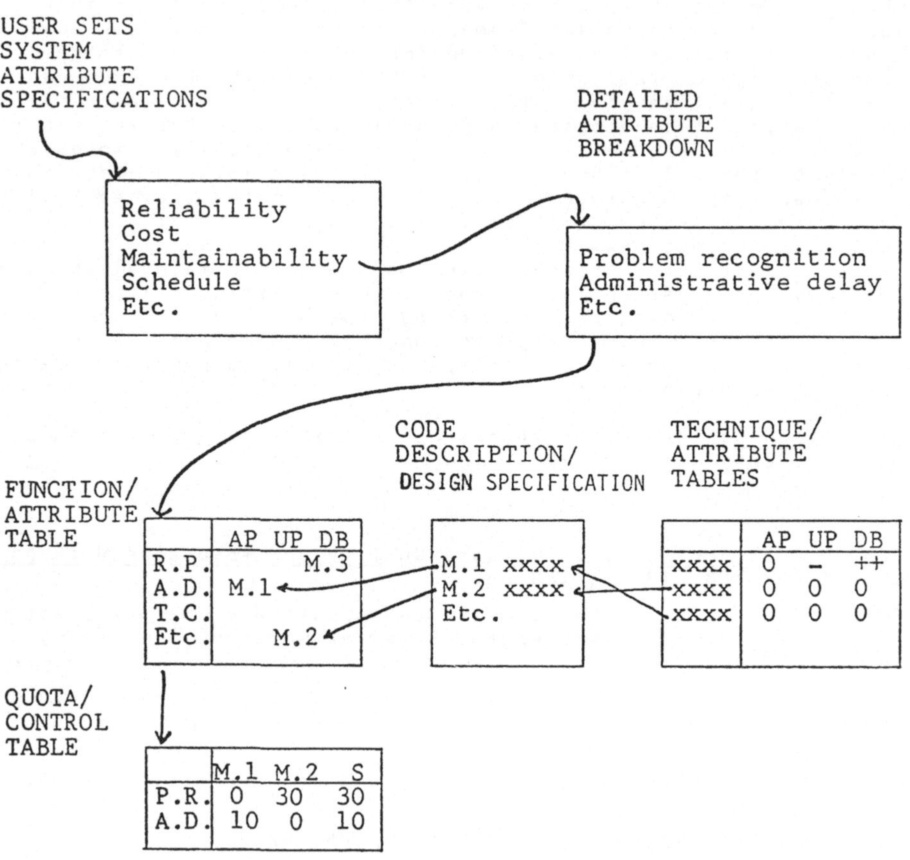

Figure 1. An overview of the Design by Objectives method as applied to controling maintainability.

25

Figure 2. System attribute specification for maintainability

ATTRIBUTE / SUBGOAL	MEASURE BY, OR UNIT	WORST CASE	BEST CASE	ACCEPTABLE LEVEL	WEIGHT	MORE IMPORTANT THAN	REF'S
1. PROBLEM RECOGNITION	time	24 hrs	1 min	60 min			
2. ADMINISTRATIVE DELAY	time.	1 week	5 min	60 min			
3. TOOL AND DOCUMENTATION COLLECTION	time	1 hr	2 min	10 min			
4. PROBLEM ANALYSIS	time	50 min	30 sec	10 min			
5. CHANGE SPECIFICATION	time	1 hr?	30 sec	5 min?			
6. ACTIVE CORRECTION	time	3 x #4	30 sec	2 x #4		#3	
7. LOCAL CORRECTNESS TEST	time	1 hr	5 min	5 min			
8. GLOBAL CORRECTNESS TEST	time	2 weeks	1 day	100 x #6			
9. INDEPENDENT CHANGE AUDIT	time	2 weeks wait	same hour	same day			
10. RECOVERY FROM SYMPTOMS	time	same day	0	2 hrs			

Figure 3a. Function/Attribute table for maintainability.

FUNCTION / ATTRIBUTE	APPLICATION PROGRAMS	UTILITY PROGRAMS	DATA BASE	PEOPLE AND ORGANIZATION	HARDWARE	PACKAGED SOFTWARE	LIFE CYCL
1. PROBLEM RECOGNITION			M.DBA M.RLH M.RC	M.MPG			
2. ADMINISTRA-TIVE DELAY				M.TEL	0		
3. TOOL AND DOCUMENTATION COLLECTION	M.TXT M.2PG M.LIB	M.LIB	M.LIB	M.LIB	M.LIB		
4. PROBLEM ANALYSIS		M.AST		M.MPG M.AST			
5. CHANGE SPECIFICATION	M.2PG			M.MPG			
6. ACTIVE CORRECTION	M.2PG		M.2PG	M.MPG			
7. LOCAL CORRECTNESS TEST	M.AST	M.AST					
8. GLOBAL CORRECTNESS TEST	M.AST M.DBA M.RLH	M.AST M.DBA M.RLH	M.INS	M.INS	M.AST M.RC M.RLH		
9. INDEPENDENT CHANGE AUDIT	M.INS	M.INS		M.INS	0		
10. RECOVERY FROM SYMPTOMS							

CODE	DESCRIPTION	REFERENCES
M.DBA	Full database audit program shall be built to test selectively all codes, records, and relations.	124 in (6)
M.RLH	All logical records shall have a record level hash total check.	139 in (4)
M.RC	Error recovery programs shall be selectively correcting and initiated by simple operator action command.	
M.LST	Program logical structure shall be forward flow only with no backward GO-TOs; maximum module size shall be 50 statements excluding comments.	
M.TXT	Program text shall be logically grouped by indentation; comments shall be made for at least 30 % on average of lines.	121 in (6)
M.2PG	All record update logic modules shall exist in at least two separate versions for comparison and for spare parts maintenance use.	191 in (6)
M.AST	"Assertion" statement logic comments shall be included for at least each 10 program source statements, and checked for all changes.	120 in (6)
M.INS	Formal inspection of all proposed changes shall be carried out before approval.	229 in (6)
M.MPG	Maintenance programmers shall be considered qualified only when they can pass artifical bug finding tests at 90 % in 5 minutes.	
M.TEL	Shift operators shall have home telephone numbers and duty rosters for the qualified maintenance programmers and rules for when to call.	
M.LIB	All programs and all text documentation shall be available on a central machine library.	

Figure 3b. Codes used in the Function/Attribute table in Figure 3a, where "M." refers to "maintainability".

Figure 4. Contribution of the techniques selected to the achievement of the planned level of maintainability, shown in a Quota/Control table.

TECHNIQUE \ ATTRIBUTE (PLANNED LEVEL)	FULL DATABASE AUDIT PROGRAM — M.DBA	DISTINCT SOFTWARE LOGIC MODULE COPIES — M.2PG	ASSERTION LOGIC PER TEN STATEMENTS — M.AST	MAINTENANCE PROGRAMER QUALIFICATIONS — M.MPG	NOT ELSEWHERE LISTED ITEMS	INSPECTIONS — M.INS	TOTAL %
1. PROBLEM RECOGNITION (60 min)	80%	10%	5%	0	?	0	95%
2. ADMINISTRATIVE DELAY (60 min)	0	95% if online	0	0	50% M.TEL	0	?
3. TOOL AND DOCUMENTATION COLLECTION (10 min)					90% M.LIB		90%
4. PROBLEM ANALYSIS (10 min)	25%	30%	20%	15%	5%	5%	100%
5. CHANGE SPECIFICATION (5 min?)	0	0	0	50%	10%	20%	80%
6. ACTIVE CORRECTION (20 min)	0	95% if online	-10%	80%?	10% to 30%	-20%	100%
7. LOCAL CORRECTNESS TEST (5 min)	10%	30%	30%	20%	5%	30%	100%
8. GLOBAL CORRECTNESS TEST (100 x #6)	80%	5%?	15%	5%	0	15% to 25%	100%
9. INDEPENDENT CHANGE AUDIT (same day)	50%	4%	5%	0	1%	40%	100%
10. RECOVERY FROM SYMPTOMS (2 hrs)	0?	0	0	0	0	0	?

AN INCREMENTAL COMPILER AS
COMPONENT OF A SYSTEM FOR SOFTWARE GENERATION

Manfred Nagl
Seminar für Informatik
EWH Koblenz
Rheinau 3-4, D-5400 Koblenz

ABSTRACT

This paper presents the concept of a dialog system for software development which contains an incremental compiler as fundamental component. Incremental compilation is carried out in two steps, the first generating the program graph which represents the abstract syntax of a program, the second yielding code pieces. The syntax is checked in the first step. Code pieces are executed while interpreting the program graph. The interpreter and the intermediate code can be extended by test, optimization, monitoring, parallelization and other facilities.

ZUSAMMENFASSUNG

Der folgende Aufsatz beschreibt das Konzept eines Software-Arbeitsplatzes, der als Herzstück einen inkrementellen Compiler enthält. Die inkrementelle Compilation wird in zwei Schritten ausgeführt: Im ersten Schritt wird ein Graph als Zwischencode erzeugt, der die abstrakte Syntax eines Programms repräsentiert, im zweiten Schritt werden die Inkremente in Codestücke übersetzt. Die gesamte Syntax wird im ersten Schritt abgeprüft. Die Codestücke werden ausgeführt, während der Programmgraph interpretiert wird. In den Zwischencode und den Programmgrapheninterpreter können leicht Komponenten für Fehlersuche und Test, Laufzeitmessung, Optimierung und Parallelisierung integriert werden.

KEY WORDS

interpreter, abstract syntax graph, incremental compiler (dialog compiler, partial compiler), syntax-aided programming, systems for software generation, software test and improvement

1. INTRODUCTION

Today programs are rather tested than verified, although by a well-known quotation of Dijkstra tests can only show the prescence but not the abscence of errors. However, testing has been methodized within the last ten years, i.e. the intuition of the programmer has partly been replaced by a schematized method. Despite of these test facilities the test phase still takes about 20-40 percent of the time for program development. One aim of this paper is to simplify the test of programs.

Besides a more or less comfortable editor and some test aids, as e.g. tracing and test data generation nothing is offered in a common computer center environment to support the process of program development. Here we present the concept of an *integrated dialog system* which offers the possibility to integrate program development and program test, which introduces immediate syntax-check, editing features specific for the underlying programming language, automatic optimizations, and optimization due to programmer's commands. Furthermore, monitoring of software can easily be realized to get necessary information for tuning actions.

The aim of this paper is to *introduce* the *concept* of this dialog system rather than reporting on technical details of its implementation. The reason is that implementation still is to be started. However, in former papers as /Bu74/, /Sn75/, and /BBN77/ the translation of source code into intermediate code has been specified by graph grammars. Also, the translation from intermediate code to executable code has been described in /Br77/ and /BBN77/ using this specification tool. This method is not further considered here. The following paper is not based on one original technical idea, its aim is rather to present the overall concept which might be original in its entirety.

We do *not* intend to *comment on the historical development* of incremental compilers because they can hardly serve as a standard. Most of the existing incremental or dialog compilers are working as interpreters and are referring rather to line numbers than to syntactic constructs of the underlying programming language. This may make sense in FORTRAN or BASIC but not for a language of the ALGOL or PASCAL family. In the following we base our ideas on a PASCAL-like program notation.

The *contents* of this paper are as follows: In section 2 we give a brief survey of the structure of a conventional compiler and its user interface. The reason is to establish the terminology and to clearify the differences between incremental and conventional compiling. The next section is devoted to define the term incremental compilation and to combine it with the idea of syntax-aided programming. The incremental compiler concept we are going to present is a two-step one: First we generate a data structure, which represents the abstract syntax, while in a second step this data structure is translated to executable form. Section 4 and 5 deal with these two compilation substeps, which are again summarized in section 6. Finally, the last section demonstrates how this incremental compiler can be embedded into a dialog system for producing reliable software.

2. STRUCTURE AND USER INTERFACE OF A CONVENTIONAL COMPILER

Let us start with a consideration of the structure of a conventional compiler and its user interface. Both remarks are intended to put the basis for a better understanding of the structure of the incremental compiler.

The *logical overall structure* of a typical compiler is drawn in Fig.1. The input of the compiler is the source program consisting of a stream of input symbols (letters, digits, and special symbols), the output is a sequential list of machine instructions either on assembler or loader level.

The *lexical analysis* scans the stream of input symbols to find groups of symbols forming a basic grammar symbol which is named *token* and classifies these tokens (screening) whether they are identifiers, constants, word symbols, or other basic symbols represented by more than one input symbol. Furthermore, entries are made in the symbol list and constant list, the resulting stream of tokens usually contains pointers to these lists.

The *parser* checks whether the source program is consistent with the syntactic rules of the language, which can be formalized using a *context free string grammar*. The parser changes the stream of tokens into the parse tree representing the derivation structure of the program according to the defining grammar. The parse tree often does not appear explicitly but is contained in lists pointing to the stream of tokens. The parser can be generated automatically if the underlying grammar is of a form or can be transformed into a form for which a parser generator is available (e.g. it is a LALR(1)-, SLR(1)-, or LL(1)-grammar).In this case the analysis can be carried out without backtracking and in a very efficient way. Automatically generating the parser means generating the *parser table*, which needs most of the storage of the parsing algorithm, as the rest is only a simple driver routine.

The next phase checks the *context sensitive* syntax part of the program which usually is misnamed as static semantics. Proving the context sensitive syntax usually means comparing the stream of tokens with the symbol list to check whether defining and applied accurrences of names are consistent, or computing attributes for the parse tree if this phase is based on the idea of attributed grammars. The output of this phase usually is some kind of *intermediate code* , either a sequence of instructions (e.g. for a stack machine) or a tree- or graph-like structure which has pointers to various lists. This syntax tree or *syntax graph* represents the abstract syntax of the program. We shall call this structure *program graph* in the following. The derivation structure of the program as contained in the parse tree is only implicitly contained here. Translating via a defined intermediate code is a familiar technique to minimize the effort necessary to write compilers for different languages and different machines (UNCOL philosophy). The next phase, which can be turned on and off, is the *optimizer*, which operates on the intermediate language, i.e. transforms the intermediate program into a semantically equivalent one which is improved corresponding to run-time or space. Thus, this phase is completeley machine independent. Standard improvement techniques are code motion, induction variable elimination, code hoisting, constant folding, elimination of common subexpressions, and copy propagation, which usually are carried out in this order. All these techniques are especially profitable if they are applied to (inner) loops.

Adress assignment means that user-defined data as variables of basic or composed type, as well as cimpiler-defined data as intermediate results, are allocated in storage. However, this assignment can only be separated from code generation if the storage allocation scheme is completely static as it is the case whith FORTRAN. In a programming language with a dynamic run-time storage, address assignment is combined with *code generation* forming one logical unit. The result of the code generator is either assembly code or direct loader code. In the latter case and if an unrefined assembler is used *peephole optimization* is linked up, whlch e.g. eliminates unneccessary Loads and Stores, multiple jumps etc. Furthermore, machine dependent optimization may take place here. The least automization progress of all compiler phases is in code generation, due to machine dependencies arising in this phase. Modern approaches, however, try to isolate and encapsulate machine dependent parts, e.g. putting them into tables which can be easily replaced and trying to generate these tables automatically from a formal target machine specification.

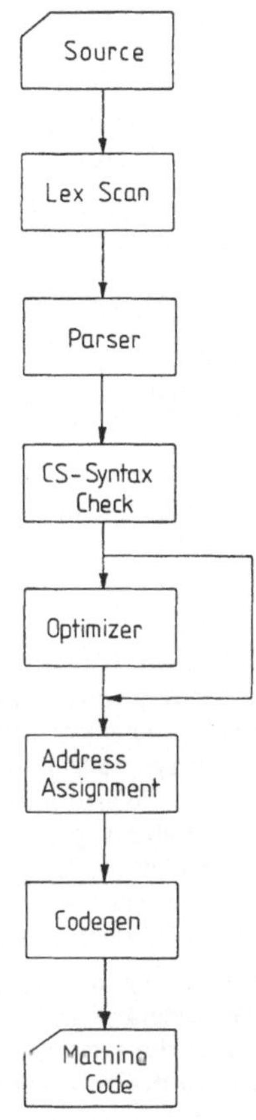

Fig. 1

Logical phases have nothing to do with physical phases, which we call *passes*. There are compilers, rangeing from one-pass to production compilers with over hundred passes. Typically, production compilers are multi-pass as it is easier to give the compiler an elucid structure and to separate target machine dependencies, and as one often wants to run the compiler even on small machines. Furthermore, the extra cost of a multi-pass is not too large, as any compiler spends most its time in lexical analysis, opening files, reading sources, editing or loading libraries. Lexical analysis, parser, and context sensitive syntax check together often form one pass. Sometimes context sensitive syntax check is combined with (intermediate) code generation forming one pass. Only complex languages use to have a separate pass for context sensitive analysis, while the optimizer in most cases is a separate pass, if only for being turned off and on by request. So, multi-pass compilers have at least three passes: (1) Lexical and syntactical analysis, which results in an appropriate intermediate code, (2) machine independent optimization, which transforms this intermediate code, and (3) code generation, resulting in a sequence of instructions which are directly executable or have to be assembled. This three-pass structure and the corresponding levels for a small piece of program are shown in Fig.2.

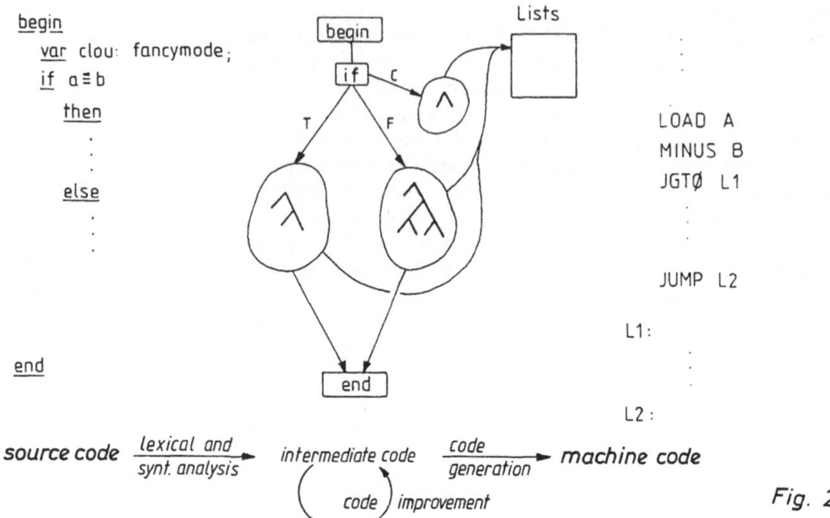

source code $\xrightarrow{\text{lexical and}\atop\text{synt. analysis}}$ intermediate code $\xrightarrow{\text{code}\atop\text{generation}}$ machine code

code improvement

Fig. 2

Before we characterize incremental compilation let us make some trivial remarks on the interface between a *conventional compiler* and its user. The user input is a deck of punch cards or a text file which represents a program or a bunch of subprograms. During the process of software development these programs are usually syntactically or semantically incorrect. After compilation the user gets a more or less complete list of syntactic errors for all compiled programs. Syntactic or semantic errors lead to changes whithin programs. The altered programs are recompiled entirely which usually leads to further syntactic or semantic errors, and so on. This cycle is called *program generation cycle.* Thus, in a conventional compiler environment a user's programs are either being compiled, or running, or just being constructed or changed. This separation of activities even holds true in most timesharing environments.

Finally, the term *interpreter* has to be explained as it appears several times in the following. While a compiler generates code of another level, which is executed at run-time, an interpreter analyzes and executes code at the same time. In our basic example of Fig. 2 for example, a compiler generates code for both branches of the **if-then-else**-statement as it is impossible to decide at compile-time which branch will be executed. Contrary, an interpreter analyzes and executes only one branch as he knows the value of the boolean expression. Now, an unexperienced reader may assume that an interpreter is working faster as it only analyzes those parts of the program which are executed, depending on the user's input data. However, the opposite is true. The reason is the so-called 90:10 percent rule, saying, that a program is spending 90 percent of its time in 10 percent of its code. These 10 percent are the loops. Now, the disadvantage of interpreters become clear. Whithin loops an interpreter is analyzing the same source repeatedly. This property yields that interpreted code at run-time is an order of magnitude slower than compiled code.

3. INCREMENTAL COMPILATION AND SYNTAX-AIDED PROGRAMMING

Incremental compilers, sometimes named *dialog compilers*, or *partial compilers*, can be characterized by the following properties (which are not independent of each other):

For any increment (which is a piece of program on statement/declaration level according to the syntax of the undelying programming language) the user gets an *immediate reaction* if this increment is syntactically incorrect. This refers to context free as well as context sensitive syntax. The order of increment input is arbitrary.

Whenever an increment is changed, only this increment and a more or less small part of its *environment* is *recompiled*. Thus, recompilation does not concern the whole (sub)program but is mainly restricted to the changed parts.

Incomplete programs can be *executed*: Those parts of the program which do not ly on a program path under execution need not be specified. Thus, e.g. the **else**-part of an **if-then-else**-statement may be empty if the boolean expression is true. Running into an unspecified part causes an error and may induce an input of increments for this empty part.

Regarding the program construction cycle, a program cannot be classified to be just in the state of construction, or being compiled, or being changed or running. These *states merge* in incremental compilation mode.

An incremental compiler is a *symbiosis* between a compiler and an interpreter as it combines the advantages of an interpreter (flexibility, efficiency in case of frequently changed programs, comfortable test facilities) with the essential advantage of a compiler, viz. to generate fast code.

The principle question in this context is: What is an *increment*? How large is it and to which syntactic units is it related? In most existing incremental compilers increments are oriented on line numbers which is quite unsatisfactory.*) Clearly, whatever definition we make, the following obvious requirements should be met: (1) The effect of an insertion, a deletion, or change of an increment on its environment must be clear. (2) The expense for recompilation due to incremental changes should be approximately proportional to the size of these changes.

We destinguish between *global* and *local* increments. Global increments e.g. are blocks in the ALGOL sense, compounds, declarations of procedures and functions, **case-** and **if-then-** or **if-then-else-** statements, and loops i.e. **for**-loops, **while**-loops and **until**-loops. Local increments are type-declarations, declarations of variables, procedure calls, expressions and assignment statements and jumps in the controlled fashion of **exit**-statements. While global increments have some kind of bracket structure, local increments are considered as atomic units, usually placed on one line if there were no restriction in line length. Another reason for the distinction between global and local increments is that these two classes of increments are treated differently in translating them into executable form which is described in detail in section 5.

The next idea which we want to introduce is *syntax-aided programming* or at this level syntax-aided editing. When the user starts to input an increment he knows what kind of increment that is. Why not pass this information to the system? This would facilitate the syntax analysis and it would decrease the amount of characters the user has to put in inasmuch as the system can generate a skeleton for the increment which only has to be completed by the user. So, e.g. specifying the next input as a **for**-loop the system generates a **for**-loop skeleton of the form

> **for** loopvar := stexp **to** endexp **do**
> └─────────┘ ;
>
> *Fig. 3*

and expects input for all small printed parts as loop variable, start expression, and end expression. These parts only serve as hint for the user and are replaced by the user's input. Whenever the input marker is moved to one of these places it is not further necessary to specify what is admissible at this position as this is known by the system. This is true for all parts of increments which contain (small printed) comments indicating that further input is expected there. Thus, the input of any increment either local or global is a *command* specifying the syntactical category of this increment. In the case of global increment input nothing else is to be put in at once as the left open parts can be filled at any time during the process of program development. Local increments on the other hand always contain user defined names. Thus, a local increment is put in by a sequence consisting of a command followed by a string. The first input corresponding to a global increment needs no syntax analysis as it generates the skeleton of a syntactical unit rather than analyzing some string representing that unit. However, this is only true for the context free syntax. The context sensitive syntax has to be checked, as e.g. a declaration of a procedure may not be allowed to appear after an assignment on the same program level. This check is carried out at once. Local increment input demands syntax analysis either context sensitive to assure that this increment as a whole may appear in this context or context free to check that the string following the specifying command is admissable.**) Fortunately, this check is eased as the syntactical unit it has to be reduced to (if this check is done bottom-up) or from which it must be derived (if we proceed top-down) is explicitly named by the command. So, summing up, this way of syntax-aided program input guarantees that the *global syntax* is *always correct* as increments with bracket structure are generated entirely and that *local increments* are *immediateley analyzed*. In both cases context sensitive checks are carried out immediately, too. Further inputs to omissions within global increments (which are characterized by a comment), which are increments again, need not be headed by a command as the system

---

*) Because of two reasons: In a program representation by lines the contents of a line need not correspond to a syntactical unit. Thus, a sequence of modification is necessary where a single modification should be sufficient or, conversely, if a modification should affect only a part of the line. Moving the modification marker via line-oriented commands seems to be quite unconfortable.

**) Furthermore, context sensitive analysis corresponding to consistency between defining and applied occurrences of names is necessary. This is described in detail in the next section.

alredy knows what is admissable in this position.*)

The next point we have to clearify is which *kinds of commands* for program generation and modification we have in mind and how these commands can be represented at the man-machine interface. Cleary, the set of commands depends on the underlying programming language as increments correspond to syntactical units. Furthermore, not all program modifications technically manageable are desirable from the programming methodology point of view. Last not least, this set of commands may depend on the personal style of a programmer to develop an algorithm. Without any doubt, the insertion and deletion of all global and local increments should be possible. Global increment insertion as described above means insertion of constructs which are complete referring to the bracket structure but which are empty with respect to local or global increments they may contain. Increment deletion means to erase the global or local increment the input marker is pointing to, regardless whether this increment has left open subincrements or not. Thus, with deleting a global increment a rather big portion of a program can be erased, e.g. if this increment is a block or compound. It is a matter of taste whether the embedding of a program portion into a procedure declaration is consistent with a clean programming style. **) ***) As the input marker has to point to increments which are to be deleted or to the position where an increment is to be inserted we need some commands moving this input pointer up and down, left and right. As we imagine the user to sit on al alphanumeric display, this input marker may be a special symbol like

Besides these commands on the level of syntax-aided editing we need markers which bracket that part of the program which is to be executed. Furthermore, we must have commands to break execution and to continue after a break, and we should be able to set breakpoints or conditional breakpoints. Finally, it should be possible to insert snapshot instructions and program counters. All these test facilities can be suppressed by a single command and reactivated by another one. Command input is imagined to be carried out by push buttons. There are commands for insertion, deletion, marker movement, and specification of increments and test aids. For example, the insertion of an (empty) **case**-increment is specified by pushing the button for insertion and then the button specifying the increment e.g. **case**-stmt. There is some work to be done in defining a *comfortable* user interface. We make some further comment on this point in section 7.

There are some software generation systems in literature which are also syntax-driven, e.g. "programming by selection" /Hoff73/. In this system the parse tree is generated interactively in a top-down fashion by the user as he selects possible alernatives to nonterminal grammar symbols. The difference to the system sketched above is that program modification commands can heavily *modify* the corresponding parse tree.

The user's input in a program generation session may be either a command or a portion of program text. Commands refer to editing and syntax check, code generation, and execution. There is only one user state and no transition is necessary for commands belonging to these different activities. This answers one of the requirements made at the beginning of this section.

4. TRANSLATING THE SOURCE PROGRAM TO THE PROGRAM GRAPH

We split the translation from source code to executable code in two substeps named T1, T2 as shown in Fig. 4. The intermediate code is an abstract syntax notation which contains all syntactic information, both context free and context sensitive corresponding to data structures, program structure, and control flow. This intermediate code, which we call *program graph*, therefore must contain all the information a conventional compiler has in several lists, as symbol list, list of control structures etc. Moreover, the information contained in these lists must be easily and fast accessible in an incremental compiler, as it is our aim not to build up this information from the very beginning again but to modify it only if an increment change occurs.

---

*) In case the system does not know what has to be filled in no comment appears. So, in Fig. 3 the loop
   body remains unspecified. Thus, the increment input for the loop body must be preceded by a command.

**)Embedding into an increment could be managed either by generating an empty increment and moving its
   head or tail, or using two markers for the beginning and end of the statement sequence to be embedded.

***)If no modification of this kind is allowed, then a service command should be available giving a sequence
   of statements a user defined name. Insertion of this sequence is then possible in another command using
   this name.

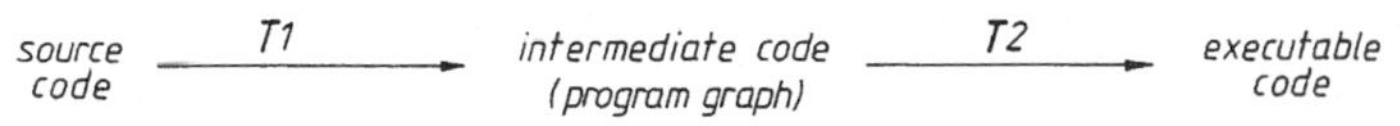

Fig. 4

For the reason of conceptual lucidity in a program graph all *information* is coded within *labelled nodes* and *labelled directed edges*. In Fig. 5a a piece of source program is drawn, in Fig. 6a its corresponding program graph. Word symbols and identifiers appear as labelled nodes. There is a node labelled EDIT&CHECK corresponding to the input marker which has an edge pointing to the position within the graph where changes actually take place. Assignment statements appear as node labels. This is a simplification made here to keep the next figures visible at a glance. Assignments and expressions are usually represented as tree structures within the program graph. Edges drawn without labels represent the control flow, d-edges stand for declarations, m-edges for the mode of an indentifier, v-edges for validity corresponding to block structure, o-edge for applied occurrence, and b-edges, finally, represent the block structure.

Clearly, changes of the source program induce modifications of the program graph. In Fig. 5 at the position of the input marker a declaration of the variable a is inserted. As a variable with the same indentifier already exists in the next higher block, some o- and v-edges have to be erased and others must be inserted at the new generated node. The modifications of the program graph due to this declaration insertion are shown in Fig. 6. *) The reader may imagine that insertion of a declaration may induce heavy modifications of a program graph which are not easy to describe, especially in the case there exists no declaration of the same indentifier in a higher block, the actual block is deeply-nested, and the new identifier may occur in subordinate blocks again. We did *not* choose declaration insertion as an example because this is an increment modification often occurring in software development. On the other hand this example is complex enough to show the difficulties of translation step T1 as well as T2. This short discussion may have shown that the program graph is an appropriate data structure on which especially context sensitive syntax analysis can be performed effectively.

In /BBN77/, /Bn74/, /Sn75/ there is shown that *programmed graph grammars* are an excellent conceptual tool to specify these modifications of a program graph due to increment insertion/deletion. It is not the aim of this paper to go into any details of this mechanism, the reader is referred to the above cited literature. Specification via programmed graph grammars is done operational, i.e. this tool makes it feasible to program on an abstract level. There is a two-fold abstraction: one in data, as we are not interested at this level how graphs are represented in a computer **) and one in rewriting mechanisms, as we neglect the fact that complex graph rewriting steps have to be decomposed in a real implementation. Thus, this specification should be better named *abstract implementation*. However, this abstract implementation assumes concrete form if an implementation of the underlying graph rewriting mechanisms is available (cf. e.g. /BNW78/ and /Na79b/). However, this implementation should only be used for test reasons, i.e. as first step leading to a concrete implemetation.***)

At he end of this section we would like to give some *substantiation for splitting the incremental compiler* into two translators T1 and T2. Some further arguments follow after the explanation of T2. The first reason is the UNCOL-argument that an intermediate level saves effort in implementing different incremental compilers for different languages and different target machines. Immediate reaction to user's input presupposes a data structure containing all syntactical information. With the aid of the program graph, input can be immediately checked. Changes at the program graph level only locally update this data structure, meeting the requirement that only the increment and a part of its environment is recompiled (syntax-checked here).

---

*) Reading Fig.5 and 6from right to left shows the problems arising in deleting a declaration.

**) Which depends on the data type mechanism of the programming language. Furthermore, in a real implementation graph information may possibly be implemented in an unconventional way, e.g. by bit vectors or by data accesses associatively.

***) There are three reasons why this test implementation cannot be the final form: In /BNW78/ arbitrarily large graphs can be modelled which requires a paging system and, furthermore, very general rewriting steps are allowed. Both is not needed in this context. Finally, as to be explained in section 7, the intermediate code might be fixed (e.g. having only partly graph form) as interface to an existing implementation.

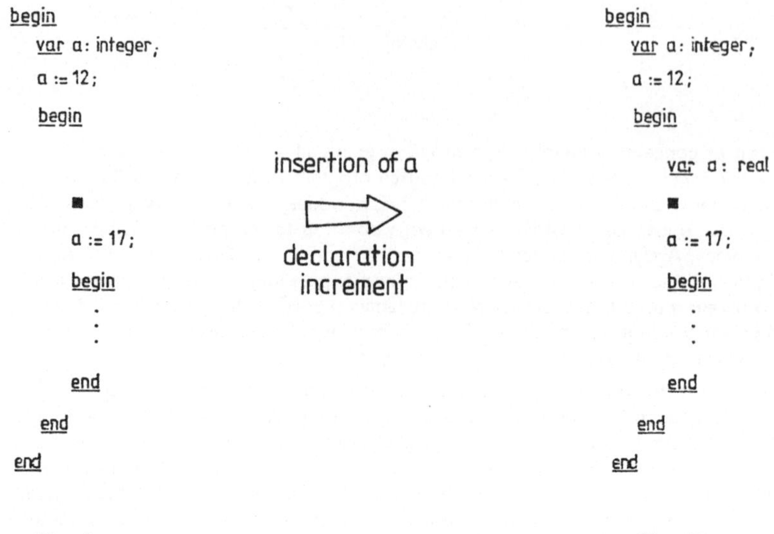

Fig. 5a   *Fig. 5b*

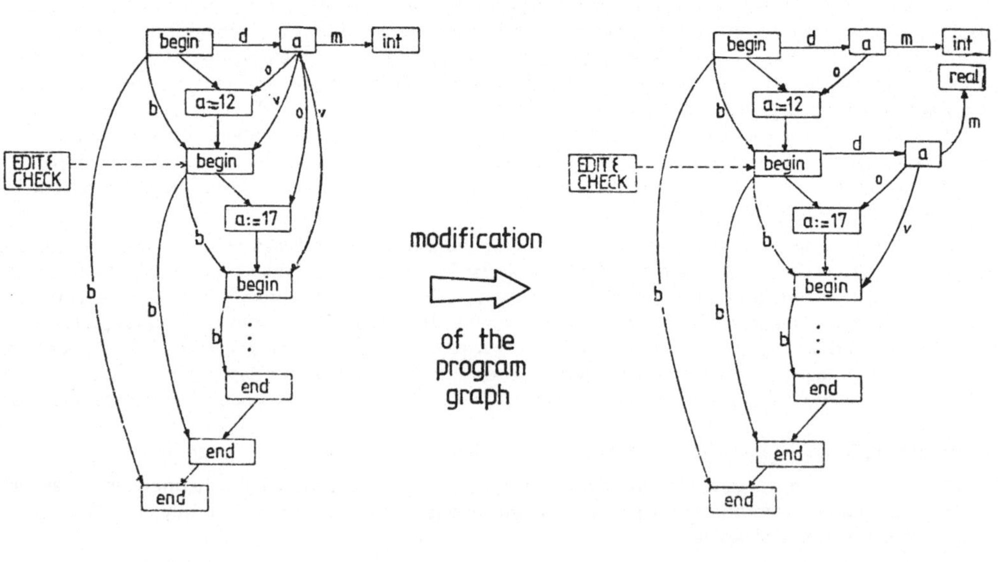

Fig. 6a   *Fig. 6b*

Code generation is a rather time-consuming task especially if an optimizer is involved. Splitting the incremental compiler into a syntax-checking and a code-generating part allows the user to concentrate on syntax correction first without the code generator being activited. Finally, there is a psychological reason: Activities of man in a man-machine dialog are not continous but are divided into activity lumps. These activity lumps disintegrate into a sequence of single activities with one activity at the end which is subjectively felt as end of the lump. During an activity lump the user is not willing to accept a delay of more than a few seconds. Changing the program on a syntax-aided editor level might be felt to be an activity lump and starting to execute this program as end of it. This argument is nothing else than the last one, here regarded from the psychological point of view.

5. TRANSLATING THE PROGRAM GRAPH TO EXECUTABLE FORM

The fundamental idea of this translation is shown in Fig. 7. The intermediate code is not erased after code generation as it is done in a conventional compiler. On the other hand, only for a part of the intermediate code, namely essentially the local increments, machine code is generated. From these increments pointers point to corresponding pieces of code. The *program graph* is *interpreted*, increments for which *code* exists are *executed*. *) Thus the program graph has also the function to chain code pieces which, in most incremental compilers, is done by an additional list. Whenever an increment is deleted or changed by the user, translator T1 updates the program graph which leads to a release of the storage containing the code pieces for the old increment. Here jumps again play a harmful special role: They are represented as edges on the program graph level and, consequently, they are interpreted here. **) This holds also true for the controlled **exit**-jumps we have regarded here. However, the implication on run-time storage organization is less complicated in the case of **exit**-jumps than it is with gotos. As the program graph is interpreted we get an *interpreter behaviour* for the incremental compiler. This meets the requirement that *partial programs* should be *executable*. Finally, with the aid of the program graph we can exactly specify which other increments are altered due to an increment change. Thus, only for these increments new code has to be generated. By that we fulfil the fundamental requirement for incremental compilers.

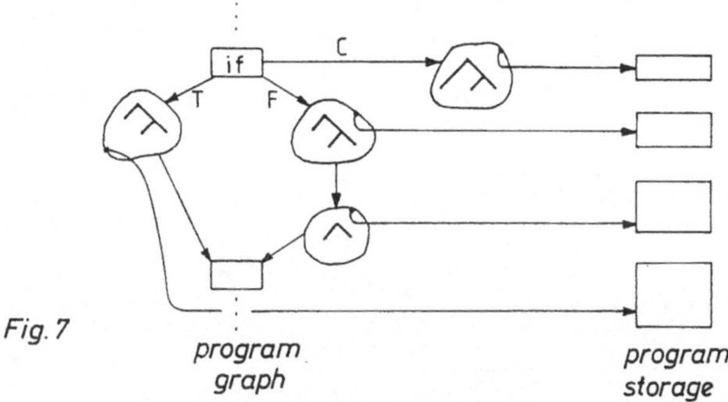

Fig. 7

Now we come back to the problem arising with the insertion or deletion of declaration increments. As already mentioned we are not concerned with that problem because this kind of increment changes does permanently occur in program development. On the other hand this is one of the most interesting problems arising here.
The most popular strategy to answer this problem is to *recompile the* whole *block containing the* changed *declaration*. So, changing a declaration on the outermost block implies a recompilation of the whole program or subprogram just as a conventional compiler would do. On the other hand this strategy yields a rather simple addressing mechanism: Using the display technique, which is widespread for block-oriented languages, we can determine the address relative to the next surrounding block at compile-time. Thus, this technique is simple but does not really fit for the requirement that only a small portion of an increment's environment should eventually be recompiled.

---

*) Clearly, in both cases an execution takes place but on fairly different levels.

**) This is because of three reasons: (1) As for most global increments no code exists, there is no address for the jump instruction. (2) If an increment with a label is changed it usually gets new code. Here the complete program would have be to be checked for jumps with the old address as target. (3) Program storage sometimes needs garbage collection, which would imply a complicated updating for jump addresses.

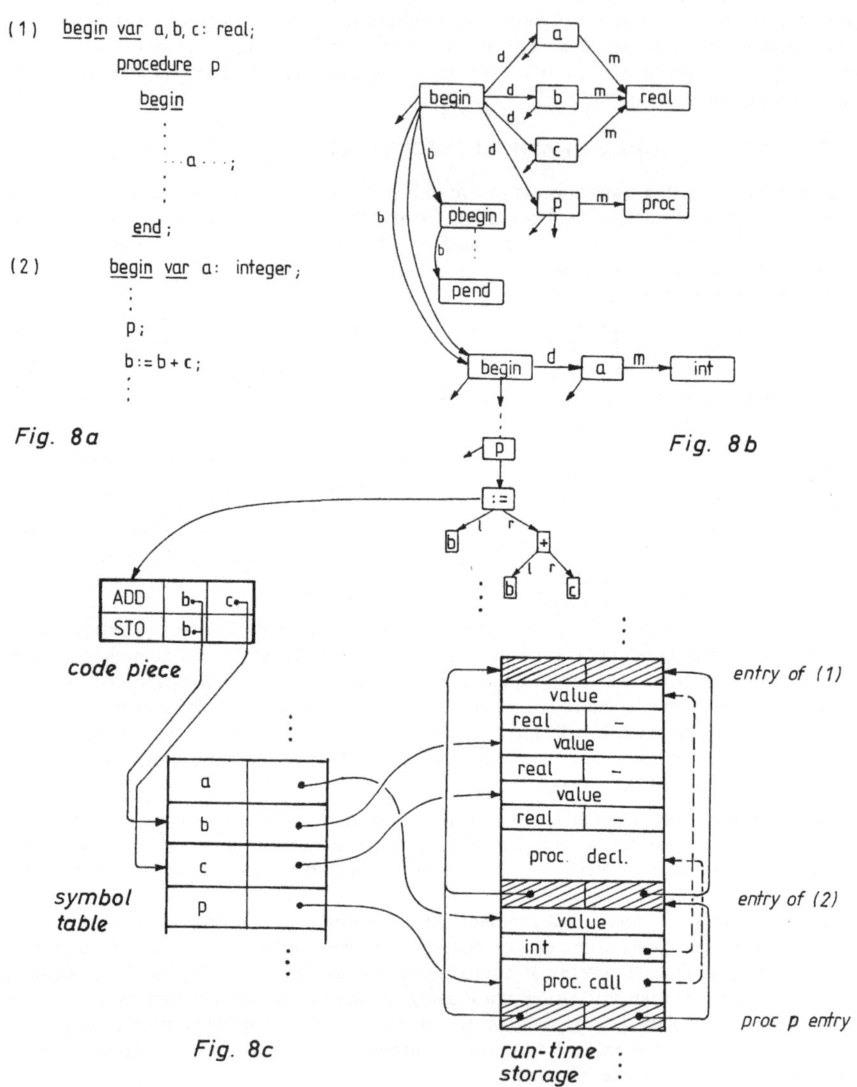
(1)   begin var a, b, c: real;
procedure p
begin
···a···;
end;
(2)   begin var a: integer;
p;
b := b + c;
Fig. 8a
a
d   m
begin   d   b   m   real
d
c   m
b   d
p   m   proc
b   pbegin
b
pend
begin   d   a   m   int
Fig. 8b
p
:=
b   l   r   +
l   r
b   c
ADD   b   c
STO   b
code piece
a
b
c
symbol
table   p
Fig. 8c
value
real   —
value
real   —
value
real   —
proc. decl.
value
int
proc. call
entry of (1)
entry of (2)
proc p entry
run-time
storage
Fig. 8d

The opposite strategy is to handle declarations as assignments, i.e. to generate code for them. This code allocates *storage at run-time*. (This technique is usually used for dynamic arrays, here however, also for data static within a block or procedure.) Now, two substrategies can be pursued. The first is that changing a declaration of a variable induces *recompilation* of all increments containing *applied occurrences* of this variable as the new declaration may be of another type. The second one is that (1) dynamic addressing at run-time goes through a symbol table, (2) the run-time storage contains the type of allocated data, and (3) instructions used in code pieces are *pseudoinstructions* with respect to their instruction part, inasmuch as the machine instructions executed for them depend on the type of operands. This method needs only a recompilation of the declaration itself if this declaration is altered. The price we have to pay is multiple indirection. On the other hand this symbol table can be effectively used for test facilities.

Fig. 8 outlines the last strategy. Fig. 8.a, shows a piece of code, Fig. 8.b the corresponding program graph. The only deviation to section 4 is that the assigment is decomposed forming a tree and that local increments and declarations have code pieces which is indicated here by the open edges. Furthermore, **begin**-nodes have code pieces corresponding to run-time storage organization. Fig. 8.c and d, together, show the code piece of the assignment statement and a snapshot of the symbol table and run-time storage corresponding to the moment, when this assignment is executed. The symbol table entry points to the storage of the actually valid variable to a given indentifier. At each block or procedure entry a block record is installed within the run-time storage. After that the storage corresponding to declarations of this block or procedure follow. For a basic type variable this storage consists of the value, the type and a pointer to the storage of the last occurrence of a variable with the same indentifier. Block records contain two pointers, the left one showing to the static, the right one to the dynamic predecessor. With these pointers global variables can be accessed correctly. The addressing scheme is simplified somewhat in Fig. 8. However, the reader may imagine that this scheme results in some overhead at run-time.

6. OVERALL CONCEPT OF AN INCREMENTAL COMPILER

In Fig. 9 the overall structure of the incremental compiler is sketched. As outlined in section 3 the user inputs commands and source text pieces. Input is immediately analyzed by carrying out lexical and syntactic analysis. This induces changes of the source program and of the program graph the position of each marked by a marker. These markers correspond to each other. Whenever an input error occurs the source text and the program graph are not changed. An error message is sent to the user saying what input the system expected and why the actual input did not fit to the expected form.

Another class of commands corresponds to the execution of (partial) programs. The piece of programs which shall be executed is bracketed by two markers. Here again we need commands to move these markers. When a piece of program is to be executed then in the program graph all program paths between the two markers are checked whether there exist increments on program graph level which have no attached code pieces. For that the code generator T2 generates code pieces. To empty increments a routine is attached which outputs at run-time an error message.

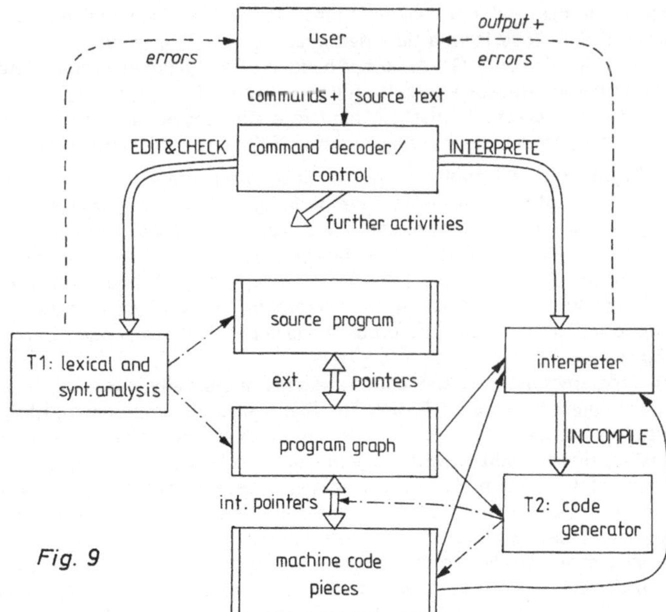

Fig. 9

that the flow of control came into an empty part. In that case the user can activate the translator T1 again and restart the execution after completing the source program on that program path. Furthermore, in this branch of Fig. 9 the output can also be due to user defined output statements which, possibly, might also induce program changes.

Execution of a partial program between two marking points is called *automatic mode.* In section 3 we have already mentioned that the user might set breakpoints which may be unconditional or conditional. These breakpoints lead to additions to the program graph which, however, are specially labelled such that they can be distinguished from nodes and edges corresponding to source code increments. Execution mode regarding breakpoints is called *controlled mode.* In *statement execution mode* the execution halts after each statement while in *block-step mode* the execution halts after each block or procedure. These modes are only easy extensions to the interpreter. Furthermore, we need an interrupt command breaking program execution at an arbitrary point and a resume command which yields continuation of execution after halts due to breakpoints, or interrupts. Clearly, the program graph interpreter reacts on interrupts only after having finished execution of an increment. As indicated in the next section some other test and program development tools can be introduced, which also lead to program graph extensions and, furthermore, also to extensions of the control module and interpreter module. All these test activities can be turned on and off. If they are turned off the interpreter ignores the extensions to the program graph. However, they can be turned on again by a *single* command which is useful e.g. in the case that a program shows to have bugs after a period of satisfactory use. So, with one command, the test environment is reinstalled.
Last but not least a *help state* has to be introduced into our system in which the user gets information about the system and the underlying programming language such that he can proceed from a situation where he is at his wit's end.

7. INTEGRATION INTO A GENERAL SOFTWARE SYSTEM

Nearly all remarks we make in this section directly or indirectly depend on the intermediate code we have chosen, viz. the program graph. So, before going into details let us further comment on this intermediate code. Compilers usually flatten intermediate code representing it with triples, or quadrupels, or instructions for some simple "abstract" target machine as it is the case with stack machines and P-code. Flattening the abstract syntax tree or graph looses information which is hard to recover. This information is needed for some intermediate code manipulations as to be seen soon, which usually means to reconstruct a graph form intermediate code from a flattened one. We avoid this roundabout way by directly generating graph form intermediate code.*) On the other hand we have avoided another detour taken in some compilers by generating the intermediate code from the parse tree. Finally, an argument for a high-level intermediate code, as our program graph, is, that it is hard to make sensible use of a rich instruction set or of multiple registers of the target machine in code generation if the level of intermediate code is too low.

Clearly, the philosophy of syntax-aided programming and execution of partial programs meets the requirements of modern software methodology. This holds especially true for top-down designing methods as *stepwise refinement.* The reason is that syntax-aided programming as described in section 3 only generates program constructs with a clear input/output interface and that the execution of partial programs allows to develop the solution to a problem in a depth first manner while usually the solution must be developped completely in each level of the hierarchy. But also bottom-up and other development strategies are supported in that the interpreter behaviour of the incremental compiler facilitates the writing of test stubs.
In Programming large application systems one usually differs between programming-in-the-small and programming-in-the-large (/KR76/). The first means the development of single modules the second the interconnection between modules, i.e. the module plex. Here the above concept is helpful in two ways. First, in testing single modules, test programs have to be written which again is facililated by the interpreter property of the system. The second reason is even more important: In programming a module plex, the *elements modules may change* due to detected errors or to supplementation and simplification of the whole system. Thus, we need some facility detecting immediately what implications a module change has for the total system. Answering this question without a recompilation of the whole system means to look for an appropriate data structure which contains type description of each module, the access rights between modules which can be e.g. the activation of a functional module, the access to data owned by another module,

---

*) It is clear that in a concrete program graph implementation we have to be very careful that the data structures chosen are suitable to the tasks which are listed below.

or the activation of one of the routines of a data module (cf. e.g./Alt79/). The module plex usually has to fulfill some static structural constraints and, furthermore, the user might state some conditions which have to hold true when a module interconnection is activated. Thus, the problem of checking the implications of an element module change within a module plex is quite similar to our problem of detecting how increment changes affect single modules. Here, the modules play the roles of increments. It is our belief that the above ideas of an incremental compiler can be applied to this problem too and that it is possible to construct a software development system which is suitable for both programming-in-the-small as well as programming-in-the-large.

The next bunch of comments is related to program graph modifications. *Error detection* can be facilitated by regarding a trace. While the implementation of a trace routine in a conventional compiler causes a considerable overhead in space and time in our system it needs only an extension to the interpreter routine of Fig. 9. This is due to the interpretation mode of execution on one hand and the symbol table availability at run-time on the other. If output of data (value, mode etc.) only for some of the variables is requested, then some information has to be inserted in the program graph as it was the case for the breakpoints of the last section.

The same argument holds true for *program monitoring*. If the execution time and the number of executions for all constructs in a program is desired then the interpreter switches to an extended mode where execution time is outputted and stored after each global increment and the number of executions is counted. If this information is only wanted at specific locations then, as above, the program graph has to be extended. So, as with breakpoints, also for error detection and program monitoring we have an *automatic* and a *controlled mode*. Another remark refers to *program verification*, which still is a hard problem in practice. One of the problems there is to establish the loop invariants. As this can hardly be done automatically, dialog systems have been suggested. Designing and implementing the software production system, verfication is not one of our main objectives but we do consider this problem, i.e. we hope the resulting system is open-ended in the sense that a verification module can be added.

Automatic and *machine-independent optimization* is carried out on intermediate code. Automatic optimization means independence of the semantics of the actual program, e.g. techniques applicable to all programs, and machine-independence indicates that this kind of optimization is irrespective of special target machine features. Examples for this optimization have been enumerated in section 2. According to the 90-percent-rule optimization is especially profitable in loops. Usually, one distinguishes between local optimization carried out in so-called basic blocks and global optimization considering different basic blocks or even procedures. For optimization data flow analysis must take place before, which usually results in the computation of the *flow graph* and data flow information, as use-define-chains, define-use-chains, available expressions and live/dead information. Flow graph construction is unnecessaray in our case, due to the choice of the intermediate code. Furthermore, this data flow information can be expressed by extensions to our program graph. So, automatic optimization can be integrated in a natural way into the software development system.*) **) Finally, data flow information can also be used for error detection, e.g. for finding names which are used but never had an assignment or names which are defined but never used.

Another kind of optimization makes use of the semantics of a special program and therefore sometimes results in an order of magnitude higher efficiency of space or time. A practicable proceeding e.g. is to start with a structured and well-documented version of an algorithm and to document all optimizing transformations as proposed in /Kn74/. If we carry out the transformations on the graph-like intermediate code, then this results in a sequence of graph transformation steps. As a system can hardly guess the semantics of an arbitrary program, this optimization request further information of the programmer at each optimization step. This leads to a *optimization* in a man-machine *dialog*. Of course, the system may be able to give hints or to suggest some transformations.

---

*)Optimization and code generation may be facilitated by comment nodes generated by translator T1 or the optimizer. Comment nodes are ignored by the interpreter routine but may contain valuable information for optimization or code generation which otherwise must be recovered again by graph-walking algorithms.

**)Gotos are considered harmful here too as they complicate optimization considerably. Therefore, some production compilers withhold optimization in case of goto occurences.

Corresponding to the use of unconventional computer architectures as array computers, multiprocessors of equal or different components (cf. e.g. /HHS76/) a new way of programming must be created. Here, e.g. it has to be specified which parts of an algorithm run on which processors, where data are stored, which data are accessible by which processors, which data may be transferred.*) Furthermore, synchronization is a principal task of this kind of programming, as execution of programs is done in parallel on different processors. The problem to feed this kind of computers can be tackled in two different ways. The first is to create programming languages for these computers. However, then a new type of programmer has to be created, too, which has much more knowledge of computer architecture as a programmer nowadays must have. The other way which at least must be tried for all already existing programs is to *parallelize programs automatically*.This kind of program transformation is surely easier performed on a graph-like program representation than on a linear one.

Of course, all these different tasks cannot be implemented at once. This means that the software production system must be designed in modular form such that all these modules, if implemented, can be integrated. In the same way the central data structure, the program graph, must be able to contain all the information needed for these different tasks in a form such that parts of it can be cut off.
From the division of the translation into two steps some further advantages results: Supposed you start with a conventional compiler having the same intermediate language, then you can put together translator T1 of the incremental compiler and the code generator CG of the conventional compiler. The result is a dialog compiler having the ability of immediate syntax checking for increments and generating code with excellent run-time properties, especially if the code generator CG has an intermediate code optimizer as prepass. A dialog compiler of this characteristics, which is sometimes called *conversational compiler*, allows syntax changes and corrections before starting the code generation, but on the other hand, lacks of the interpreter behaviour outlined above. However, as an incremental compiler is not expected to replace a conventional compiler (the first being an istrument for program construction the other for preparing a ready program for running) one might choose the intermediate code of an incremental compiler to have the same form as that of a given conventional compiler to save the effort of writing an optimizer and a code generator.
Another advantage of splitting the incremental compiler is that the first translator T1 may run on an *intelligent terminal* relieving the remote large computer from all editing functions and avoiding the permanent process switch within its operating system. Only code generation for local increments and interpretation is still carried out by the large computer.
Another argument for carefully choosing the intermediate code to make use of trends of computer architecture is to *execute intermediate code directly* with new instructions in a microprogrammable computer, i.e. to introduce new microprograms suited for e.g. following the program graph or for the addressing schemes necessary here. This way is actually gone in industrial development for intermediate P-code .

Now, we are in the position to reply on the basic counterargument against incremental compiling: Supposed the programmer uses the principles of modern software design, then he will write program units, the source code of which is not longer than - say, for example - a sheet of paper. Now, is there really a need for an incremental compiler as even a conventional compiler won't need much time for recompiling such a program unit? This argument is even strengthened as the execution time of graph-like interpreted code is about an order of magnitude greater than that of a conventionally compiled code. (cf. /BeGr73/). However, this argument is not really striking. First, during program development execution time is not too important, as programs at the beginning usually have bugs. The compilation time of an incremental compiler on the other hand, is an order of magnitude lower than that of a conventional compiler (see also /BeGr73/). But this argument in favour of incremental compiling is also unimportant. What is counting, is that an incremental compiler *saves time for the programmer*. This does not only hold true for program construction but also for error detection and error correction. Costs for the programmer nowadays are much more important than compilation time or run-time.**) Please consider that we do not speak about student programs. Time saving for the programmer is further increased if the incremental compiler is embedded in a *dialog system* for *program development* as outlined in this section. This integrated system is the central point of this paper. The implementation costs of this system are considerably smaller than separately implementing each component, as all components use the same intermediate code interface, viz. the program graph. So, it is our hope that the dialog system we have suggested is a valuable tool in producing *reliable software.*

---

*) Of course the logical configuration the programmer is programming in, need not be identical with the physical configuration at hand. However, the greater the structural differences are, the more complicated is the implementation of the mapping from logical to physical architecture. Here are demanding task arises for compiler constructors.
**) within the test phase

CONCLUSION

Splitting incremental compilation into two substeps with the program graph as intermediate data structure is a concept which fulfils the requirements for incremental compiling: We get an immediate reaction on each increment input, as its correctness can easily be checked with the aid of the program graph. The program graph is updated but not built up again. To generate code only for local increments, and to interpret the program graph allows execution of incomplete programs and introduces interpreter behaviour. Only for altered increments, code pieces are generated. This concept can be extended by regarding further tasks for which the program graph is a suitable data structure. So, optimization either automatic or problem dependent can be introduced. Error detection and program monitoring is supported by the interpreter behaviour of the system. Intergrating these and other tasks into the incremental compiler results in a dialog system for the production of reliable software.

ACKNOWLEDGEMENT

The author is indebted to Mrs. K. Schmitt for carefully typing this manuscript on a composer.

REFERENCES

/AhUl77/   A.V. Aho/ J.D. Ullman: Principles of Compiler Design, Reading: Addison-Wesley (1977).

/Alt79/   W. Altmann: A new module concept for design of reliable software, Applied Computer Science 14, 155-166, München: Hanser-Verlag (1979).

/AHKL79/ B. Austermühl/W. Henhapl/H.H. Kron/R. Lutze: Die Generierung von interaktiven Programmierumgebungen, in Notizen zum Interaktiven Programmieren 2 (1979).

/Ba79/   F.L. Bauer et al.: Program Development by Transformation, Section III of F.L. Bauer (Ed.): Program Construction, Lect. Notes Comp. Sci 69, 235 - 492 (1979).

/BeGr73/ M. Berthaud/M. Griffiths: Incremental Compilation and Conversational Interpretation, Ann. Rev. Autom. Programming 7, 2, 95 - 114 (1973).

/BBN77/ W. Brendel/H. Bunke/M. Nagl: Syntaxgesteuerte Programmierung und inkrementelle Compilation, Informatik-Fachberichte 10, 57 - 74, Berlin: Springer-Verlag (1977).

/BNW78/ W. Brendel/M. Nagl/D. Weber: Implementation of Sequential and Parallel Graph Rewriting Systems, Applied Computer Science 8, 79 - 106, München: Hanser-Verlag (1978).

/Bu74/   H. Bunke: Beschreibung eines syntaxgesteuerten inkrementellen Compilers durch Graph-Grammatiken, Arbeitsbericht d. Instituts f. Math. Masch. u. Datenverarb. 7, 7, University of Erlangen (1974).

/Br77/   W. Brendel: Maschinencode-Erzeugung bei inkrementeller Compilation, Arbeitsbericht d. Inst. f. Math. Masch. u. Datenverarb. 10, 8, 24 - 120, University of Erlangen (1977)

/KR76/   H.H. Kron/F. De Remer: Programming-in-the-large versus Programming-in-the-small, Informatik Fachberichte 1, 80 - 89, Berlin: Springer-Verlag (1976).

/EaCa72/ J. Earley/P. Caizergues: A Method for Incrementally Compiling Languages with Nested Statement Structure, Comm. ACM 15, 12, 1040 - 1044, (1972).

/HHS76/ W. Händler/F. Hofmann/H.J. Schneider: A general purpose array with a broad spectrum of applications, Informatik-Fachberichte 4, 311 - 335, Berlin: Springer-Verlag (1978).

/Ho74/   H.J. Hoffmann: Programming by selection, Proc. 1973 Int. Comp. Symp., 59 - 66, Amsterdam: North-Holland (1974).

/HK78/   H.J. Hoffmann/ I. Kupka: Arbeiten mit interaktiven Systemen..., in Notizen zum Interaktiven Programmieren 1, 5 - 30 (1978).

/Ka79/   M. Kahrs: Implementation of an Interactive Programming System, Proc. 1979 SIGPLAN Symp. on Compiler Construction, SIGPLAN Notices 14, 8, 76 - 82 (1979).

/Kat69/   H. Katzan: Batch, conversational, and incremental compilers, AFIPS Proc. 1969 SJCC, vol. 34, 47 - 56 (1969).

/Kn74/   D. Knuth: Structured programming with goto statements, Computing Surveys $\underline{8}$, 261-301 (1974).

/Na79a/   M. Nagl: Graph-Grammatiken: Theorie, Anwendungen, Implementierung, Wiesbaden: Vieweg-Verlag (1979).

/Na79b/   M. Nagl: GRAPL - A Programming Language for Dynamic Problems on Graphs, Proc. WG'79 on Graphtheoretic Concepts in Computer Science, München: Carl Hanser Verlag

/Ri70/   W.J. Rishel: Incremental Compilers, Datamation $\underline{16}$, 1 , 129-136 (1970).

/Ro76/   H. Rohlfing: Programmentwicklung im Dialog, Doctoral Dissertation, University of Karlsruhe (1976).

/Sm72/   H.A. Schmid: A user oriented and efficient incremental compiler, Proc. Int. Comp. Symp., 259-269, Venice (1972).

/SmNi73/   H.A. Schmid/ B. Nienaber: Messung der Effizienz eines einfachen "Incremental Compiler" Lect. Notes Ec. and Math. Syst. $\underline{78}$, 159-168, Berlin: Springer-Verlag (1973).

/SSW77/   N. Siegmund/ R. Schmitt/ F. Wankmüller: Abänderung von Programmen als Anwendung des Einbettungsproblems für Graphen, Techn. Rep. 42/77, University of Dortmund (1977).

/Sn75/   H.J. Schneider: Syntax-directed description of incremental compilers, Lect. Notes Comp. Sci. $\underline{26}$, 192-201, Berlin: Springer-Verlag (1975).

RECENT HISTORY AND THE FUTURE OF COBOL

Donald F. Nelson
Chairman, CODASYL COBOL Committee
CONTROL DATA CORPORATION - SVL184
Post Office Box 7090
Sunnyvale, California 94086, USA

ZUSAMMENFASSUNG: Dieser Bericht umfaßt folgenden Themenbereich: Die Beziehung zwischen dem ANSI X3J4-und dem CODASYL COBOL-Komitee einschließlich der Standardisie-
rungsbemühungen; die Hauptänderungen an COBOL seit der Verabschiedung des ANSI 74
Standard, wobei aufgezeigt wird, welche neuen Festlegungen voraussichtlich im nächsten Standard zu erwarten sind; weiter werden diejenigen wesentlichen Komponenten
genannt, um die in den kommenden Jahren COBOL erwartungsgemäß ergänzt werden wird;
die Gründe für eine COBOL-Weiterentwicklung und Schritte, mit denen der Benutzer
die Auswirkungen solcher Weiterentwicklungen reduzieren kann; schließlich wird auf
den zu erwartenden Einfluß von COBOL auf andere Programmiersprachen, insbesondere
PASCAL und ADA, eingegangen.

ABSTRACT: This paper covers the following topics: the relationship between ANSI
X3J4 and the CODASYL COBOL Committee, including the standardization process: the
major changes made to COBOL since the ANSI 74 standard was approved, indicating
which are expected to be in the next standard; the major features which are expected to be added in the next few years; why COBOL should evolve and steps a user
can take to reduce the impact of such evolution; and, the expected impact of other
languages on COBOL, especially PASCAL and ADA.

DISCLAIMER: The opinions expressed in this paper are my own and not necessarily
those of Control Data Corporation or of CODASYL.

1.0 THE DEVELOPMENT AND STANDARDIZATION PROCESS FOR COBOL

The process of development and standardization of the COBOL language involves two committees. These committees are the CODASYL COBOL Committee, which is responsible for the maintenance and development of the language, and the ANSI X3J4 Committee, which is responsible for the standardization of the language.

The CODASYL COBOL Committee evolved from the old Programming Language Committee, which in turn evolved from the original designers of COBOL. This committee meets about 8 times a year, with each meeting lasting three or four days. The meetings are held in various cities in the USA and once every two years in England. The membership of the committee is made up of users and implementors of COBOL, with the restriction that neither group can exceed two thirds of the total membership.

At each meeting, the committee discusses, modifies, passes, rejects, etc., various proposals which have been submitted to it for action. The submitters of the proposals can be members of the committee or any other person or organization. For example, some of our major proposals have come from ECMA, and a very large one is being developed by the British Computer Society.

As changes occur in the process of passing proposals, the CODASYL COBOL Journal of Development (JOD) is updated. A proposal must pass by a two-thirds vote in order to result in a change. After each meeting, page changes to the JOD are printed by the Canadian Federal Government and distributed to subscribers of the page change service. Every two or three years, a new JOD is published, reflecting all changes which have been made to COBOL by the Committee in that period of time. Anyone can order the JOD and/or the changes from the Canadian government.

The ANSI X3J4 committee is responsible for standardizing COBOL. It is made up of implementors and users and meets about six times a year in the same manner as the COBOL committee. It has the responsibility of creating a new standard and of interpreting the current standard. The interpretation process takes up a large percentage of its time. Every five to six years, it publishes a COBOL standard. There was one in 1968 and 1974, and the next one is expected to be out for public review in the latter part of 1980.

In creating a standard, X3J4 is constrained to select a version of the CODASYL COBOL Committee JOD and the previous standard as a base. The 1978 JOD is the one being used as the current base. X3J4 then selects features as candidates for standardization, subsets facilities and selects features which have been deleted from the old standard as "temporary" or "T" items. "T" items will be kept in the new

standard but will be deleted from the following one. Thus, there is an early
warning mechanism to identify elements of the language which should be phased out
of use prior to the actual disappearance from the standard.

This process, which involves two groups, appears to be an excellent way to provide for the evolution of a computer language. I feel that COBOL benefits a great
deal from the arrangement. The process provides for two groups to monitor changes,
which results in fewer ambiguities and a more resonable language.

2.0 <u>MAJOR CHANGES TO COBOL SINCE 1974</u>

2.1 INTRODUCTION

The 1974 COBOL standard was based on the 1973 JOD. Since that time, many major changes (and many more minor or editorial ones) have been made to the JOD.

2.1 CHANGES EXPECTED TO BE IN THE NEXT STANDARD

The following changes are expected to be in the next ANSI COBOL Standard. The status of any one of them may vary as the result of reconsideration at an X3J4 meeting, however as of September, 1979, the following were included.

- The INITIALIZE statement. It allows the initialization of any item, group item (each elementary in it is initialized in turn) or table.
- Dynamically change the program or sort/merge collating sequence with a SET statement.
- Boolean items and expressions. Provides items which may have a value of 1 or 0 and the standard boolean operators. USAGE IS BIT is not included in the standard, but may be added later (it is in the JOD).
- No limit on subscripts. The old limit of 3 was removed and any number up to 49 may be used.
- De-edit operations. A MOVE operation using a numeric edited item as a sender will result in a de-editing of the item.
- FILLER is optional in a data description entry. One can now write 02 PIC XXX.
- Segmentation was changed to delete independent segments (numbered 50 to 99) and all restrictions on PERFORM, etc. In this way, the logic of a program is the same no matter what section numbering is used.
- 77 level items were deleted. They will be "T" items in the next standard. In reality, there is no difference between a 77 item and an 01 item.
- Several clauses such as ACCESS MODE were shifted from the SELECT clause to the FILE Description entry. BLOCK COUNT was moved to the SELECT. The old locations will be "T" items in the next standard.
- ALTER deleted.
- Reference Modification. This allows the specification of a part of an item. For example, MOVE ABC (5 : 3) to XYZ would move the three characters starting with the fifth to XYZ.
- Variable length records. The previous standard had no explicit variable length records. The new method allows them to be specified with an optional length field.
- SET condition-name TO TRUE. This allows the programer to change the contents

of the item referenced by the associated data-name to a value which will make
condition-name true.

- Explicit terminators for conditional statements. This provides END-IF,
  END-SEARCH, END-ADD, END-READ, etc. Using these terminators allows nesting of
  such statements, since they are no longer conditional. The END-ADD, END-DIVIDE
  etc. for use with SIZE ERROR are controversial and may not be in the standard.
- An EVALUATE statement. This statement is a very powerful form of a CASE
  statement. It allows the specification of complex cases such as a decision
  table type of structure or a simple structure which resembles the normal case
  statement.
- An in-line PERFORM (terminated by END-PERFORM) and the WITH TEST AFTER or
  WITH TEST BEFORE phrases to specify where the loop terminating test is to take
  place. This provides the equivalent of DO WHILE and DO UNTIL, but is super-
  ior to such constructs in other languages because the action being taken is
  explicitly stated.
- CALL parameters may be passed by content as well as by reference. This means
  literals may be parameters or parameters may be protected. The JOD allows
  parameters to be arithmetic expressions, but X3J4 subset them out.
- All comment-entries (DATE-COMPILED, SECURITY, etc) were deleted. This was
  done because of some unpredictable side effects they caused with COPY due to
  being syntax sensitive. Comments in COBOL are now handled entirely by * in
  the indicator area.
- Subscripting was changed to allow limited arithmetic-expressions. The concept
  of indexing was deleted (index-names still exist), and a subscript reference
  may be an Index-name, a literal, or a data-name plus or minus a constant or a
  combination of these. The JOD allows full arithmetic expressions as subscripts
  but ANSI subset them out.
- Nested programs. This provides the ability to nest programs within each other,
  adds programs which will be in their initial state whenever called, provides
  COMMON programs which may be referenced by any program within a hierarchy,
  provides global data and file names and provides external items and files,
  which may be referenced by any program in the run unit. Basically, the nested
  program facility provides the block structure found in other languages, but
  avoids some of the problems found in these languages.
- A REPLACE statement which provides a primitive MACRO facility. It allows the
  substitution of words and strings with others. For example, to convert a
  program which contains 77 items to one without, REPLACE == 77 == BY == 01 ==
  added before the Data Division would do the job.
- Semantics for lower case letters were added. Formerly, the processing and use
  of them was unclear.

2.3 CHANGES WHICH ARE NOT IN THE STANDARD

The following changes have been made to the JOD in the last few years but were not
selected for standardization by ANSI. Some of them missed the cutoff date, and
some of them were too controversial to include.

- The DELETE FILE statement. This statement allows a file to be returned to
  the system. It is "deleted" from the current run unit.
- A false branch for single condition statements. For example, "READ ... INVALID
  KEY statement NOT INVALID KEY statement END-READ" could be written within an
  IF imperative statement.
- MCS changed to add an "un-queued" terminal. This allows easy access to a
  single terminal.
- Floating-point data items.
- USAGE PACKED-DECIMAL or BINARY or BIT.
- ENTER deleted and CALL enhanced to call other languages.
- CORRESPONDING deleted.
- COLUMN PLUS added to report writer. It acts like LINE PLUS except it operates
  on columns.
- PRESENT WHEN added to report writer. Allows report items to be conditionally
  presented.
- Reference format changed to be entirely free form. The sequence area was
  deleted, continuation was changed to require a quote followed by a hyphen on
  the end of the line to be continued, area A and B removed - anything can
  start anywhere except the continuation, comment, etc. characters must be in
  the first position.
- Intrinsic functions added. Allows the normal trigonometric functions and some
  special COBOL ones. For example, DISPLAY FUNCTION DATE-COMPILED UPON DAYFILE
  would display the date the program was compiled.
- EXIT PERFORM statement added to escape from an in-line PERFORM.
- The USE FOR DEBUGGING facility was deleted. Debugging lines (D in indicator
  area) were retained.

2.4 DATA BASE

The data base facility is also a part of the JOD. This facility is a complex set
of data descriptions and operations which allows the manipulation of data bases.
It is the most controversial facility we have added in some time. The standardization of data base facility is in process, but it is not clear what subset of the
CODASYL facility will be included. I suspect that there will be a great deal of

vacillation before a subset of the CODASYL data base facility is standardized.

Most of the controversy is related to which type of data base facility is desireable. The CODASYL method is based primarily on a mechanism where relationships between dissimilar records are maintained on the basis of special DML commands (CONNECT, DISCONNECT), an automatic mechanism involving stated relationships between records, or on the basis of comparable fields in different records. The controversy stems from disagreement as to whether multiple mechanisms for record relationships are desireable or whether record relationships should be restricted to the latter method (comparable fields in different records). This method is sometimes called "value based" or "relational".

3.0 <u>FUTURE CHANGES</u>

3.1 GENERAL

There are a number of major proposals on our agenda and some ideas for which proposals are being developed. Obviously, some (or all) of these proposals may not pass. However, all of them seem to be of general interest.

3.2 CHANGES

- The VALIDATE statement. This is a very powerful statement which would allow data to be validated by one statement. The proposal is being developed by the British Computer Society. Basically, it is a report writer in reverse. It would allow the specification of various validation criteria on data items and the execution of the VALIDATE statement would invoke the criteria. The main arguments against the VALIDATE statement concern the size and complexity of the added syntax.
- Screen Management. There is a Screen Management Task Group (SMTG), which is working on the problem of reading, writing and formatting screens. We expect to see a proposal from this group within a year or so. The current direction seems to be toward using a schema description of a screen format, and adding little additional syntax to COBOL. The final result of SMTG's work should be very interesting since they will be creating a very complex system with far reaching consequences. It may turn out to be as controversial as data base. However, a comprehensive screen management facility is needed since nearly every implementor processes screens in a different manner.
- Initial value for tables. This would allow the specification of VALUE clauses to initialize table elements.
- User defined functions. This would fit in with the intrinsic functions which are already in the JOD and would allow the user to write functions. These functions would look just like programs.
- Expanded editing. This would allow any character or string of characters to be substituted or floated in editing pictures.
- Asynchronous processing. This would allow the programmer to cause the simultaneous execution of several programs (or tasks). One proposal which added such a facility failed by a couple of votes. Currently, the method to be used is not clear, but we do hope to add such a facility.
- Common error processing. All of the various methods of error processing would be combined in one common method. I wrote one proposal which attempted to do this, but it met with too much resistance because it tried to add too much.

Therefore, I was forced to withdraw it. There is still strong sentiment for a common method, so I will try a less ambitious proposal. It would provide only one error register to be used by all.

4.0 THE PHILOSOPHY OF CHANGE

4.1 THE COBOL COMMITTEE'S PHILOSOPHY

We have often been asked "what is your overall philosophy for the development of
COBOL?". Unfortunately, we have to answer that there is none. We have some general guidelines, but we cannot say that we are trying to make COBOL look like ALGOL
or PASCAL or some other animal. Our basic rules are:

- Make the language readable. It should remain an English-like (should I say
  American?) language. The syntax should lead to programs which are easy to
  understand.

- Programs written in COBOL should be easy to write and maintain. Changes we
  have made in the last few years, especially in the "structured programming"
  area, make it much easier to write well structured programs. This, in turn,
  leads to programs which are easier to maintain. In order to reduce the number
  of errors introduced into programs, we have tried to reduce the number of
  "bug breeder" statements. An example of this is the deletion of ALTER, COR-
  RESPONDING and independent segments. Hopefully, now that we have in-line PER-
  FORMs and other "structured programming" constructs, the heavy use of GO TO
  and obscure PERFORM statements will decline. The addition of nested programs
  provides the ability to avoid unwanted side effects inherent with PERFORM by
  limiting the scope of data rather than having all data global. In adding
  nested programs, we avoided the problems other block structured languages have
  with global data by requiring an explicit GLOBAL statement for any global
  names.

- The programs should be portable. In my opinion, COBOL is the most portable
  computer language now existing. The COBOL standards are good and they are
  strictly enforced. The COBOL validation service by the US Government has
  forced all implementors to adhere closely to the standard. If a programmer
  avoides implementor extensions and implementor-defined options, nearly any
  program can be run on any machine with almost no change. We are careful to
  avoid undefined and implementor-defined situations if at all possible. ECMA
  has been a great help in this area recently by providing us with several
  working papers on such items. With the use of this help, we have been able to
  get rid of a good number of them.

- Compatibility. It is a truism that one man's compatibility is another man's
  propagation of errors. We are criticised most often for loss of compatibility.
  When changes are made to any computer language, existing programs may suffer.
  However, we try to be careful in our changes and avoid unnecessary incompati-
  bility. If the compatibility problem can be handled by a translator program,
  we feel that there is no problem. I feel that all of the changes we have made

in recent years can be processed by a translator program. The translator program must be sophisticated, but such programs currently exist.

4.1 SHOULD COBOL CHANGE?

There are some people who feel that COBOL should remain as it was in 1958. That way their programs will always run and they will never have to train programmers in new ways to do things. Fortunately, there are very few of these people. Since we are in the business of change, the COBOL Committee obviously feels that COBOL should continue to evolve and improve.

If the language remained static, implementors would be forced to add large numbers of extensions in order to provide access to various features of their systems and in response to user pressure. An example of this was random I-O in the 68 standard. Most implementors implemented it in different ways and also provided extensions to access indexed type files. The 74 standard provided a clean method of processing random I-O, including indexed and relative file organizations, and implementors have not been required to extend their compilers.

The language must always be able to adapt to advances in hardware and software technology. An example of this is the data base facility. Another example is the addition of the "structured programming" features. These were being provided to many users by front end systems in many different ways. Programs written with one front end would not work on another or on a normal compiler. Also, programmers trained on one method could not understand programs written using another. Now that these features are part of the language, portability of programs and programmers is enhanced.

Some persons, including well-known columnists in computer journals, feel that the CODASYL Committee is run by implementors for their own benefit and forces changes down the user community's throats. However, this is not the case. Almost all of the proposals for change to COBOL come from users, either directly or indirectly. Directly, we receive proposals from many users. For example, reference modification resulted from a proposal submitted by a programmer for the state of North Carolina, the ALTER verb was deleted by a proposal from SHARE/GUIDE, free-form COBOL resulted from a working paper submitted by a British civil servant, and so on. The proposals submitted by vendors are usually the result of requests or pressure by their users. In some cases, users on the committee will have vendors do the work on proposals since the vendors generally have more resources to devote to the effort of working on a specific proposal. In all honesty, I cannot think of an instance where a change has been made because a vendor needed it for his (or for all of our) benefit. Any look at the votes on the committee will show that there is rarely a complete vendor/user split. If there was, the proposal could not pass, since neither group can hold the necessary majority according to our constitution.

5.0   IMPACT OF OTHER LANGUAGES

There seems to be a great deal of interest in the impact of other languages on the COBOL language. Most of the interest seems to be focused on ADA and on PASCAL.

PASCAL has become the most popular new language to arrive in many years. It is a very good language, and use of it properly can lead to writing excellent programs, which are easy to maintain and debug. Many vendors use a PASCAL type language as their primary implementation language. Some of the new additions to COBOL have been influenced by PASCAL to some extent. One example is the use of END-READ, END-ADD,et al rather than a single end statement. However, can PASCAL be applied to the normal business application? I do not think so. There is no I-O facility, no editing, etc. Obviously, PASCAL could be extended to include such facilities, but why bother? Each language should be used for the purpose to which it is best suited. In my opinion, COBOL is suited to business applications, not systems applications, and the opposite is true of PASCAL.

ADA is the new language being created for the US Department of Defense. It looks somewhat like PASCAL, and is being considered as the primary language for space, armament, communications and major defense systems for the DOD in the future. It was not intended to be used for normal BDP operations. The list of approved languages for DOD work is COBOL and FORTRAN. ADA will be added to the list in the 1980s. Therefore, ADA will not replace COBOL, but COBOL will still be there for all applications to which it is best suited.

Overall, COBOL still is the king. Between 60 and 70 percent of the programs in the world are written in COBOL, and that number has increased over the past several years. Even the onslaught of the highly touted PL/I had little or no effect. Personally, I feel that any good programmer should know more than one language, and for any application should use the language which is suited to it. There is no reason to have one gigantic language which will be all things to all men. Specialized languages will always have their place.

Because COBOL is not a dead language but evolves with the times, it should remain one of the most heavily used computer languages.

A Critical Review of PASCAL
Based on a Formal Storage Model

Burkhard Austermühl

Wolfgang Henhapl

FG Programmiersprachen und Übersetzer

Institut für Praktische Informatik

Technische Hochschule Darmstadt

Steubenplatz 12

6100 Darmstadt

ZUSAMMENFASSUNG: Sprachdefinitionen sollten so formuliert sein, daß es für einen
Übersetzer stets möglich ist zu entscheiden, ob ein gegebener Text der Sprache an-
gehört oder nicht. Das gilt nicht nur für die Syntax und Kontextbedingungen, sondern
auch für die Semantik der Sprache. Ein Laufzeitsystem sollte also alle Differenzen
zur Sprachdefinition signalisieren, die nicht statisch feststellbar sind.
In diesem Bericht wird der Versuch unternommen, ein Laufzeitsystem für Pascal zu
entwerfen, das diesen Anspruch erfüllt. Es stellt sich dabei heraus, dass die Forde-
rungen der Sprachdefinition derart restriktiv sind, daß die Konstruktion eines effi-
zienten systems nicht möglich ist. Da aber die Effizienz der Programmausführung ein
wichtiges Qualitätsmerkmal einer Sprache ist, werden Änderungsvorschläge vorgestellt,
die den größten Teil der dynamischen Tests in statische Tests überführen.

ABSTRACT: A language definition should enable a translator to decide whether a given
text is a sentence of the language or not. This includes not only syntax and context
conditions, but also dynamic semantics. Therefore, a runtime system should signal
all deviations from the language definition not detectable statically.
In this paper we try to design a runtime system for Pascal fulfilling that claim. We
show that the requirements of the language definition are restrictive in a way not
permitting the construction of an efficient runtime system. Since efficiency of program execution, however, is an important criterion for the quality of a language,
we propose changes to the language definition transmitting most of the runtime checks
to compile time.

1. Introduction.

One of the principle aims of the design of PASCAL was "to develop implementations of this language which are both reliable and efficient on presently available computers" ([1],p.133). In this paper we want to point out that implementations of PASCAL can be either efficient or reliable, but never both. This hard criticism has to be seen in context with the fact that the state transitions effected by a truly reliable implementation must be strongly equivalent to the state transitions described by the language. In other words, from a reliable implementation we require that deviations from the language are signalled either by the compiler or by the runtime system. In the following chapters we prove that the implementation of all language requirements leads to a runtime system, which cannot be called efficient.

For our proof we use an abstraction of any implementation of PASCAL to distinguish more easily between actions which must be runtime actions and actions which can be compile-time actions. The abstraction is based on the denotational semantics. The complete model can be found in [3]. In the following, we handle only the internal storage concept with record and array data type. The other types are ignored since these data types offer sufficient material for our critique.

Our approach was complicated by incoherent restrictions imposed by the various defining documents (Report, Manual [1], and Axiomatic Definition [2]). To cover the differences we give different storage models, which have one property in common: their implementation is inefficient.

2. Storage model based on Axiomatic Definition.

We regard variables to be denotations of their associated values, i.e. we consider as the state of a PASCAL program the stack of mappings: id -> val. (Actually, in the denotational semantics the 'stack' is hidden in recursive functions). At any time, to get the value of a variable, we have to apply the top mapping of the state to the variable identifier. Since the domain of the state is constituted by simple identifiers without any qualification, we distinguish only main variables and let the values be structured (see [2],p.345):


```
    val = sc-val | array-val | record-val   ,
```

where an array-val is a mapping from computable values (i.e. integers) into values:

```
    array-val = intg -> val   ,
```
and a record value is a mapping from field selectors into values:
```
    record-val = sel -> val   .
```


There are two ways to change the state in this model:
- assignment, which affects only the range of the top mapping of the state.
- procedure (function) call, which creates a new mapping on the stack the domain of which is defined by the local variables and parameters (which are either global variables or reference parameters). The initial values of the parameters are the values of the corresponding arguments. At normal completion of the call the final values of the parameters are restored to the arguments. This model is according to the Axiomatic Definition of PASCAL, where the effect of a call is described as a collection of simultaneous assignments of appropriate function values to the list of parameters ([2],p.345f).

This model certainly allows efficient implementations, but depends on the property that no aliasing of variables may exist. To be reliable we have to prove that no aliasing exists, which cannot be checked statically in all cases. Moreover, in the case of any aggregate variable, the model introduces aliasing by only regarding main variables, although there is actually no denotation of one entity by two names, as in the following fragment:

```
            a : array [ ... ] of integer;
            procedure proc (var x,y : integer);
                begin ... end;
            begin ... proc (a[1], a[2]); ... end
```

Although a[1] and a[2] obviously are different integers, our model is only capable of describing the semantics of p by two simultaneous assignments to a as a whole an illegal situation. Looking at the Axiomatic Definition ([2],p.345f), it seems as if the authors had circumvented the problem by regarding the 'elements' of the list of actual parameters, i.e. in our example a[1] and a[2], which are simultaneously assigned a new value, described by the derivation rule

$$P\ {}^{a[1]}_{f1(a[1],a[2])}\ {}^{a[2]}_{f2(a[1],a[2])}\ \{proc\ (a[1],a[2])\}\ P$$

However, Section 11.1 of [2] states that this is only a notational abbreviation of

$$P\ {}^{a}_{(a,1:f1(a[1],a[2]))}\ {}^{a}_{(a,2:f2(a[1],a[2]))}\ \{proc(a[1],a[2])\}\ P,$$

the meaning of which is undefined (see definition of substitution in [2],p.337).

Thus, if we include the restriction of the Axiomatic Definition into our model, a procedure may change only one single component of any structure and only one pointer of any type (since pointers of type $\uparrow$T are regarded as indices into one unbound array of T-values).

Since we do not consider such a language an adequate programming language, we release that strong restriction and therefore have to change our storage model.

3. Storage models with aliasing.

In contrast to the Axiomatic Definition, the Report and the Manual do not exclude aliasing (there is a 'sneaky' example of aliasing in the Manual ([1],p.80)). Since the assignment to an identifier may have an effect on the value of a different identifier, we have to introduce an indirect step in the access path:

$$\begin{array}{c} id \searrow \\ \quad\ \ \ loc \rightarrow val\ . \\ id' \nearrow \end{array}$$

The mapping id -> loc is usually called environment, the mapping loc -> val is called store. The state now consists of a stack of environments and a store.

Assignment only changes the range of the store. Procedure and function calls create a new environment and change the store by a temporary extension with block-local locations. The new environment is a copy of the environment of the declaring procedure overwritten by the new names with new locations for the local variables and value parameters

and old locations or sublocations for the reference parameters.
Depending on the internal structure of the store we may distinguish
between two concepts of imposing structure onto locations:

A) The store consists of a mapping of scalar locations into scalar
values. In this case the structure information has to be part of the
environment.

    env = id -> loc
    loc = sc-loc | intg -> loc | sel -> loc
    store = sc-loc -> sc-val
    sc-val = ? | real-val | intg-val | ...

The prologue of a procedure or function call creates complete locations for the local variables and extends the store by the necessary
scalar locations with the undefined value '?' as initial value. In
case of a value parameter a new location is created, the store is
extended by the new scalar locations, and the scalar values are copied
from the actual parameters. Finally, reference parameters get the
locations of their corresponding actual parameters. (This model corresponds to the PL/I storage model, see [4]).

B) The store is a mapping from unstructured entities (addresses) into
structured values. In this model, not the structure of a location, but
the access path to the appropriate subvalue of the stored value is
part of the environment:

    env = id -> (adr, sel-val)
    sel-val : val -> val
    val = sc-val | intg -> val | sel -> val
    store = adr -> val

(A = B -> C means a finite mapping from B to C,
 A : B -> C means a function from B to C)

The prologue of a procedure or function call creates new addresses for
the local variables and value parameters and extends (1) the environment with a mapping from the local identifiers into pairs of new
addresses and identity functions as sel-val, (2) the store with a
mapping from the new addresses into (a) structured values, the leaves
of which are the undefined values '?' in case of local variables, (b)
copies of the values of the actual parameters in case of value parameters. In case of reference parameters, the environment is extended by
the address of the actual parameter and a possibly modified access

path (if the actual parameter is not an identifier):

```
new-env(formal-par-id)  =  case  actual  parameter  of
     simple reference          id : env(id),
     indexed reference id[expr] : let i = 'value of' expr
                                  let <adr, sel-val> = env(id)
                                  <adr, λval.sel-val(val)(i)>,
     qualified reference id.sel : let <adr, sel-val> = env(id)
                                  <adr, λval.sel(val)(sel)>
```

The models differ mainly in the ease of the description of assignment:
In model A, assignment to scalars is natural, while assignment to
structures has to be expanded to a series of assignments to the leaves
of the structure. In model B, assignment to main variables is natural
while assignment to components has to be accomplished by a tree modification like the μ-operator of VDL (see [4]).

The widely used PASCAL-P compiler is mainly an implementation of model
B (with the assumption that all local variables and value parameters
are collected into one super record, the activation record). There,
adr denotes the address of a declared variable, sel-val denotes the
displacement of a component inside the main variable. Only for reference parameters they refer to model A, since they do not hand over
addresses with access path functions, but 'sub-addresses'.
As is demonstrated by existing compilers, this model can be implemented very efficiently. However, these compilers are not reliable implementations of PASCAL. We prove this statement for the following language features:
for-statement, with-statement, and variant record.

3.1. For-statements.

The Report requires "The control variable, the initial value, and the
final value (of a for-statement) ... must not be altered by the repeated statement", and states: "A for statement of the form for v :=
e1 to e2 do S is equivalent to the sequence of statements v := e1; S;
v := succ(v); S ; ...; v := e2; S" ([1],p.154). To fulfil the restriction, the control variable and any variable occurring in the expres-

sions constituting the initial and final values have to be protected against modification inside the repeated statement, i.e. against direct change and against change by called procedures.

The test whether such a protection is given cannot be achieved statically unless we regard 'may be changed' equivalent to 'will be changed' ('may be changed' may be stated by global flow analysis as in [5], while 'will be changed' may depend on input and therefore is, in general, statically undecidable).

In model A, protection of this kind can only be achieved by marking the corresponding locations with a kind of protection flag. Such marking, however, has the desired effect only if done in the store, since any called procedure will reference global variables in the environment of its definition, not in the environment of its call (static scope). Thus, store has to be altered to a pair-returning mapping

        store = sc-loc -> (sc-val, boolean)
and any assignment has to check the protection flag for validity (remember that structure assignment is done by a series of assignments to components, all of which have to be checked!).

In model B, appropriate subvalues may be marked, such that the check has not to be distributed to all of the leaves. If the application of the access path resulting from the left-hand-side of an assignment statement to the according address yields a marked value, the assignment is forbidden, if it runs through a marked value, resulting in an unmarked subvalue, the assignment is permitted (e.g. a[1] shall be protected; then a := b and a[1] := e are forbidden, while a[2] := e is permitted).

A simplification in both models is hinted at by the Manual: "The initial and final values are evaluated only once" ([1],p.24). We consider the restriction of the Report concerning initial and final values an outcome of an axiomatic view, which does not allow the introduction of intermediate variables to hold values. With introduction of intermediate variables and evaluation of the initial and final values once before the first activation of the repeated statement, the expressions constituting those values in the program text may be left free:

        for i := e1 to e2 do S

should be equivalent to

```
begin   (*new-var1 and new-var2 are not used elsewhere*)
  new-var1 := e1; new-var2 := e2;
  i := new-var1;
  while i <= new-var2 do
  begin S; i := succ(i) end
end
```

Actually this interpretation of for-statements results in a language change, since some programs, being illegal according to the Report, are now considered legal. However, we do not know of any PASCAL compiler not implementing this view.

Realistic (as opposed to protection of expressions) is the claim for protection of the control variable. Since it has to be an identifier of simple type, the burden of runtime checking may be restricted to assignments to main variables of simple type (no distribution of protection to components). But there remains a lot of additional work at runtime. A further simplification, removing all runtime checks, is based on the treatment of the control variable in Algol 68 (see also [6]) and results in a more sensible language change:

A for-statement is regarded as a block, where the control variable is implicitly declared as a constant of the type of the initial and final values. Because of the new declaration, a global reference (in a called procedure) to an identifier identical to the identifier of the control variable, will not change the control variable, but a variable in another block. Furthermore, neither explicit change in the repeated statement nor binding to a reference parameter is possible because of the constant nature of the control variable (to be checked by the frontend).

There are several consequences of this approach as opposed to nowadays PASCAL:
- The value of a variable with the same identifier as the control variable is not affected by the for-loop control assignments, but may be affected by procedure calls inside the for-statement.
- There is no difference between normal and abnormal loop termination with regard to the value of the control variable: Since the variable

is not existent outside the loop, it cannot have any value.
- The type of the control variable is determined by expressions and thus cannot be a subrange.

3.2. With-statements.

One of the most incompletely defined parts of PASCAL (with respect to dynamic semantics) is the meaning of the with-statement. The Report states "No assignments may be made in the qualified statement to any elements of the record variable list. However, assignments are possible to the components of these variables" ([1],p.155). There is no hint of what shall constitute an element of a list. Rigorously, elements of a list are the listed items, e.g. in 'a[i],r.f' exactly a[i] and r.f, and not a, i, r, or f, but good reason proposes to subsume any of these under the notion 'element'. The Axiomatic Definition does not start from a list, but from one record variable, r: "Note that r must not contain any variables subject to change by S" ([2],p.347), however, it does not explain the meaning of 'contain': Does an array variable contain an indexed variable, or does an indexed variable contain an array variable and a variable constituting the index? Again, good reason proposes to choose the second alternative. If we consider 'contain' reflexive, our interpretation of the Axiomatic coincides with our interpretation of the Report. (Actually, 'good reason' is assisted by the Manual, giving both the statements of the Report and the Axiomatic Definition and explaining them by an example ([1],p.48)).
These restrictions, again, are an outcome of an axiomatic view, which cannot cope with locations.

As we pointed out in the last section, each protection results in a remarkable amount of runtime overhead. The protection required for with-variables, in addition, is not even achievable in Model A: We had to protect structured locations, but let all their sublocations free, i.e. we needed marking the structured locations themselves. We thus had to take over the structured locations from the environment into the store, resulting in a completely interpretative approach. In model B, we are able to mark structured values, while leaving subvalues free (see last section). However, although we were able to fulfil the described restrictions, we do not regard protection per se the matter of concern, but the effect of that protection.

In our opinion, the with-statement (besides being an abbreviation for the sake of the programmer) shall result in a kind of optimization: The location of a record variable, which otherwise had to be computed at runtime for each field reference, shall be computed only once and then fixed. Thus, we consider the protection of i and p in 'with a[i] do' and 'with p↑ do' reasonable. The protection of a[i] and p↑, however, stems only from the prohibition of aliasing and has to be dropped, since the prohibition of aliasing altogether had to be dropped. In our model, fixing of a location is not achieved by protection of indexing variables, as with an axiomatic view, but by a reference parameter mechanism: The (sub-)location of the record variable (in Model A the access path to the corresponding value component) is computed once and not altered in the with-statement. The variables constituting the record variable textually are left free.

If the record variable is a referenced variable, this approach may result in dangling references, when the corresponding pointer is disposed, and it may result in garbage, when the corresponding pointer is assigned another value.

Even better than a reference parameter mechanism seems a value-result mechanism: Local variables are created and given the values of the fields of the record variable. At completion of the with-statement, the final values are returned to the record variable. Thus, side effects in procedures have no global effect (except for dispose!). This approach reflects modern computer architectures: A with-statement is a hint to the implementor that the fields of the record will be used frequently in the direct future, and should therefore be held in a fast memory component (cache-memory).

3.3. Variants.

The Axiomatic Definition defines the elements of a variant record type as including the corresponding tag value ([2],p.342), which enforces that an assignment of the appropriate tag value dynamically precedes any reference to a variant field. Since the fulfilment of this condition is in general statically undecidable, it has to be checked dynamically. For normal uses of ˆvariant fields, the compiler may insert runtime checks at appropriate places (which normally does not increase the runtime costs significantly). This approach, however, does not work in connection with reference parameters: There is no way to decide statically inside the procedure body whether the actual parameter will be a normal variable or a variant field. Thus, the actual parameter has to take with it the necessary information: an access path to the tag field and the corresponding tag value.

With model B, we are able to treat this requirement by including some sort of by-name mechanism: the access path function accompanying any variable address, has to include a test of the tag field value. The denotation of an 'id. sel', where sel is a variant field selector, may be given by

```
let <adr, sel-var> = env(id)
<adr, λ val. if sel-val(val)(tag) = v
             then sel-val (val)(sel)
             else error>
```

Tag shall denote the tag field selector and v the tag value. They may be included in the function statically, since they are known to the compiler for any variant field. The inclusion of the store in the access path function requires the application of the function at any reference, not only once at the time of the procedure call as usually done by PASCAL compilers.

In contrast to model B, model A (according to which reference parameters are treated in most compilers, as mentioned earlier) is incapable of correctly handling variant fields in connection with reference parameters, since sublocations can (in a denotational manner) only be affected by their components, not by siblings. Thus, we have to use the record location together with an access path function as the denotation of a variant field. As an implication of this introduction of another kind of location, in case of a reference to a reference parameter we first have to test the kind of the actual parameter - a horrible amount of runtime overhead.

Again the question arises: Is it possible to replace the runtime checks by static tests only by a slight change of nowadays PASCAL? Our proposal is very simple: Variants are connected with case-statements on tag values. A change of the tag field is allowed only outside the case-statement, access to a variant field is allowed only within the corresponding alternative of the case-statement. Each alternative is prefixed by only one tag field value. The semantics of the new case-statement is based on the semantics of the with-statement proposed in section 3.2. Each alternative is considered the body of an implied with-statement. As an implication of this interpretation, a change of the tag field or a variant field by a called procedure has no effect on the copy in the fast memory. Furthermore, by the value-result mechanism such side effects have no global effect after completion of the case-statement.

As a result of the new interpretation runtime checks are avoided, but a copy mechanism is required in cases of procedure calls within the case-statement. In general, the overhead of copying may be comparable with the overhead implied by the tests, but our proposals ensure that errors in programs are signalled statically, i.e. their detection does not depend on a specific stream of input data (possibly occurring for the first time in the production phase of a program).

4. Conclusion.

We agree with the authors of the Axiomatic Definition that there is a need for "an ultimate arbiter among possible interpretations of certain (why not all?) language features" ([2],p.335). However, we require that this arbiter is part of each compiler. Therefore, it is very important that restrictions are as data-independent as possible. We have shown in the previous chapters that in the current version of PASCAL ([1],[2]) there are too many restrictions requiring runtime checks. We have the feeling that a large part of those restrictions is necessary to allow a formal definition by the axiomatic approach. Our hope is that future versions of PASCAL (a standardized PASCAL) do not give too much consideration to requirements of a definition method, but more to the original aim of designing a language allowing truly portable programs.

5. References

[1]   Jensen, K., Wirth, N.: PASCAL User Manual and Report,
2nd Edition, New York, Heidelberg, Berlin, 1975

[2]   Hoare, C.A.R, Wirth, N.: An Axiomatic Definition of the
Programming Language PASCAL, Acta Informatica,
2(1973), pp.335-355

[3]   Austermuehl, B., Henhapl, W.: Backend Description of PASCAL,
PU1R13/79, FG Programmiersprachen und Uebersetzer,
Fachbereich Informatik, TH Darmstadt

[4]   Lucas, P., Walk, K.: On the Formal Description of PL/I,
Annual Review in Automatic Programming, 6(1969),
pp. 105-182

[5]   Barth, J.M.: A Practical Interprocedural Data-Flow Analysis
Algorithm, Commun. ACM, 21 (1978), pp. 724-736

[6]   Conradi, R.: Further Critical Comments on PASCAL, Particularly
as a Systems Programming Language, SIGPLAN Notices,
11(1976), 11, pp. 8-25

Exception Handling with Multi-Exit Statements

Ralph-Johan Back[*]
Computing Centre
University of Helsinki
SF-00250 Helsinki 25
Finland

ZUSAMMENFASSUNG: Ein neues Sprachkonstrukt, die *Multi-exit-Anweisung*, wird vorgeschlagen. Es erlaubt, die Behandlung von Ausnahmesituationen in Programmen in einer
sauberen Weise vorzunehmen, und macht die Korrektheit von Programmen leicht beweis-
bar. Es ist beabsichtigt, mit der Multi-exit-Anweisung die kürzlich von John REYNOLDS
und Martin van EMDEN vorgeschlagene Programmkonstruktionstechnik zu unterstützen,
die darauf beruht, daß Programme als Zustandsübergangsdiagramme angesehen werden.
Es werden Beweisregeln zum Zeigen der totalen Korrektheit von Multi-exit-Anweisungen
angegeben, die eine neue Art der Axiomatisierung von Sprunganweisungen erlauben.
Diese Art der Axiomatisierung beruht auf der Technik der symbolischen Programmausführung. Sie entspricht sehr stark der Intuition des Programmierers, wodurch es für
einen Programmierer leicht wird, manuell Korrektheitsbeweise zu führen.

ABSTRACT: A new language construct, the *multi-exit statement*, is proposed. This
provides a clean way of handling exceptional situations in programs, and makes the
programs easy to prove correct. The multi-exit statement is intended to support the
program construction technique recently proposed by John REYNOLDS and Martin van
EMDEN which is based on considering programs as state transition diagrams. Proof
rules for showing the total correctness of multi-exit statements will be given which
provide a new axiomatisation of goto-statements. This axiomatisation is based on the
symbolic execution technique. It conforms closely to the intuition of the programmer
making manual proofs of the program   correctness easy to perform.

[*] Present address: Mathematisch Centrum, 2e Boerhaavestraat 49, Amsterdam.

1. INTRODUCTION

A large part of the code in programs actually meant to be used is devoted to
the detection and handling of exceptional situations, with the aim of making the
program more robust. These exceptional situations may result from errors in the
input data, special cases of the algorithm requiring different treatment from the
normal cases, and things like that. The code concerned with the exceptional situations is typically added late in the development of the program. Partly, this is
because the programmer first wants to concentrate on designing the main computation
of his program, before he starts to think about the exceptions. Partly the reason
is that the need for considering certain exceptional situations only becomes
evident as the design proceeds, sometimes only in the testing and maintenance of his
program.

The present emphasis on using structured control structures in programs
is not very favourable to exception handling. Adding code for a new exceptional
situation often requires a restructuring of the control structure of the program,
making the program more difficult to understand. The main computation is easily
hidden in a web of exception handling computations. One possible solution to this
problem is to add to the structured control structures a special mechanism for
handling exceptions. Proposals along this line are given in GOODENOUGH [8] , LEVIN
[13] and are incorporated in the design of the language ADA [11], just to mention a
few.

Another approach is to design the set of control structures in a way which
permits a more flexible way of handling exceptions. The simplest way is, of
course, to add go to-statements to the set of control structures allowed. This,
however, is not a very good idea, as it is known to lead again to programs which
are difficult to understand. On the other hand, the basic idea behind using goto's
for exception handling, i.e. separating the handling of exceptions from the handling
of the normal cases, is sound. What is needed therefore is a more restricted way of
using goto's, which allows flexible exception handling but does not lead to
programs unduly difficult to understand.

One example of this approach is the construct proposed by ZAHN [17]. This
allows one to separate the detection of an exception from the handling of it in the
framework of ordinary structured programs, by introducing the concept of an *event*
Exits from blocks and loops are made to depend on the occurrence of certain events.
Another example is provided by the *tail recursion* construct, proposed by HEHNER
[10]. Here flexibility of exception handling is achieved by replacing the iteration
construct of structured programs by a less restrictive recursion construct.

In this article we propose a new construct for exception handling, the *multi-
exit statement*, which is also based on a restricted use of goto-statements. This
has some similarity with Zahns and Hehners constructs, but is based on an

essentially different idea. The multi-exit statement is actually designed to
make the construction of programs and the verification of their correctness easier.
That it also permits a flexible way of handling exceptions in programs is a
pleasant by-product of the design.

The multi-exit statement is intended to support the program construction
technique recently proposed by REYNOLDS [17] and by VAN EMDEN [7]. There, programs
are viewed as state transition diagrams, and program construction starts by identi-
fying and describing the basic invariants of the program under design. These invariants correspond to the states of the diagram. The states are connected by
transitions, which show how one moves from one state to another, by testing the
program variables and assigning new values to them. The values of the program
variables after a transition must satisfy the invariant corresponding to the
target state, whenever the values of the program variables before the transition
satisfy the invariant corresponding to the source state.

This approach to program construction has some important consequences.
First, it is easy to prove the correctness of the programs constructed, as the
invariants needed for the proof already are there, and need not be deduced from
the program text. Secondly it becomes easy to separate the exceptional cases
from the normal cases in the program. Exceptions are handled by simply adding new
states to the diagram, i.e. by giving new invariants that describe the exceptional
situations. The code for handling the exceptions will not interfere with the code
for handling the normal cases. A third consequence is that there is no need to put
restrictions on the flow of control in the program. In fact, restricting oneself to,
say, structured control only would do more harm than good, as that might prevent
one from finding the simplest possible invariants for the program. In any case,
such a restriction will not make proving the program correct any easier, so the
basic argument for this restriction does not apply.

The use of multi-exit statements in program construction has been discussed in
BACK [2] and will not be further considered here. We will mainly be concerned with
the correctness of programs constructed with multi-exit statements. First, we
define the syntax of multi-exit statements and explain their meaning informally with
an example. A more formal definition of their meaning is provided by a Hoare-
like axiomatisation of their *partial correctness*. After this we present another
axiomatisation, of the *total correctness* of multi-exit statements, based on the
symbolic execution technique. This latter axiomatisation is much more natural to
use, and gives the programmes a method for checking the correctness of his program
in a straightforward way.

2. MULTI-EXIT STATEMENTS

The syntax of *simple multi-exit statements* is as follows.

$$S ::= \quad L \qquad\qquad (label)$$
$$| \quad x_1,\ldots,x_m := e_1,\ldots,e_m ; S_1 \qquad (assignment)$$
$$| \quad \underline{if}\ b_1 \to S_1\ \square\ldots\square\ b_m \to S_m\ \underline{fi} \qquad (conditional)$$

Here $m \geq 1$, $S,S_1,\ldots,S_m$ stand for simple multi-exit statements, L is a label, $x_1,\ldots x_m$ are variables, $e_1,\ldots,e_m$ are expressions and $b_1,\ldots,b_m$ are boolean expressions.

The syntax of simple multi-exit statements is essentially the same as that of the statements given in HEHNER [10]. The interpretation of labels is, however, different. Hehner interprets labels as standing for *actions*, while we interpret them as standing for *invariants*, i.e. assertions about the values of the program variables. When programs are considered as state transition diagrams, then a label identifies a state and a simple multi-exit statement defines a transition from an initial state to the final states identified by the labels in the statement.

As an example, consider the simple multi-exit statement

$$x_1 = e_1;\ \underline{if}\ b_1 \to x_2 := e_2;\ L_1$$
$$\square\ b_2 \to L_2$$
$$\underline{fi}$$

Execution of this statement starts by performing the assignment $x_1 := e_1$. Then the conditional is executed. If b_1 holds, then $x_2 := e_2$ is performed, and execution ends in final state L_1. If b_2 holds, then execution ends in final state L_2. If both b_1 and b_2 hold, then either alternative is choosen (nondeterministically). Finally, if neither b_1 nor b_2 hold, then exectuion is *abórted*, meaning it stops without having reached a final state. Abortion can also occur as a result of trying to evaluate an undefined expression in an assignment statement or in a conditional statement.

The *multi-exit statements* are now defined by adding a fourth production to the syntax definition above:

$$S ::= \ldots |\ \underline{begin}\ D; S_0\ \square\ L_1(R_1) : S_1 \ldots \square\ L_n(R_n) : S_n\ \underline{end}. \qquad (block)$$

$S,S_0,\ldots,S_n$ now stand for multi-exit statements, $L_1,\ldots,L_n$ are labels and $R_1,\ldots,R_n$ are assertions. D is a list of local variable declarations.

The labels $L_1,\ldots,L_n$ are *internal* (*local*) labels of the block, and are associated with corresponding assertions $R_1,\ldots,R_n$. The statement S_0 is executed on entry to the block. If S_0 ends in some internal lable L_i, $1 \leq i \leq k$, then execution continues with the corresponding statement S_i. If this again ends in an internal label, the statement associated with that label is executed and so on. As soon as the execution reaches an *external* (*global*) label, that is, a label not declared in the block, the block is exited. The execution then continues in the outer block in which this label is declared, provided it *is* declared in some outer block, otherwise the execution stops.

As is evident from this description, the semantics of multi-exit statements is the ordinary one, which we get by replacing each label L, at the end of a branch in a simple multi-exit statement, by the statement *goto* L. Our programs are really *goto*-programs, although in a slightly disguised form. The syntax given does, however, enforce a certain discipline in the use of goto's. The execution is not allowed to fall through to the next statement (i.e. serial execution is not the default), because each branch in a multi-exit statement must end in a label, signalling an explicit jump to that label. Even more important, each label must be associated with an assertion, describing the situation which always holds when the label is reached.

The block construct attains a number of different, but related goals. It provides a way in which multi-exit statements can be compounded. It also provides a way of achieving iteration. The statement S_0 makes the initial preparations needed for the iteration, and the declaration D provides the local variables needed in the iteration.

As an example of using multi-exit statements, we will show how to program the *binary search algorithm*. Let A,x and h be variables declared in some outer block by

<pre>
        <u>var</u> x,h: integer;
          A : <u>array</u> [1..N] <u>of</u> integer;
</pre>

N is some integer constant. We will give a multi-exit statement which searches for the value x in the array A, setting h to indicate the position of x in A. We may assume that $N \geq 1$ and that the values in A are strictly increasing, i.e. that

$$A[i] < A[i+1], \text{ for } i = 1,2,\ldots,N-1.$$

The multi-exit statement has two exits. Either the element x occurs in A, in which case the exit

    element found $(A[h] = x, 1 \leq h \leq N)$

is taken, or x does not occur in A, in which case the exit

    element not in the array $(A[h] < x < A[h+1], 0 \leq h \leq N)$

is taken. Here we have also given the assertions associated with the exits, the association being defined in some outer block in which these labels would be declared. In the latter assertion, we have used the convention that $A[0] = -\infty$ and

$A[N+1] = + \infty$. The variable h is used here to indicate the position where x should be.
Either one of the two exits may be considered as exceptional, depending on the
application at hand. It is also possible to consider both exits as normal, in which
case the statement functions as a test with a side-effect (setting h to the
location of x in A).

The multi-exit statement performing the binary search is as follows:

```
begin var m,n,i: integer;
      m,n: = 0,N+1; element not found yet
   ∎ element not found yet (A[m] < x < A[n], 0 ≤ m < n ≤ N+1):
      if m+1 = n → h:=m, element not in the array
      ☐ m+1 < n → i:=(m+n) div 2;
                  if x < A[i] → n:=i; element not found yet
                  ☐ x = A[i] → h:=i; element found
                  ☐ x > [i] → m:=i; element not found yet
                  fi
      fi
end.
```

This program is a very simple one, containing just one internal label. More
realistic examples, with several internal labels, are given in BACK[2].

3. PARTIAL CORRECTNESS OF MULTI-EXIT STATEMENTS

Proof rules for goto-statements were first presented by CLINT and HOARE [6].
They used Hoare's axiomatic approach extending it with special proof rules for
goto-statements and labels. Other axiomatisations along these lines have been
presented by KOWALTOWSKI [12], ARBIB and ALAGIC [1] and DE BRUIN [5]. They all
consider the partial correctness of programs with goto-statement while WANG [15]
gives an axiomatisation of total correctness of programs with goto-statements,
based on the *intermittent assertion method*.

The multi-exit statement can be very simply axiomatised in a Hoare-like system,
by changing the correctness formulas. Instead of using the Hoare notation
P{S}Q, we use correctness formulae of the form

$$E \vdash P:S.$$

Here E is a list $L_1(R_1),\ldots,L_k(R_k)$ of labels with associated assertions, which is
referred to as the *environment*. P is a *precondition* and S is a multi-exit statement. The correctness formula states that if P holds initially for the program
variables, and if execution of S terminates in label L in E, then the assertion

R_i, associated with L_i in E, must hold for the final values of the program
variables. Thus the formula expresses *partial correctness* of S with respect to
the precondition R and the environment E.

The following proof rules are sufficient for establishing the partial correctness of multi-exit statements (no axioms are needed).

1. *Consequence*
$$\frac{E \vdash R:S,\ R' \Rightarrow R}{E \vdash R':S}$$

2. *Label*
$$R \Rightarrow E(L)$$
$$E \vdash R:L$$

3. *Assignment*
$$\frac{E \vdash R:S}{E \vdash R[e/x]:\ x:= e\ S}$$

4. *Conditional*
$$\frac{E \vdash R \wedge b_i:S_i,\ \text{for } i=1,\dots,m}{E \vdash R:\ \underline{if}\ b_1 \to S_1 \square \dots \square\ b_m \to S_m\ \underline{fi}}$$

5. *Block*
$$\frac{E,L_1(R_1),\dots,L_n(R_n) \vdash R_i:S_i,\ \text{for } i=0,1,\dots,n}{E \vdash R_0:\ \underline{begin}\ S_0\ \blacksquare\ L_1(R_1):S_1 \dots \blacksquare\ L_n(R_n):S_n\ \underline{end}}$$

Here $E(L)$ denotes the assertion associated with L in E and $R[e/x]$ denotes the
formula we get by substituting e for all free occurrences of x in R. For simplicity
we have only considered single variable assignments and blocks without local
variable declarations. We also assume for simplicity, that redeclaration of labels
in inner blocks is not allowed.

This axiomatisation is considerably simpler than those of the references
mentioned above, partly because of the introduction of the environment and partly
because we do not have to consider the possibility of exiting through the end of
a statement, i.e. all exits in multi-exit statements are by explicit jumps to labels
in the environment (de Bruin uses environments in a similar way).

This axiomatisation, however, is not very useful in practice. It forces one to
construct the verification conditions by backward substitution, which is not very
natural, and it only formalises partial correctness of programs, whereas in
practice one is interested in total correctness. We therefore proceed to a more
useful axiomatisation, in which total correctness of multi-exit statements is
formalised.

4. TOTAL CORRECTNESS OF MULTI-EXIT STATEMENTS

The proof rules for total correctness of multi-exit statements are based on
the *symbolic execution technique* (see e.g. HANTLER & KING [9]). The correctness
formulae will be of the form

$$E \mathrel{|\!\!\vdash} R \wedge x = f\colon S,$$

where E is an environment as before, R is an assertion, x is a list of program variables, f is a list of terms and S is a multi-exit statement. We require that no program variables occur free in R and also that no program variables occur in any term in f. The equality $x = f$ stands for $x_1 = f_1 \wedge x_2 = f_1 \wedge \ldots \wedge x_n = f_n$, where $x = x_1, \ldots, x_n$ and $f = f_1, \ldots, f_n$.

The correctness formula $E \mathrel{|\!\!\vdash} R \wedge x = f\colon S$ states that if $R \wedge x = f$ holds initially, then execution of S terminates in an external label L of S, and E(L) will then hold for the final values of the program variables. Thus the correctness formula expresses *total correctness* of the multi-exit statement S with respect to the precondition $R \wedge x = f$ and the environment E (i.e. neither nontermination nor abnormal termination of the execution is allowed).

The proof rules are as follows:

1. *Label*
$$\frac{R \wedge x = f \Rightarrow E(L)}{E \mathrel{|\!\!\vdash} R \wedge x = f\colon L}$$

2. *Assignment*
$$R \wedge x = f \Rightarrow \mathrm{def}[e]$$
$$\frac{E \mathrel{|\!\!\vdash} R \wedge x = f'\colon S}{E \mathrel{|\!\!\vdash} R \wedge x = f\colon x_i := e; S}$$

Here $f' = f_1, \ldots, f_{i-1}, e[f/x], f_{i+1}, \ldots, f_n$, where $e[f/x]$ denotes the result of substituting f_i for each free occurrence of x_i in e, $i = 1, \ldots, n$. In the first assumption, $\mathrm{def}[e]$ is some condition on the program variables which guarantees that e is well-defined.

3. *Conditional*
$$R \wedge x = f \Rightarrow \mathrm{def}[b_i], \text{ for } i = 1, \ldots, m$$
$$R \wedge x = f \Rightarrow b_1 \vee \ldots \vee b_m$$
$$\frac{E \mathrel{|\!\!\vdash} R \wedge b_i[f/x] \wedge x = f\colon S_i, \text{ for } i = 1, \ldots, m}{E \mathrel{|\!\!\vdash} R \wedge x = f\colon \underline{\mathrm{if}}\ b_1 \to S_1 \square \ldots \square\ b_m \to S_m\ \underline{\mathrm{fi}}}$$
Here $\mathrm{def}[b_i]$ serves the same purpose as $\mathrm{def}[e]$ above.

4. *Block*
$$R_i[z'/z] \wedge z = z' \Rightarrow t \geq 0, \text{ for } i = 1, \ldots, n$$
$$E, E' \mathrel{|\!\!\vdash} R \wedge x = f \wedge y = y'\colon S_o$$
$$\frac{E, E'' \mathrel{|\!\!\vdash} R_i[z'/z] \wedge z = z'\colon S_i, \text{ for } i = 1, \ldots, n}{E \mathrel{|\!\!\vdash} R \wedge x = f\colon \underline{\mathrm{begin}}\ D;\ S_o\ \blacksquare\ L_1(R_1)\colon S_1 \ldots \blacksquare\ L_n(R_n)\colon S_n\ \underline{\mathrm{end}}}$$

Here $E' = L_1(R_1),\ldots,L_n(R_n)$ and

$$E'' = L_1(R_1 \wedge t < t [z'/z]),\ldots,L_n(R_n \wedge t < t [z'/z]),$$

z is the list x,y (i.e. the variables in x followed by the variables in y), where
y is the list of new variables declared in D, t is a term describing the termination
function, i.e. an integer function on the program variables in z, and z' and y' are
lists of fresh variables, not used elsewhere in the assumptions. For simplicity we
assume in this proof rule that redeclaration of variables and labels is not
allowed.

Abnormal termination is ruled out by the rules for assignment and conditional.
The first assumption of the assignment rule requires that the expression e in
the assignment statement statement is well-defined when evaluated. The first
assumption of the conditional rule again requires all the guards to be well-defined
when evaluated, while the second assumption requires some guard to be true when
the conditional is to executed. Nontermination is ruled out by the block rule. The
termination function is required to have a non-negative value in each internal
state, by the first assumption. By the third assumption, each internal transition
must decrease the value of t. This guarantees termination of the block in the usual
way.

The proof rule for blocks given here is unnecessarily strict with
respect to termination. It requires that the function t is decreased by every
internal transition of the block. Actually, it is sufficient to assume that
execution cannot return to an internal label from which it has started, without
decreasing the value of t. Blocks that satisfy this weaker requirement can be handled by the following rule:

5. *Unfolding*
$$\frac{E \mid\mid\!\!\!- \ R \wedge x = f:\ \underline{\text{begin}}\ D;\ S_0 \ldots \blacksquare\ L_i(R_i):\ S_i[S_k/L_k] \ldots\ \underline{\text{end}}}{E \mid\mid\!\!\!- \ R \wedge x = f:\ \underline{\text{begin}}\ D;\ S_0 \ldots \blacksquare\ L_i(R_i):\ S_i \ldots \underline{\text{end}}}$$

Here $1 \leq i,k \leq n$, and $S_i[S_k/L_k]$ denotes the result of substituting the multi-exit
statement S_k for some label L_k in S_i. This is the same as *unfolding* the iteration
one step. Any block which can be shown (informally) to terminate according to the
weaker requirement, can be transformed with a finite number of unfoldings to an
equivalent block which can be shown to terminate according to the requirements of
proof rule 4.

5. CHECKING THE CORRECTNESS OF MULTI-EXIT STATEMENTS

The proof rules given in the preceeding chapter enable the programmer to
check the correctness of his program in a straightforward way. As the program
already contains all the invariants needed for the proof, establishing the

correctness of the program does not require any real ingenuity on the part of the programmer.

We illustrate this by considering the binary search algorithm presented above. We wish to prove that

$$E \mid\mid\vdash \text{true} \wedge h = h' : S$$

holds, where S is the binary search program, and E is the environment

element found ($A[h] = x$, $1 \le h \le N$),
element not in the array ($A[h] < x < A[h+1]$, $0 \le h \le N$).

For simplicity, we treat N,A and x all as constants, satisfying the properties $N \ge 1$ and $A[i] < A[i+1]$, $i = 1,\ldots, N-1$. We choose $t = n-m$ as our termination function.

With the proof rules we construct a checklist for the program, stating all the facts which need to be proved, together with the assumptions which may be used in proving them. The checklist for the binary search algorithm looks as follows, where the proof rules used are indicated in parenthesis (e.g. 3.2 stands for the second assumption of proof rule no. 3).

```
{assume true (4.2)}
begin var m,n,i: integer;
      m,n:= 0,N+1;
      {prove that 0 and N+1 are well-defined expressions (2.1)}
      element not found yet
      {prove that A[m] < x < A[m] ∧  0 ≤ m < n ≤ N+1, when m=0,n=N+1 (1.1)}
```

■ element not found yet ($A[m] < x < A[n]$, $0 \le m < n \le N+1$):
```
      {assume that A[m'] < x < A[n'] ∧ 0 ≤ m' < n' ≤ N+1 (4.3)}
      {prove that n'-m' ≥ 0 (4.1)}
      if {prove that m+1 = n and m+1 < n are well-defined, when m=m',n=n'(3.1)}
         {prove that m+1 = n ∨ m+1 < n, when m = m', n= n' (3.2)}
       m+1 = n → {assume that m'+1 = n' (3.3)}
                  h:= m;
                  {prove that m is well-defined, when m = m' (2.1)}
                  element not in the array
                  {prove that A[h]<x< [h+1] ∧ 0 ≤ h ≤ N, when h = m' (1.1)}
       ☐  m+1 < n → {assume that m' + 1 < n' (3.3)}
                  i:= (m+n) div 2;
```

```
          {prove that (m+n)div 2 is well defined, when m=m',n=n'}(2.1)}
      if {prove that x<A[i],x=A[i],x>A[i] are well-defined,
                when i = (m'+n') div 2 (3.1)}
          {prove that x<A[i] v x = A[i] v x > A[i], when
                i = (m'+n') div 2 (3.2)}
      x < A[i] → {assume that x < A[(m'+n')div 2] (3.3)}
                n:= i;
                {prove that i is well-defined, when
                    i = (m'+n')div 2, (2.1)}
                element not found yet
                {prove that A[m] < x < A[n] ∧ 0 ≤ m < n ≤ N+1
                ∧ n-m < n'-m', when m=m', n=(m'+n')div 2 (1.1)}

                    .
                    .
                    .
          fi
      fi
  end
```

6. PRACTICAL EXPERIENCES OF TESTING MULTI-EXIT STATEMENTS

The multi-exit statements have been used in two programming projects at the
Computing Centre of the University of Helsinki. The experiences of these projects
indicate that concentrating on the program invariants does make the program
construction task easier. The program invariants are not too difficult to find,
once one knows what one is looking for. The flexibility in handling exceptions also
contributes significantly to the ease of constructing programs, by allowing the
programmer to work at the different cases independently. The possible danger of
using the multi-exit statement lies in not being precise enough in describing the
program invariants. Sloppy description of invariants leads to all the well-known
problems of the undisciplined use of goto-statements. Luckily, there is a quite
effective cure: the programmer should be asked to hand check the correctness of
his program, in the manner shown in the preceeding section . This will immediately
reveal most of the errors and omissions in the invariants.

The multi-exit statement has not yet been properly implemented. However, it is
relatively easy to give a preprocessor, which translates the multi-exit statements
into, say, Algol-code. Such a preprocessor was used in one of the programming
projects mentioned above, while in the other project the multi-exit statements were
hand translated into FORTRAN code. In a forthcoming report, BACK and KOSKENNIEMI
[3], a modification of the language Modula-2 by WIRTH [16] is proposed, which
incorporates the multi-exit statement. Experience in using multi-exit statements
on a larger programming project will be reported in BACK and KOSKENNIEMI [4].

This joint work with Koskenniemi is essentially concerned with showing how to use multi-exit statements in programs with procedures and uses defined data structures, in a way which makes the programs easy to understand and to prove correct and also allows possible exception handling.

REFERENCES

1. ARBIB, M.A. & ALAGIC, S., *Proof rules for goto's,* Acta Informatica 11, 139-148, 1979.
2. BACK, R.J.R, *Program construction by situation analysis,* Computing Centre of University of Helsinki, Research report 6, 1978.
3. BACK, R.J.R, & KOSKENNIEMI,K, *Constructing verifiable programs: a language proposal,* in preparation.
4. BACK, R.J.R, & KOSKENNIEMI, K., *Constructing verifiable programs: a case study,* in preparation..
5. de BRUIN, A., *Goto statements: semantics and deduction systems* (preprint). Report IW 74/79, Mathematisch Centrum, 1979.
6. CLINT, M. & HOARE, C.A.R., *Program proving: jumps and functions.* Acta Informatica 1, 214-224, 1972.
7. van EMDEN, M.H., *Programming with verification conditions,* IEEE Transactions on Software Engineering, SE-5,2, 1979.
8. GOODENOUGH, J.B., *Exception handling: issues and a proposed notation.* Comm. of ACM, 18,12,683-696, 1975.
9. HANTLER, S.L. & KING, J.C., *An introduction to proving the correctness of programs,* Computing Surveys 8, 3, 331-353, 1976.
10.HEHNER, E., *Do considered od: a contribution to the programming calculus,* Acta Information 11, 287-304, 1979.
11.ICHBIAH, J.D & al, *Rationale for the design of the ADA programming language,* Sigplan Notices 14, 6, 1979.
12.KOWALTOWSKI, T., *Axiomatic approach to side effects and general jumps,* Acta Informatica 7, 357-360, 1977.
13.LEVIN, R., *Program structures for exceptional condition handling,* Dept. of Computer Science, Carnegie-Mellon University, 1977.
14.REYNOLDS, J.C, *Programming with transition diagrams,* In Gries, D. (ed.) Programming Methodology, Springer Verlag, Berlin, 1978.
15.WANG, A., *An axiomatic basis for proving total correctness of goto-programs,* BIT 16, 88-102, 1976.
16.WIRTH, N., *Modula-2,* Institut fur Informatik, ETH, Zurich, 1979.
17.ZAHN, C.T., *A control structure for natural top-down structured programming,* Symposium on Programming Languages, Paris 1974.

A Methodology for Message Oriented Programming

Paulo Roberto Freire Cunha
Dept. Computer Science
University of Waterloo
Waterloo, Ontario
Canada, N2L 3G1

Carlos Jose de Lucena
Departamenta de Informatica
Pontificia Universidade Catolica
Rua Marques de S. Vicente, 255
Gavea - CEP 22453
Rio de Janeiro, RJ   Brazil

Thomas Stephen Edward Maibaum
Dept. Computer Science
University of Waterloo
Waterloo, Ontario
Canada, N2L 3G1

ZUSAMMENFASSUNG: Prozesse sind die Elemente, die man für den Bau der Strukturen be-nutzt, worin das Modellieren paralleler und verteilter Informationsbearbeitung durch-geführt wird. Sie spielen die gleiche Rolle in paralleler Programmierung, die Unter-programme oder Prozeduren in normaler Programmierung spielen. In diesem Artikel füh-ren wir Anfangsbegriffe einer Methodologie ein, die sich mit einer Art der Program-mierung befassen, die wir als "Meldungsorientiert" ("message oriented") bezeichnen werden. Wir benutzen eine Technik, um Definitionen und Spezifikationen zu konstru-ieren, die auf abstrahierten Datentypen basiert, im Gegensatz zu früheren Arbeiten, worin konkretere Modelle als Ausgang gedient haben. Wir benutzen diese Technik, zu-sammen mit formellen Ideen aus Programmierungsmethoden, die hilfsmittelorientiert sind, und weiter mit einigen weniger formellen Methoden, welche "logisch getrennte" Teile eines Systems nach Verfahren der Datenmengenaufteilung identifizieren, um den "Kommunikationsgrundriß" eines Prozesses festzustellen. Das Modell von Erzeugern und Verbrauchern wird als Beispiel gegeben.

ABSTRACT: Processes are building blocks for the modelling of environments in which parallel and distributed processing occurs. They play in parallel programming the role of standard units (as do subroutines or procedures in sequential programming). We develop in this paper the beginnings of a methodology to deal with what we call message oriented programming using a definitional specification technique based on abstract data types (as opposed to the more operational models used in previous work). The specification technique is used in conjunction with resource oriented programming (managers or proprietors) and some semi-formal techniques for identi-fying the "logical" components of a system (akin to data modularization) to deter-mine the communications "skeleton" of each process. The consumers and producers pro-blem is used as an illustrative example.

1. Introduction

Processes are building blocks for modelling of environments in which parallel and distributed processing occurs. They play in parallel programming the role of standard units (as do subroutines or procedures in sequential programming). Process communication and synchronization can be achieved either through shared variables (common address space) or by message transmission. It has been shown that the message transmission mechanism leads to a more general computational structure since shared variables can be viewed as a special case of message transmission [21]. Moreover, modern technological developments preclude the use of shared address spaces. Today there is no question about the neeed for the development of methodologies which, starting from well formulated requirements, guide the progress to a solution which is structured, manageable, and meets these initial requirements [10,8,19,20].

Motivated by the above considerations, we develop in this paper the beginnings of a methodology to deal with what we call message oriented programming which refers to programming with processes and messages. In terms of problem solving, two interrelated programming problems present themselves: how much of the program should be contained in the message structure and how much in the process structure. The inherent excessive flexibility of message oriented programming suggests that careful attention be paid to the methodological issues that it raises.

We note in passing that the methodology for programming with shared variables is well developed and shows a development leading from operational (automata oriented) constructs (semaphores) to high level programming constructs (critical regions and then monitors). Recent mathematical theories of message oriented programming deal with the subject from an operational (automata oriented) point of view. However, the models are too far removed from the control and data structures of programs to guide the designer in constructing a process. To be able to bridge this gap between program specification and program implementation (expressed in the high level language that we use), we resort to a definitional specification techniques (more fully described elsewhere [6]) based on the concept of abstract data type.

The specification technique is used in conjunction with some useful design principles to illustrate our ideas via solutions to a well known problem: the producers and consumers problem. The first and most important of these design principles is the concept of resource oriented programming. Other names for this principle in the literature are programming through managers [16] and proprietors [5]. The principle consists of identifying what the "logical" components of the system are and is akin to the idea of data modularization. (The other principles involved are briefly described in the text.)

2. A Methodology

Our communication primitives are defined using an algebraic specification technique using methods outlined in [11,12,17]. We have as some of the operations:

$send_\ell(m,msg)$: process ℓ sends message msg to process m. (The subscript ℓ is dropped in the body of code defining process ℓ);

$send_\ell(m)$: a signal from process ℓ to process m. (i.e. the content of the message is unimportant);

$receive_\ell(m)$: process ℓ receives a message from process m;

$rec\text{-}any_\ell$: returns a pair consisting of process name and message.

The axiomatization is equational and from the theory of abstract data types, we know this defines a unique object which we call the <u>communications data type</u>.

Granted that we want to do message oriented programming which is based on resource management, the question of how to design our programs still remains. In this report we propose a two stage approach: firstly we develop a formula for a given resource, called the asynchronous condition formula (acf), to define in an explicit way the process structure associated with the management of the resource. This formula will be of the form

$$(c_{11}\wedge\ldots\wedge c_{1n_1}) \vee (c_{21}\wedge\ldots\wedge c_{2n_2})\vee\ldots\vee(c_{m1}\wedge\ldots\wedge c_{mn_m}) \equiv s_1\vee\ldots\vee s_m$$

for some (propositional) truth values c_{ij} ($1\le i\le m$, $1\le j\le n_i$, $n_i\ge 1$). The motivation for the structure of this formula is the following. Associated with each resource is a set of operations $op_1,\ldots,op_m$ which we would like to use to manipulate the resource. Each of these operations has associated with it a precondition which must be satisfied before the operation can be applied. Thus s_i is the precondition which must be satisfied before op_i is applied to the resource. This formula defines all conditions (and the only conditions) under which any action concerning the resource can take place. Thus, if $(c_{i1}\wedge\ldots\wedge c_{in_i})$ is true, then a particular use of the resource may be made. (Note that the truth values c_{ij} may in turn be defined in terms of some acf.) We note here that the conditions which make s_i and s_j true, for $i\neq j$, need not be mutually exclusive. This corresponds to the idea that several parallel operations on a resource may be compatible.

We then have two (opposite) criteria for defining process structures associated with such an acf. The so-called functional strength approach (after [7]) dictates that a single process be associated with the management of the resource. This process has to handle the different conditions $s_1,\ldots,s_m$ and take the appropriate actions. There are a number of possible ways to implement this. The obvious one is to handle $s_1,\ldots,s_m$ by cases (closely related to the use of guarded commands). Another possibility is to use a hierarchical decomposition of this one process by defining processes which handle each (or some subset) of the conditions controlled by some "master" process. The other extreme is informational strength (again after [7]) and the criterion used in this case is the explicit handling of the resource, considered as a data structure, in terms of operations defined on it. Again the acf is conducive to this kind of structuring since the conditions s_i establish criteria for particular actions to take place in the management of the resource. Thus the so-called informational strength approach associates with a resource one process for each of the conditions $s_i, 1 \leq i \leq m$. These processes are dedicated in the sense that they manage only a particular aspect of the given resource. This then leads to a highly distributed or "horizontal" organizational structure for these processes.

Having established the process structure for the problem at hand, can we now find some guide to help us design the processes themselves. The following analysis leads us to a solution. Let us consider the interaction of a resource with the "outside world" or its "environment". This interaction is accomplished purely via message passing. Messages are received from other resources asking for the activation of some operation. Messages are sent to other resources acknowledging the completion of some operation or passing on results or ... . Thus the sequence of message passing actions in the system is of vital importance in defining the structure of processes associated with the resource in question. This suggests again a solution based on a formula - the complete synchronization formula (csf) $f_1 f_2 ... f_n$, where each f_i is some primitive communications activity like send or receive and each f_i identifies the process(es) involved in the communications action. This formula concentrates on the communications activities of the processes and specifies the intended synchronization of the processes via their message passing activities. We emphasize the word "intended" because this may not be the actual order in which activities do take place. Nor is there any intention of specifying that the activities must be serializable in time. The formula just states in what order communications activities would take place if everything was completely synchronized.

Having established the csf, the message passing and receiving activities of each process are now well defined and the appropriate actions to be taken on the occurrence of each such communication have to be "filled in". Normal structured programming techniques can be used to do this since these parts of the processes are implemented by "normal" (non-communicating) algorithms.

Thus we can summarize our method as consisting of four stages:
  (i)   Define the resources needed in order to solve the problem at hand;
 (ii)   Establish the acf for each resource and use this to define the process struc-
        ture for the problem by using the functional strength criterion or the infor-
        mational strength criterion (or some compromise between the two);
(iii)   Establish the csf for the problem and use this to structure the activities
        of the processes defined in (ii);
 (iv)   Fill in the "sequential" parts of each process.

Our intention in the next section is to illustrate these steps in the development of an example.

3. An Example

To illustrate the method described above we will develop a message oriented programming solution to the consumers and producers problem. This problem can be informally stated in the following way: producer and consumer processes interact by means of a buffer area into which the producers "deposit items" and from which consumers "extract items"; the two types of processes repeat their actions continuously and it is known that the buffer area is large enough to hold n items.

Taking the steps presented in the methodology, we have:

(i) Definition of the resources:

In this case, we are interested in the control of the buffer area and synchronization of the producer and consumer processes. The resource directly involved in the problem is the buffer area and its length of n buffers determines how many messages it can store at any time.

(ii) Establishment of the acf:

In this problem, several synchronization conditions are necessary. Let us consider, for the purpose of defining the process structure associated with the management of the resource, the following four predicates:

- NC - no consuming activity
- NP - no producing activity
- NE - buffer area is not empty
- NF - buffer area is not full

(If we consider the variable k as the current number of messages in the buffer area, it follows that $NE \equiv k>0$ and $NF \equiv k<n$.)

A consumer process must not try to get a message from the buffer area if this is empty. Similarly, a producer process must wait if the buffer area is full. Because of the operations "deposit item" and "extract item" in the producer and consumer processes, each requiring exclusive access to the components of the buffer that it uses, it is necessary to enforce their mutual exclusion. Therefore, we cannot have more than one consumer or more than one producer activated at the same time (although a consumer and a producer can work concurrently). In view of this, the asynchronous condition formula (acf) for the consumers and producers problem is expressed as follows:

$$(NC \wedge NE) \vee (NP \wedge NF) \equiv \text{acf-consumer} \vee \text{acf-producer}$$

Firstly, we will consider the informational strength approach. This case associates with the resource one process for each of the conditions s_1 and s_2 (where s_1 = acf-consumer and s_2 = acf-producer). As indicated before, each process will manage a particular aspect of the resource. It is possible to base the solution of the problem on the following two processes: p-avpl, one that assures $NP \wedge NF$ (number of available places (avpl) greater than zero); and p-avit, another that assures $NC \wedge NE$ (number of available items (avit) greater than zero).

(iii) Establishment of the csf:

The complete synchronization formula (csf) is a canonical representation of the intended sequence of all communications operations ("sends" and "receives") performed by a process. In the csf, each receive operation is preceded by the corresponding send operation (i.e. a message sent by process p_1 is received immediately by the target process p_2). Thus, a csf is a specification tool which attempts to specify the intended history of communication actions in the system.

Based on the discussion above we have to design two processes p-avpl and p-avit which assure NP ∧ avpl (or NF) and NC ∧ avit (or NE), respectively. Both processes can receive messages from the consumers or producers. If process p-avpl receives from a producer, then it has to test the condition for avpl. If avpl = 0, then it asks the producer to wait; otherwise, the producer is free to continue and p-avpl blocks itself until the completion of the producing operation. If process p-avpl receives a message from a consumer, then it just increments the variable avpl (i.e. there is one more buffer available). The process p-avit for the variable avit is the dual case of process p-avpl with respect to whether the message comes from a producer or a consumer.

We are not designing the producer and consumer processes because our main interest here is the control of the buffer area. We assume a common sequence of communications actions for a producer or a consumer. For example, the producer asks the permission of the process p-avpl before it writes into the buffer and when finished, it signals the conclusion of this event. (The situation is analogous for the consumer.) In general, a producer or a consumer may refer to other resources but these other references are ignored because they are not used in the design of the processes p-avpl and p-avit. The communication parts of the producer and consumer processes that are assumed for this problem are given below:

```
        producer( )
        {  .  .  .

            while x.msg = wait do
            { send(p-avpl); x := receive(p-avpl) }
                .  .  .
            send(p-avit); send(p-avpl);
            .  .  . }
        consumer( )
        {  .  .  .

            while y.msg = wait do
            { send(p-avit); y := receive(p-avit) }
                .  .  .
            send(p-avpl); send(p-avit);
            .  .  . }
```

(Note that the waiting mechanism is made explicit in our example thus making the communication aspect more interesting. This construct may be implicit if the language permits some kind of "wait operation" that blocks the process until the occurrence of some event.)

The expressions for the two processes p-avpl and p-avit used in our informational strength design are given below. These expressions give the necessary

89

sequence of communication primitives for the processes p-avpl and p-avit in order to handle the instances of messages from the producer and consumer processes as explained in the last paragraph. For example, in the process p-avpl we have the consumer case and the producer case subdivided by the conditions "avpl=0" and "avpl>0". Let us denote receive by r, producer by pd, consumer by cs, p-avpl by pl and p-avit by it in the following expressions. The symbol ";" denotes sequentiality of actions and "or" that the expressions are disjoint in the code used for the process.

1. Process p-avpl:

$$[(r(pd);((s(pd,wait))\ \underline{or}\ (s(pd),go);r(pd))))\ \underline{or}\ r(cs))]^{\ell}$$

avpl = 0	avpl > 0

"producer case"   "consumer case"

This expression is intended to specify the communications activity of p-avpl with one particular producer or consumer. This kind of history will then be repeated for the "next" producer or consumer.

2. Process p-avit:

$$[(r(cs);((s(cs,wait))\ \underline{or}\ (s(cs,go);r(cs))))\ \underline{or}\ (r(pd))]^{m}$$

"consumer case"   "producer case"

Using the csf's established above, it is easy to derive the communication structure of the processes defined by (ii). The mapping is almost direct considering ";" as the usual delimiter of statements and "<u>or</u>" as an indication of mutually exclusive sequences of communication primitives. As an example, we show what the skeleton of the code of the process p-avpl looks like (process p-avit is similar). We could also have developed csf's for the producer and the consumer in order to sketch the communication mechanisms in these processes.

```
        p-avpl( )
        {  .  .  .
            { r(pd) or r(cs);
              if r(pd)
              then if avpl = 0 then s(pd,wait)
                   else {  .  .  .
                           s(pd,go);r(pd) }
              else  .  .  .  }
        }
```

(iv) Filling in of the sequential part:

The filling in of the sequential part of each process is the last step. This part is independent of the communication mechanism and it may depend on implementation details. One possible final form for the processes p-avpl and p-avit is given below:

```
    p-avpl( )
        { avpl : integer;
          t : pairs of strings;
            avpl := n;
            while true do
            { t := rec-any;
              if t.msg = prod
              then if avpl = 0 then send(t.name,wait)
                      else { avpl := avpl - 1;
                             send(t.name,goahead);
                             receive(t.name) }
              else avpl := avpl + 1 }
        }
    p-avit( )
        { avit : integer;
          u : pair of strings;
          avit := 0;
            while true do
           { u := rec-any;
             if u.msg = cons
             then if avit = 0 then send (u.name,wait)
                     else { avit := avit - 1;
                            send(u.name,goahead);
                            receive(u.name)}
             else avit := avit + 1 }
        }
```

Secondly, we consider a solution based on the functional strength criterion.
This approach associates one process for the management of the resource (i.e. a single
process for the conditions s_1 and s_2). Here, the process handles by cases (or by subprocesses hierarchically subordinated to it) the conditions s_1 and s_2.
(iii)' Establishment of the csf:

In this situation, the process treats the producer and consumer cases (or functions), and the resources (variables) avpl and avit are local to the process. In
the producer case, the process verifies if avpl = 0 in order to ask the producer to
wait or if avpl > 0 to give it permission to continue. (In the second alternative
the process blocks itself until the completion of the producing operation.) The consumer case has the same behaviour taking into account the variable avit.

In the informational strength design we used processes to manage the variables avpl and avit. Each of them could receive messages from the producers or consumers. Because of that fact, the handling of the producer and consumer cases were
intermixed in the processes p-avpl and p-avit. In the functional design, these cases

are treated separately and the message mechanism is simplified because of the locality of the variables avpl and avit.

Based on the explanation above, the csf expression for our process in the functional approach is as follows:

$$[(r(pd);((s(pd,wait))\ \underline{or}\ (s(pd,go);r(pd))))\ \underline{or}$$

"producer case"

$$(r(cs);((s(cs,wait))\ \underline{or}\ (s(cs,go);r(cs)))))]^{\ell}$$

"consumer case"

Using the established csf, it is easy to derive the skeleton for the communication structure of the process defined by the functional design.

(iv)' Filling in of the sequential part:

This part may depend on implementation details. One possible code for the process (p-control) in our functional design using the case statement approach is given below.

```
p-control( )
    { avpl, avit : integer;
      t : pair of strings;
      avpl := n; avit := 0;
      while true do
      { t := rec-any;
        case t.msg of
        { 'pd' : if avpl = 0 then send(t.name,wait)
                     else { avpl := avpl - 1;
                            send(t.name,goahead);
                            receive(t.name);
                            avit := avit + 1 };
          'cs' : if avit = 0 then send(t.name,wait)
                     else { avit := avit - 1;
                            send(t.name,goahead);
                            receive(t.name);
                            avpl := avpl + 1 } }
      }
    }
```

4. Conclusions

The objective of the present paper was to characterize more precisely a new programming style which we called message oriented programming. This programming style has been suggested in general terms in both theory and practice. Zave [21,22] showed that interprocess communication via message passing is more powerful than synchronization through shared variables and McQueen [18] has surveyed models of computation which describe abstractly the semantics of the message passing mechanism.

Some practical efforts have illustrated the power of the method while hinting at some programming practices which proved useful during its application to the implementation of real systems [16,4].

Our emphasis was placed on the presentation of the method through the statement of the programming principles on which it is based and the proposal of a specification technique which can naturally be associated to it. An example was used to illustrate most of the ideas.

The principles of resource orientation (to provide the first structuring of the problem), the asynchronous condition formula (together with the "opposite" criteria of functional and informational strength to define the process structure), and the complete synchronization formula (to define the communications skeleton for each of these processes) lead to simple, elegant and well structured solutions to problems. We have specified an example using both the criteria of informational and functional strength. A solution using information strength associated one process for each of the conditions s_1 = acf-consumer and s_2 = acf-consumer to manage the set of buffers. A solution using functional strength consisted of one process which handles the two conditions (acf-consumer and acf-producer) by cases (or, in an alternative solution, by using two subprocesses). Thus these two criteria lead to solutions which are less distributed and handle data implicitly in the latter case as opposed to solutions which are highly distributed and handle data explicitly in the former case.

Our intention is to use this methodology together with a calculus based on the definitional specification of [6] to both develop and verify communicating programs. We have shown in [6], for example, how the complete synchronization formula might be used to prove that a particular solution is deadlock free. (This is to be done after we have verified that the csf does indeed correctly describe the sequences of communications actions which are possible during the execution of the program(s).) We should also be able to verify that the acf is satisfied by the programs implementing our solution. The tools needed to do this are under development.

REFERENCES

[1] Baskett, F., Howard, J.H., Montague, J.T. : Task Communication in DEMOS; Pro-
      ceedings of the 6th ACM Symposium on O.S. Principles, 1977.
[2] Brinch Hansen, P. : The Nucleus of an Operating System; CACM, April 1970 (pp.
      238-241, 250).
[3] Brinch Hansen, P. : A Comparison for Two Synchronizing Concepts; Acta Informatica
      1, 1972 (pp. 190-199).
[4] Cheriton, D.R., Malcolm, M.A., Melen, L.S., Sager, G.R. : Thoth, A Portable
      Real-Time Operating System; CACM, February 1979.
[5] Cheriton, D.R. : Multi-Process Structuring and the Thoth Operating System; Ph.D.
      thesis, University of Waterloo, August 1978.
[6] Cunha, P.R.F., Maibaum, T.S.E. : A Communications Data Type for Message Oriented
      Programming; submitted for publication.
[7] Cunha, P.R.F., Lucena, C.J., Maibaum, T.S.E. : On the Design and Specification
      of Message Oriented Programs; Research Report CS-79-25, University of Waterloo,
      June 1979.
[8] Dennis, J.B. : Modularity; an Advanced Course on Software Engineering, Ed. F.
      Bauer, Springer-Verlag, 1973.
[9] Dijkstra, E.W. : Cooperating Sequential Processes; Programming Languages, F.
      Genuys (ed.), Academic Press, New York, 1968 (pp. 43-112).
[10] Dijkstra, E.W. : Notes on Structured Programming, Structural Programming, Aca-
      demic Press, London, 1972.
[11] Goguen, J.A., Thatcher, J.W., Wagner, E.G., Wright, J.F. : An Initial Algebra
      Approach to the Specification, Correctness and Implementation of Abstract Data
      Types; IBM Research Report RC 6487, 1976.
[12] Guttag, J. : The Specification and Application to Programming of Abstract Data
      Types; Ph.D. thesis, CSRG TR 59, University of Toronto, Sept. 1975.
[13] Habermann, A.N. : On the Concurrency of Parallel Processes; Perspectives on
      Computer Science, A. Jones (ed.), Academic Press, London 1977 (pp. 77-90).
[14] Hoare, C.A.R. : Monitors, an Operating System Structuring Concept; CACM, October
      1974 (pp. 549-557).
[15] Hoare, C.A.R. : Communicating Sequential Processes; CACM, August 1978 (pp. 666-
      677).
[16] Jammel, A.J., Stiegler, H.G. : Managers versus Monitors; Proceedings of the
      IFIP 1977 (pp. 827-830).
[17] Liskov, B.H., Zilles, S. : Programming with Abstract Data Types; Proceedings of
      the Conference on Very High Level Languages, SIGPLAN, Vol. 9, April 1974.
[18] MacQueen, D.B. : Models for Distributed Computing; Proc. of EEC/IRIA Course on
      the Design of Distributed Processing, Nice, France, July 1978.
[19] Parnas, D.J. : A Technique for Software Module Specification with Examples;
      CACM, May 1972 (pp. 330-336).
[20] Parnas, D.J. : On the Criteria to be Used in Decomposing Systems into Modules;
      CACM, December 1972 (pp. 1053-1058).
[21] Zave, P. : On the Formal Definition of Processes; Conference on Parallel Pro-
      cessing, Wayne State University, IEEE Computer Society, 1976.
[22] Zave, P. : A Design Tool for Real-Time Processes; Conference on Information
      Sciences and Systems, Johns Hopkins University, 1977.

LIS as Object Code for an ADA-0-Compiler

Manfred Dausmann
Guido Persch
Georg Winterstein
Institut für Informatik II
Universität Karlsruhe
Postfach 6380
7500 Karlsruhe

ZUSAMMENFASSUNG: In diese Arbeit wird aufgrund von Gemeinsamkeiten der Sprachen ADA und LIS eine Teilmenge von ADA, ADA-Ø, spezifiziert, die sich unter rein syntaktischen Gesichtspunkten nach LIS übersetzen läßt und die über genügend Spracheigenschaften verfügt, um in ihr einen ADA-Compiler zu schreiben.

ABSTRACT: In this paper we examine the translation of a subset of ADA into LIS. The subset provides enough facilities to write an ADA compiler in it. Comparing ADA and LIS the subset is specified by those language elements both languages have in common.

0. Introduction

Since 1975 the US Department of Defence (DoD) is making great efforts for developing of a new high level programming language. The final requirements for this language were specified in the Steelman Report [1]. In spring 1979 a language fulfilling these requirements (designed by Jean Ichbiah who has also developed the system implementation language LIS [2]) was chosen and given the name ADA [3]. In another paper, the Pebbleman Report [4], among others the requirements for a correct ADA compiler were given. It demands that a compiler for ADA must be written in ADA itself. The usual technique to get such a compiler on to a machine is called bootstrapping [5]. It asks for the existence of a translator written in a host language as a tool to translate the actual compiler into machine language. This translator may either be capable to handle the whole language and may be hand-translated into its own language or it only processes to process those constructs of the language which are used to implement a compiler. Also the efficiency of its implementation is not of main interest because it is used only during the compiler development.

In case of ADA we take the second approach. We first need a translator for a subset ADA-0 in which the compiler for full ADA can be written. (Although we do not distinguish between a translator and a compiler we use the word 'translator' only for the ADA-0 compiler.)

Since the ADA-0 translator is not our final goal it is of high importance that not too much time is spent into its development except for those parts which may be reused in the final product.

There are several ways to speed up the development:

- use automatic techniques for the generation of the whole compiler or its different phases.

- restrict the subset to an absolute minimum of constructs.

- generate the intermediate code of an already implemented language and use the synthesis part of that compiler.

- translate the language into another suitable high level language for which a compiler already exists.

There exist systems for the automatic generation of a complete compiler [6 - 8]. But as these systems have not been tried up to now for languages of this size and complexity we have taken the conservative view for our first approach. The automatic generation of lexical and syntactic analyzers has, however, been solved. One such system, the LALR-parser generator PGS [9] is at our disposal and capable to handle not only ADA-0 but also full ADA.

We are therefore left with semantic analysis and code generation. At least semantic analysis could be reduced by selecting a very small subset of ADA as ADA-0. This way would however severely impede the readability and maintainability of the final compiler. To facilitate testing and debugging of its modules ADA-0 should include:

- the main aspects of the type concept and declaration facilities

- statements and expressions for structured programming

- subprograms and modules

Even more important is the requirement that the ADA subset includes

- the concept of separate compilation (first because the final compiler will become too large to be translated in a whole and second to facilitate the compiler development by a team of programmers)

- exception handling (for debugging)

- representation specification (to produce machine code formats)

Even for this ADA subset semantic analysis and code generation will become very complex.

The language LIS [2] which has been designed by J. Ichbiah too, incorporates most of the features mentioned above. Therefore a detailed study of the LIS compiler [10] might give some insights how to solve related problems for ADA. Even more we might use parts of it for the ADA-0 translator. The intermediate code IMC produced by the LIS compiler for example seems to be well suited for the purpose of reducing the code generation phase. But the same applies for LIS itself. Translating ADA-0 into LIS also reduces the semantic analysis of the programs, avoids the separate compilation management, and does not care about code generation at all.

From the above we conclude that the translation of ADA-0 into LIS is the quickest and most efficient way to get a basis for an ADA compiler.

The translation of an ADA program into a LIS program should only be controlled by the syntactic structure of the ADA program i. e. the translator should not care about semantic analysis as far as possible and all necessary checks should be overtaken by the LIS compiler. However not all semantic checks can be done in this way. But it should be guaranteed that a correct ADA program which uses only ADA-0 constructs is a correct ADA-0 program. As long as they are easy to translate we will also include constructs in ADA-0 which are not so important for the implementation of the ADA compiler.

To show the affinity between ADA and LIS we compare the two languages in the next section in more detail.

1. A comparison of ADA and LIS

	L I S	A D A
SCALAR TYPES	integer, integer ranges, discrete symbolic type correspond to	boolean, character, enumeration type
	Union of enumeration types	enumeration type ranges, overloading of enumeration literals (i. e. use of the same identifier in several types simultaneously) real
COMPOUND TYPES	array	
	row (array descriptor)	
	plex correspond to record both with variants	
	set domains (heaps must be user implemented)	access (pointer) (with built-in heap)
NAMES VARIABLES	identifiers indexed names selected names predefined attributes (essential the same) array slices qualifiers for access variables	
OPERATORS	and, or, xor = , /= , < , <= , > , >= + , − (binary) + , − , not (unary) * , / , mod in (type)	
	in (set)	& (concatenation of one-dimensional arrays) ** (exponentiation)

	L I S	A D A
PRIMARIES		
	names	
	array and record aggregates	
	only with keywords	
	function calls	
	sets	
STATEMENTS		
	assignment (especially array slices)	
	subprogram calls with named parameter-associations (keyword parameter)	
	omission of parameters	
		positional parameters
	array parameters are not allowed, only row parameters	
	recursion only by segment procedures	recursion by any subprogram
	return	
	if with elsif and endif bracket	
		short_circuit_conditions (McCarthy-and, -or)
	case statement with choice 'others'	
	basic loop without termination condition	
	while loop	
	for loop (ascending, descending)	
	all loops with an end_of_loop_bracket	
	loop exit	
		goto (not in compound statements etc., not out of subprograms)
		block
		assert_condition
	with_statement	

	L I S	A D A
DECLARA- TION	nested declarations through subprograms type declarations object declarations (variables and constants) including initializations procedures functions (without side effects)	
		value returning pro- cedures (with restrict- ed side effects)
	subprogram specifications and definitions	
		specification and defi- nition may appear to- gether
	in, out, in_out parameters default values for parameters	
		overloading of subpro- grams definition of operators
	modules divided into visible part and definition	
	only as compilation units	
VISIBILITY	block structured language	
	unique visibility in compilation units	hiding of identifiers by nested declaration parts
	names of other compilation units can be made visible	
		visibility restrictions can be given for every declaration part module entities are de- noted by qualifying with the module name or by use clauses renaming is possible

	L I S	A D A
PROGRAM STRUCTURE	a program consists of several compilation units these may be subprograms or modules modules consist of a visible part and a body	
		modules can also be tasks
	subprograms as compilation units may have a visible part	
	compilation units are defined in other units (top down program development)	
	but only the name is defined there	and the whole visible part is defined there. Also bottom up program development possible
REPRESENTATION SPECIFICATION	are only allowed at the outermost declaration level of compilation units	are allowed in every declaration part
	internal code for enumeration literals storage representation for records machine code insertion by records unsafe type conversion	
I/O	output_statement for scalar types and strings	high level I/O package for every type
		extensive file handling
	can be user defined by machine code insertion	
OTHER FEATURES		parallel processing
		exception handling which treats errors or other exceptional situations arising during program execution.
		Generic subprograms and modules which are parameterized models of program units.

The remainder of this paper discusses the possibilities of translating ADA into LIS. In describing the correspondence of ADA and LIS constructs we follow the sections of the ADA Reference Manual [3]. We sometimes take advantage of the fact that some aspects of LIS are not implemented in the current LIS compiler version [10]. On the other hand the current LIS compiler causes some restrictions of ADA-0.

2. Lexical Elements

Reserved words of LIS should not be used within an ADA program. The whole concept of approximate numbers cannot be translated because LIS has no real arithmetic. All integer numbers will be converted to their decimal representation. The character set is full EBCDIC.

3. Declaration and Types

The ADA type concept is different from LIS. ADA is strongly typed which can be seen in the distinction of types, derived types and subtypes. In LIS they are not always distinguished (for instance integer ranges). One may either forbid the use of different ADA types which are undistinguishable in LIS but we prefer to state that some semantic checks are not done by the translator so that:

- derived type definitions are identical to their parent types

- different integer range types are not distinguished (so it doesn't matter, whether an integer range is declared as type, subtype, or derived type).

- array slice operations are possible between all arrays whose type has undistinguishable index and component types.

So subtype (3.3) and derived type (3.4) definitions are allowed but do not have their full ADA meaning.

It is not possible to allow enumeration type ranges because in LIS they are not allowed.

The whole concept of overloading (s.8) cannot be performed in LIS. Its realization in a translator would require a unique (re)naming of all identifiers which makes a deep semantic analysis of the ADA program necessary.

Character enumeration types are forbidden.

Arrays (3.6) whose index type is an enumeration type range may be translated into arrays over the whole enumeration type which requires additional semantic knowledge. If the indices are specified by type marks they cannot be mapped into LIS until the actual bounds are given. Therefore the translator will not allow enumeration type ranges and type marks as indices so that there are no array type definitions with constraints.

Nevertheless there should be a predefined type STRING because it is often used in the construction of a compiler.

Another complication in the translation arises from the current version of the LIS compiler which only allows onedimensional arrays. So the programmer has to change a multidimensional array into a nested sequence of onedimensional arrays of records. Also dynamic arrays are not implemented in the current LIS compiler.

The attributes FIRST and LAST for arrays are allowed in LIS but they have different prefixes whether they appear in the context of enumeration or array types. To avoid type analysis they should be used only as array attributes.

Array and record aggregates (3.6.2, 3.6.7) are within the LIS language but only component associations with choices (no positional association) are allowed.

ADA record types correspond to the plex construct in LIS which may also contain variant parts. But record type definitions with constraints cannot be translated.

The translation of the ADA type ACCESS (3.8) into LIS requires the implementation and management of a heap in LIS. Whenever an access_type is declared all the necessary routines are provided as well. They become part of the ADA run time system.

4. Names, Variables, Expressions

As a result of the restrictions on types qualified expressions (4.6) are of no interest.

Static expressions (4.9) can be evaluated by the LIS compiler.

5. Statements

Except for the goto_statement (which is not permitted) all control statements of ADA have a direct correspondence in LIS. The only restrictions are

-   an array_assignment (5.1.1) has to be written as a slice_assignment.

- direct or indirect recursive calls (5.2) are only permitted for subprograms which are compilation units, because LIS does not allow recursive calls of local actions.

- positional parameter association (5.2.1) is not possible. Instead named association must be used throughout.

- short_circuit_conditions are forbidden. Their implementation by nested if_statements would lead to copying of code.

Array parameters in subprogram calls (5.2) need semantic analysis. They must be replaced by row parameters in LIS. To avoid this analysis (which may be difficult for instance if the array or the subprogram are defined externally) only array parameters of type STRING are allowed and must be written as slices.

6. Declarative Parts, Subprograms and Blocks

The declarative parts (6.1) of ADA programs can be transformed into LIS declarative parts except those which appear within blocks. Restrictions for the transformations are

- representation specifications (s. 13) may only appear in compilation units at the top level

- visibility restrictions (s. 8) are only checked in compilation units at the top level

- module specifications, module bodies, and body stubs may only appear at the top level of compilation units

If ADA subprograms (6.2) are given as compilation units they may be translated into LIS segment procedures. Otherwise they will become local actions. This mapping allows the realization of the ADA subprogram concept except that

- recursive calls are only allowed for compilation units

- strings as function designators are forbidden (6.6.1)

String parameters are replaced by rows of char. Other array parameters have to be substituted by record types with array components by the programmer.

We use a gap in the current LIS compiler (i. e. no checks for side effects in functions) to translate value returning procedures.

7. Modules

It is not intended to implement tasks. Packages are translated into partitions. As partitions are compilation units in LIS, packages are only allowed as compilation units (s. 10) and cannot be nested.

Module specifications (7.2) correspond to LIS data partitions, module bodies (7.3) to program partitions. In module bodies no initialization statements are allowed because there is no equivalent construct in LIS. Initialization statements may be achieved by procedures instead.

Private declarations (7.4) are allowed but the present LIS compiler does not check the restrictions.

8. Visibility Rules

The visibility rules (8.2) have to be restrained, because the visibility concept of LIS is more restrictive. Unique visibility (i. e. an identifier may only be defined once for a compilation unit) is required.

There is no concept in LIS like the selected denotation for names declared in packages (8.2). To avoid an analysis it is required that a use clause (8.4) is given for a used package. A visibility_restriction_list is translated into a use_data_list in LIS. So restrictions are analysed only for compilation units. If a package will be used somewhere in a compilation unit it must appear in the restricted_list of that compilation unit and in the use clause.

9. Tasks

Tasks will not be implemented.

10. Program Structure and Compilation Issues

Subprograms will be mapped to segment procedures, packages to partitions. One great advantage of the translation of ADA programs into LIS is that the handling of the separate compilation is totally done by the LIS compiler.

In LIS all segments and partitions must be declared in data segments. An equivalent structure is obtained by the ADA top down design of compilation units. It says that all compilation units must be declared (as stubs) in other compilation units. To get an easy transformation subprogram stubs and package body stubs must appear in the outermost level of a subprogram (compilation unit). Also a restricted_list must be given for these specifications if they use entities of the enclosing unit. The transformation maps the subprogram in which the declarations appear into a data segment containing the declarations of the segment procedures and the partitons. The visible parts of the packages are mapped into other compilation units: the data partitions of the packages. The subunits of the enclosing subprogram are then mapped into the corresponding program segment or program partition in a different compilation.

The execution of an ADA program starts with a procedure named MAIN_PROGRAM.

Example:　　Translation of an ADA program consisting of several compilation units

```
    procedure  MAIN_PROGRAM  is
                    .
                    .
            restricted  (MAIN_PROGRAM)
            package  SYMBOL_TABLE  is
                    .
                    .
            end;
            package body  SYMBOL_TABLE  is separate;
            restricted  (MAIN_PROGRAM, SYMBOL_TABLE)
            package  LEXICAL_ANALYSER  is
                    .
                    .
            end;
            package body  LEXICAL_ANALYZER  is separate;
            procedure  PARSER  is separate;
        begin
            .
            .
        end;
```

```
    restricted  (MAIN_PROGRAM, COMPILER_I_O, . . . . )
    separate package body  LEXICAL_ANALYZER  is
        .
        .
    end;
```

```
    restricted  (MAIN_PROGRAM, LEXICAL_ANALYZER)
    separate procedure  PARSER  is
        begin
            .
            .
        end;
```

The LIS program produced by the translator
%%%

```
    data segment  MAIN_PROGRAM;
      COMPILER_I_O :  partition;
      SYMBOL_TABLE :  partition;
      LEXICAL_ANALYZER :  partition;
      PARSER :  segment procedure;
    end;
```

%%%%%%%%%%%%%%%%%%%%%%%%%%%%%%%%%%%%%%%

```
    use data  MAIN_PROGRAM, COMPILER_I_O,
                            SYMBOL_TABLE, LEXICAL_ANALYZER;
    program segment  MAIN_PROGRAM;
          .
          .
    end;
```

%%%%%%%%%%%%%%%%%%%%%%%%%%%%%%%%%%%%%%%

```
    use data  MAIN_PROGRAM, SYMBOL_TABLE;
    data partition  LEXICAL_ANALYZER;
          .
          .
    end;
```

%%%%%%%%%%%%%%%%%%%%%%%%%%%%%%%%%%%%%%%

```
    use data  MAIN_PROGRAM, COMPILER_I_O, LEXICAL_ANALYZER;
    program partition  LEXICAL_ANALYZER;
          .
          .
    end;
```

%%%%%%%%%%%%%%%%%%%%%%%%%%%%%%%%%%%%%%%

```
    use data  MAIN_PROGRAM, LEXICAL_ANALYZER;
    data segment  PARSER;
          .
          .
    end;
```

%%%%%%%%%%%%%%%%%%%%%%%%%%%%%%%%%%%%%%%

```
    use data  LEXICAL_ANALYZER, MAIN_PROGRAM, PARSER;
    program segment  PARSER;
          .
          .
    end;
```

%%%%%%%%%%%%%%%%%%%%%%%%%%%%%%%%%%%%%%%
%%%%%%%%%%%%%%%%%%%%%%%%%%%%%%%%%%%%%%%

11. Exceptions

Exceptions can be translated into LIS if an ADA run-time system (the LIS MAIN program) is provided [11]. Exception handlers are only allowed in subprograms because in LIS there do not exist initialization statements in partitions nor blocks. An exception declaration is mapped to a constant declaration with the same name which associates a unique number to this declaration. A subprogram which contains exception handlers is transformed into a subprogram which first marks its invocation in the exception stack (which reflects the dynamic binding). Then the addresses of the handlers are pushed together with their identifications. When the subprogram is left, they are popped. If an exception is raised the topmost occurrence of this exception or a general exception is searched in the stack by popping. Then control is transferred to this handler.

12. Generics

Generic features are not translated. The generic facility is an advanced feature not absolutely necessary to implement a compiler.

13. Representation Specification and Implementation Dependent Features

As mentioned in chapter 6 representation specifications are mapped into LIS implementation parts. Therefore they only may appear within compilation units at the outermost level of declarations. Packing specifications (13.1) and length specifications (13.2) are also known in LIS (but are only partially implemented in the current LIS compiler).

The representation specifications of enumeration types (13.3) can easily be mapped into LIS. Record type representations (13.4) are translated into plex type implementations. The storage unit is a word.

Address specification (13.5) is of no interest in ADA-0.

Machine code insertions (13.8) should have the form of LIS interfaces. The additional definitions for ADA code statements should be like LIS interface definitions.

Interfaces to other languages (13.9) can also be described via code insertions.

For compiler writing the conversion of characters into integers and vice versa is sufficient. It can be done by using the standard attributes ORD and VAL.

14. Input-Output

The input-output features of LIS are rather poor. The procedure PUT (14.4) with one argument (of scalar type) may be mapped into the out statement of LIS. By using the feature of machine code insertion more input-output routines can be defined.

15. Implementation

The ADA-LIS translator is a LIS program. Bootstrapping is used here as well, i. e. only the kernel of the translator is written in LIS (lexical analysis, parser, construction of the program tree and simple programs to handle compilation_units, assignments, expressions, if_statements, procedure_calls, and for simple output). Then the entire translator is written in ADA. In a first phase corresponding ADA programs replace the kernel while other ADA modules (for declarations, types, representations etc.) enlarge the capabilities of the translator. As their compilation produces LIS programs they can be incorporated into the translator immediately.

16. Summary

In this paper we have shown that it is possible to map a very large subset of ADA into LIS. Except for advanced ADA features as tasks, generics, overloading and operator definitions, which have to be omitted, only a few difficulties arise. These problems can be solved by restricting (enlarging) the semantics of ADA in the cases of type equality, array parameters, recursion, and visibility or by forbidding certain features like real types, goto, short circuit, and nested packages. For most of the restrictions there exist other feasible solutions.

Having implemented the proposed transformations we are able to start the next version of an ADA compiler in a short time. It is not necessary to built a first version of the compiler with the complex parts semantic analysis, separate compilation management, and code generation. Another advantage is that the LIS compiler will probably generate a much more safe, efficient, and optimized code.

References

[1]   US Department of Defense
        Steelman Report
        June 1978

[2]   LIS Reference Manual
        published by: Siemens A.G. München 70
        UB D Dv WS SP31, 1978

[3]   Ichbiah, I.D. et al.
        Preliminary ADA Reference Manual
        SIGPLAN Notices Vol. 14, No. 6, June 1979

[4]   US Department of Defense
        Pebbleman Revised
        Jan. 1979

[5]   Aho, A.V., Ullman, J.D.
        Principles of Compiler Design
        Addison Wesley, Reading Mass., 1977

[6]   Leverett, B. et al.
        An Overview of the Production Quality Compiler-Compiler
        Project
        CMU-CS-79-105

[7]   Kastens, U.
        Ein Übersetzer-erzeugendes System auf der Basis
        attributierter Grammatiken
        Interner Bericht, Universität Karlsruhe, 1976

[8]   Ganzinger, H., Ripken, K., Wilhelm, R.
        MUG1 - An Incremental Compiler-Compiler
        Proc. ACM Ann. Conf., pp. 535 - 540, 1976

[9]   Dencker, P.
        PGS; ein neues LALR(1) - System
        Diplomarbeit, Universität Karlsruhe, 1977

[10]   Neugebauer, H. et al.
        Benutzeranleitung des LIS-Übersetzers
        Universität Karlsruhe, 1978

[11]   Görg, C.
        Exception-handling in LIS
        Internal working paper, Institut für Informatik II,
        Universität Karlsruhe, 1978

DESIGN RATIONALE FOR THE INTERACTIVE PROGRAMMING LANGUAGE C S S A FOR ASYNCHRONOUS MULTIPROCESSOR SYSTEMS

Hans Ludwig Fischer and Peter Raulefs
Institut für Informatik III
Universität Bonn
Postfach 2220
5300 Bonn 1

ZUSAMMENFASSUNG: Wir geben eine Einführung in die wichtigsten Sprachkonzepte von CSSA, die durch Beispiele erläutert wird und einen Vergleich mit anderen Programmiersprachen und Modellen enthält.

ABSTRACT: We give an introduction to major language concepts of CSSA which is illustrated by examples and compared with other languages and models.

1. Introduction

The upcoming availability of asynchronous concurrent systems of sequential computers is in contrast to the situation that computational models and corresponding languages for such systems are still in an infantile stage of development.

We are interested in models based on the following assumptions:
(1) Computation is done by concurrently working, sequential actions we call *agents*.
(2) Agents maintain private memories. Different agents can *never share* memory.
(3) Agents communicate by *message passing*. Transmission times for messages are assumed to be *positive, finite,* but *indefinite*. Hence, communication is fair, but non-deterministic.
(4) Concurrent systems of agents are *dynamic* in the sense that throughout the course of a computation
    (a) agents may be created or destructed, and
    (b) communication links between agents may be established as well as broken up.
    We also assume that agents may be run interactively; e.g. a user sitting at a terminal constitutes just another agent.
(5) Agents implement objects of data *or* control abstractions.

Clearly, these assumptions rule out "older" languages for concurrent computation, such as Modula [WIR 76]. Assumptions (2) and (4) are also violated by more recent language proposals in [BH 78], CSP [HOA 78], PLITS [FEL 79], and ADA [ADA 79] which are also unclear about, resp. in violation of assumption (3). All these languages *as well as* CLU [LZ 77] and ALPHARD[LSW 76]even violate assumption (5) as they do only - if at all - admit control abstractions in a very restrictive sense.

This paper illustrates and justifies several major mechanisms of the language CSSA. Our current version of CSSA grew out of a sequential language reported in [CSSA 1-9] which only had to be extended by few additional constructs. We only discuss mechanisms affecting concurrent computation, as sequential computation is rather orthogonal to these considerations.

An informal and intuitive account of the underlying computational model is given in Section 2. Language concepts discussed in this paper are described in Section 3, and illustrated by two familiar examples in Section 4.   Justifications and comparisons are given in Section 5.

2. Computational Model

2.1. <u>Agents.</u> CSSA-computations are done by *agents*. An agent consists of a *cluster of operation-capabilities* that can be activated by sending messages to the agent. A *message* contains (1) a symbol naming a specific operation-capability of the target agent, and (2) an *envelope* to be decoded (by pattern match) by the recipient agent. When having received a message, an agent creates an instance of the operation-capability referred to in the message, using local bindings obtained from matching the incoming envelope to an *entry-pattern* associated with the respective operation-capability.

2.2. *<u>Scripts.</u>* *Scripts* are agent-schemata s.t. agents are generated from scripts by supplying appropriate bindings (as result of a pattern-match:*creation match*). The *type* of an agent is the script from which it had been generated.

2.3. *<u>Communication between agents.</u>* A communication from an agent A to an agent B is effected by A sending a message to B. Hence, a communication requires that (a) the agent A is *acquainted with* target agent B,and (b) agent A is in possession of the name identifying the operation-capability of which an activation is requested of from target agent B (*access-right*).

Executing (an instance of) an operation-capability is *indivisible* and may result in any finite number of messages *concurrently* transmitted to agents the sending agent is acquainted with and has access-rights to. We assume that transmission times for messages between agents are *positive, finite,* but *indefinite*. Hence, (a) all messages eventually arrive at recipient agents (i.e. communication is inherently fair), and (b) if several messages are concurrently transmitted to one target agent, there is no way of knowing which message arrives first.

We obtain an *agent-net* when representing agents as nodes and drawing a directed edge labelled with access-rights from each agent to all agents it is acqainted with. An agent-net illustrates the potential flow of information.

Agents and scripts are bound and accessed via *acquaintances*, consisting of (1) a type (=script or'SCRIPT'for script-acquaintances), (2) a set of symbols naming operation-capabilities (access-rights), and (invisible at language level) (3) an identification naming an access-path to the object of the acquaintance. Hence, each agent-acquaintance grants specific access-rights to the agent it provides access to.

Acquaintances may be transmitted in messages. All other CSSA-objects are transmitted by value.

Since acquaintances may be transmitted in a computation among agents, an agent-net may dynamically change only because of (1) transmitting agent-acquaintances, (2) generation and self-destruction of agents.

2.4. *<u>Facetting.</u>* An agent may provide several clusters of operation capabilities. A cluster of operation capabilities is called a *facet*. At any instance of time, the behavior of an agent is uniquely determined by exactly one facet ("current facet"). Several facets form a *capsule*. A capsule C may be encased by a facet which is part of another capsule which encapsulates C so that capsules are statically connected in the same way as ALGOL-blocks are. A facet identifier   is visible in the capsule C it is defined in, as well as in all facets successively encapsulated into facets of C.

Facetting consists in an agent replacing its current facet with another facet.
There are two mechanisms for entering a new facet:
Facetting-by-define is done by
        (1) executing a definition of a capsule of facets, and
        (2) entering one of the facets of the newly defined capsule.
Facetting-by-use is done by entering a facet named by a visible facet identifier.

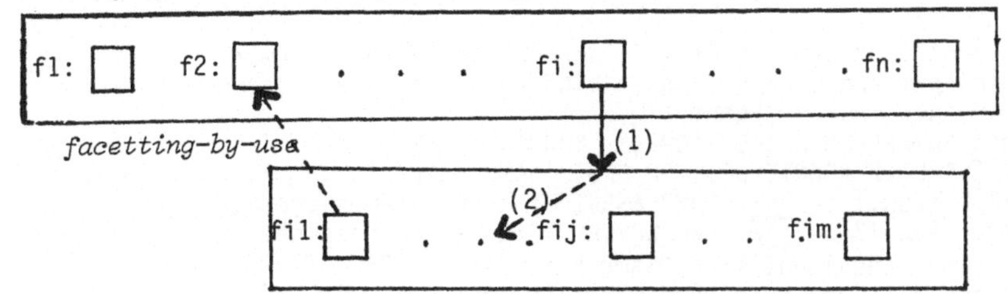

$\longrightarrow$ facetting-by-define

$\dashrightarrow$ facetting-by-use

2.5. *Selection of Received Messages*. Agents collect all incoming messages in a *mailbox*.
Whenever an agent is not busy executing an operation, it incessantly inspects its mailbox for messages to process. We assume this search to be fair. Processing a message is
enabled if (a)its operation-identifier names an operation-capability provided by the
current facet of the agent, and (b)its envelope can be successfully matched against the
entry-pattern associated with the respective operation-capability. Coming across an
enabled message is called an *event*.

3. A Survey of Central Language Concepts

This Section surveys major language mechanisms of CSSA as far as communication
between agents and concurrency are affected.

3.1. *Scripts and Creation of Agents*. Scripts are introduced in type declarations which
look like this.

```
type SAMPLESCRIPT is
     script <creation-pattern>
        <declarations-for-capsule F1, ...,FN>
        facet F1 is
           <local-declarations-of-F1>
           public OP1 <entry-pattern1>
                  OP2 <entry-pattern2>
                  OP3  none                        no entry-pattern for OP3, OP4
           private OP4 none
           bind OP1 to OP2 and not OP3, OP3 to  <expr>
           operation OP1 is  <local-declarations-of-OP1>   <instruction-list>   end

           operation OP2 is   . . .
                           enter ( initial is F1N  )
                              facet F11 is
                                 public  ..., OPk, ...

                                 operation OPk is  ... ;enter F1  end

                                 if idle then  ... ; enter FJ fi
                              endfacet (* F11 *)
                              . . .                facet definitions F12, ...,F1N

        end
     . . .
```

```
    operation OP4 is  . . .   . . .    . . .      end
    endfacet (* F1 *)
      . . .            facet definitions F2, ...,FN-1
      . . .
    facet FN is  . . .  . . .   . . .    . . .    endfacet (* FN *)

    endscript;
```

Generating an agent from SAMPLESCRIPT is done by matching a <creation-message>
against the <creation-pattern>, resulting in bindings locally effective for all subsequent code that defines the new agent:
<declaration>. const SAMPLE_AGENT1(OP1,OP2,...,OPk,...),
                      SAMPLE_AGENT2(OP1,OP2,OP3): SAMPLESCRIPT;
<creation>.   SAMPLE_AGENT1 := new SAMPLESCRIPT <creation-message1>;
               SAMPLE_AGENT2 := new SAMPLESCRIPT <creation-message2>;
The <declaration>defines the identifiers SAMPLE_AGENT1 and SAMPLE_AGENT2 to be of
type SAMPLESCRIPT, and they are furnished with the *access-rights* {OP1, OP2,..,OPk,..}
resp. {OP1, OP2, OP3} onto any agent they will be bound to. By executing the
<creation>-instructions, two agents of type SAMPLESCRIPT are generated and the
acquaintances <SAMPLESCRIPT, {OP1,...,OPk,...}, ap1>
              <SAMPLESCRIPT, {OP1, OP2, OP3, } ap2> get bound to
SAMPLE_AGENT1 and SAMPLE_AGENT2 (where ap1, ap2 are internal names for access-paths
to the newly created agents). Agents may only possess access-rights to those operations of an agent of type SAMPLESCRIPT which are included in a public-clause. However, only an agent of type SAMPLESCRIPT holds the access-right to OP4 on *itself*.

3.2. *Sending Messages Away*. There are two instructions for sending away messages:
operation-requests and *operation-links*. Remember a message has the form
[<opid> <envelope>], where <opid> names an operation-capability of the target agent,
and <envelope> wraps up agent- and/or script-acquaintances, and/or values (unless
<envelope>is empty). When sending away a message via an operation request, the sending
agent has no influence on whatever is done with the message. This is different, however, when a message is sent away by an operation-link instruction: (1) the message is
implicitly amended by a *release obligation*, and execution of the operation-link instruction is *suspended* until the release obligation is fulfilled; (2) the release
obligation is fulfilled upon having received a release -message from some agent.

3.2.1. *Operation-Requests*. Consider the following operation-requests to our
SAMPLE_AGENT1:
<op-request 1>. OP2 <envelope1>   =>   SAMPLE_AGENT1;
<op-request 2>. OP1 <envelope2>   =>   SAMPLE_AGENT2;
<op-request 3>. OP3 <envelope3>   =>   SAMPLE_AGENT3;
executed after tne type-declaration, <declaration> and <creation> of 3.1 are done.
The bind   - clause in SAMPLESCRIPT imposes restrictions on the access-rights executable on any agent of type SAMPLESCRIPT:
(1) The operation-capability OP1 is accessible *only* if the access-right to OP2 *but not*
    to OP3 is held.
(2) The operation-capability OP3 can *only* be made accessible from
    if <expr> evaluates to an agent-acquaintance with <expr-agent> *then* <expr-agent>
    if <expr> evaluates to a script-acquaintance with <expr-script>
      then any agent of type <expr-script>.

These restrictions imply that execution of
<op-request 1> makes the message [OP2 <envelope1>] be processed by   the agent
               SAMPLE_AGENT1 is bound to, as the idenfifier SAMPLE_AGENT1 is associated
               with access-right OP2 and no bind   -restriction is imposed on OP2 in
               facet F1.
<op-request 2> cannot result in successfully applying operation OP1 with <envelope2>
               in the facet F1 of the agent bound to SAMPLE_AGENT2, as the access-
               rights associated with this identifier violate the bind   -clause of
               F1 so that <op-request2> raises a *bind-exception*. For another facet of
               that agent, however, an operation also named OP1 may be accessible via

```
        SAMPLE_AGENT2.
```
<op-request 3> is legal only if all our instructions are processed (a) by the agent
resp. (b) by an agent of the type referred to by the acquaintance
<expr> is evaluated to.

Note that operation-requests *do not* involve *handshaking* as proposed in e.g.
[HOA 78, ADA 79]. After having done an operation-request, the message is under way
and the sending agent continues to carry out the next instructions.

3.2.2. *Operation-Links*. Operation-links primarily serve two purposes: (1) To feed
values into expressions similarly as function procedures do in e.g. ALGOL 60, and
(2) to enforce a causality ordering on events occurring at different agents. Both
aspects are illustrated in the following example.

3.2.2.1. *Example*. Customers C1,..., Cn are agents making use of resource agent R.
To do so, customers must first obtain a key from manager agent MGR. However, before
handing the key over to a customer, the manager needs to prepare the resource. A
customer must never use its key on the resource R before R had not been prepared.
The manager, however, sometimes delegates the task of preparing R to a deputy manager
agent DEPMGR. We indicate the behavior of these agents by the relevant parts of their
scripts:

```
R:  . . .
    public USE(<assertion>[KEY]), PREPARE( ... ),
              . . .
    operation USE is  . . .       end
    operation PREPARE is ... ; release end
    . . .
Ci: . . .      ( where  1≤ i ≤ n )
             KEY := GET_KEY(MSG) <=> MGR; ... ; USE(KEY) => R; ...
    . . .
MGR:. . .
    public GET_KEY(M)
       . . .
    operation GET_KEY is
             rules M are <cond1> do PREPARE(...) <=> R; release KEY od
                         <cond2> do DELEGATE-PREPARE(..,KEY,..)with release => DEPMGR
                                                                                    od
             endrules
             end

DEPMGR: . . .
       public DELEGATE-PREPARE(...,K,...)
       . . .
       operation DELEGATE-PREPARE is PREPARE(...) <=> R; ...; release K; ... end
       . . .
```

Before using R, customer Ci acquires a KEY by executing
KEY := GET_KEY(MSG) <=> MGR. The right-hand-side of this assignment is an *expression*
evaluating to a value to be bound to identifier KEY. This value is obtained by sending message [GET_KEY MSG] to MGR by operation-link, indicated by a double arrow <=>
When processing this message, MGR
   (1) creates an instance of the operation capability GET_KEY, where M gets bound
       to MSG;
   (2) checks the value of M for conditions <cond1> and possibly <cond2>.
       (2.1) *if* <cond1> succeds on M
             then another operation-link PREPARE (...) <=> R is done on R.

The operation PREPARE in R ends with a <u>release-instruction</u>, fulfilling R's release-obligation to MGR, and completing a *handshake* between MGR and R. Then, MGR fulfills its release-obligation to Ci, passing back the value of KEY to Ci.

(2.2) *if* <cond1> fails and <cond2> succeeds on M
then MGR makes his deputy DEPMGR execute operation DELEGATE-PREPARE, *passing on* his release-*obligation* to DEPMGR as specified by "<u>with release</u>", as well as the value of KEY. Then, DEPMGR PREPAREs R, and then fulfills the inherited release-obligation *directly* to customer Ci, giving him the KEY-value bound to K.

Upon having sent away a message out of an operation-link, further execution of the operation carrying out this instruction is suspended until the corresponding release-message turns up. Upon suspension of an operation, the agent inspects its mailbox for further messages, and executes them if it finds any. Execution of the suspended operation is resumed as soon as the agent comes across the corresponding release-message in its mailbox.

Releasing a suspended operation must be effected by explicitly executing a <u>release-instruction</u> in some agent having a release obligation to the corresponding operation. As operations may be activated by *both* operation-requests *and* -links, an operation should be able to test whether it has a release obligation or not. This is done by evaluating the Boolean standard condition <u>waiting</u> (TRUE iff there is a release-obligation).

<u>3.3. *Facetting*.</u> The outermost capsule of SAMPLESCRIPT consists of facets F1,..., FN. Any agent created from SAMPLESCRIPT initially is in facet F1, as the creator of such an agent has no right to influence its behavior except for initialisations. SAMPLE-SCRIPT shows the two typical ways for facetting:
Facetting-by-define is done by executing the instruction
"<u>enter</u> (<u>initial</u> <u>is</u> F1N) <u>facet</u> F11 ... <u>facet</u> F1N ... <u>endfacet</u> (*F1N*)" in OP2 of facet F1, which results in installing facet F1N which is initially entered in the newly defined capsule. In all facets of the new capsule, the facet identifiers F1, ..., FN are visible.
Facetting-by-use is done by carrying out the instruction "<u>enter</u> FN" in OPk of facet F11.

The Boolean standard condition <u>idle</u> (<u>true</u> iff the mailbox is empty w.r.t. the current facet) allows to switch facets depending on whether there are messages to be processed or not.

<u>4. Examples</u>

We present CSSA-solutions of two well-known examples: (1) a variable protected from illegal read- and write accesses which is a variant of a readers-writers-problem; (2) a generalization of Dijkstra's Dining-Philosophers problem where forks are pure control structures for tools used pairwise by philosophers. These examples serve to illustrate CSSA as well as to supply some background for comparisons with other languages.

<u>4.1. *Example: Protected Variable.*</u> We describe the script of a *protected variable* s.t. an arbitrary number of
(a) readers may read the variable "in parallel", and
(b) writers may write values into the variable
s.t. the [Priority Rule] below is observed. Before specifying the [Priority Rule], we explain what is meant by "reading in parallel":
Reading consists in the following activity done by a READER:
(1) the READER executes a START<u>R</u>EAD-operation on the protected variable, acquiring its value;
(2) the READER obtains the value possessed by the protected variable;
(3) the READER executes a STOP<u>R</u>EAD-operation on the protected variable.
Here, "executing an operation OP on X" stands for "submitting an operation-request/ -link with operation-identifier OP to X".
Readers R1, ..., Rn *read in parallel* in some state of the protected variable iff

(a) all readers R1, ..., Rn have submitted STARTREAD-operations and these operations
have been executed by the protected variable.
(b) no matching STOPREAD-operation of any of the readers R1, ..., Rn has been executed
by the protected variable.

[Priority Rule]   (PV stands for "protected variable)
(1) After creation of PV, all readers must wait for the first writer.
(2) When having finished to write, STARTREAD-requests are executed as long as no
write-event occurs,as well as all matching STOPREAD-requests.
(3) Whenever a WRITE-request is received by PV, it is executed after all readers have
been served accdg. to (2).

```
type PROTECTED_VARIABLE is

script (E_TYPE assert E_TYPE is type)         the creation-pattern matches type of VARIABLE.

        VARIABLE: var (all) E_TYPE,           global identifiers of type [value-of E_TYPE]
        READERS : var INT := 0;               and INT, both having var-property; if E_TYPE is
                                              bound to a script, VARIABLE claims all access-
    facet WRITER_PRIORITY is                  rights transmitted with the agent-acquaintance.

    public WRITE(E: const(all) E_TYPE)        the initial facet WRITER_PRIORITY only pro-
                                              cesses the first WRITE-event.
    operation WRITE is
            VARIABLE := E; if waiting then release fi;  enter  READER_PRIORITY
    end
    endfacet

    facet READER_PRIORITY is

    WRITER_ARRIVED: var BOOLEAN := FALSE

    public START_READ   assert WRITER_ARRIVED = FALSE,
           STOP_READ    assert READERS > 0,
           WRITE        (E: const (all) E_TYPE) assert WRITER_ARRIVED = FALSE
    private DO_WRITE(VARIABLE) assert READERS = 0

    operation START_READ  is
            READERS := READERS + 1; release VARIABLE
    end

    operation STOP_READ is  READERS := READERS - 1  end

    operation WRITE  is
            WRITER_ARRIVED := TRUE;
            if READERS = 0 then do VARIABLE := E;  if waiting then release fi;
                                   WRITER_ARRIVED := FALSE
                           od
                    else if waiting then DO_WRITE(E) with release => SELF
                                    else DO_WRITE(E) => SELF fi
            fi end
    operation DO_WRITE is if waiting then release fi; WRITER_ARRIVED := FALSE  end
    endfacet
endscript;
```

<u>4.1.1.</u> *Remarks.*

(1) The above *type* is polymorphic in the sense that for any communicable type ET,
PROTECTED VARIABLE-agents storing values of type ET can be created. We could have
easily defined another type s.t. all *agents* of this type are polymorphic in the
sense that each such agent can store values of arbitrary types. However, this raises
additional problems which are discussed with Example 4.2.

(2) Note that our only assumption about the selection of messages from the mailbox is
that selection must be fair, i.e. no message is ignored infinitely often. The
ADA-solution to the above example [ADA 79, pp. 11-12,13] explicitly depends on
assuming mailboxes to be FIFO-queues. However, this does not make any sense under
our assumption that transmission times of messages are indefinite.

(3) By default, any agent created from the script PROTECTED_VARIABLE initially is in
facet WRITER_PRIORITY. START_/STOP_READs remain in the mailbox, but the first
WRITE-event is carried out. Hence, [Priority Rule (1)] holds.

(4) In facet READER_PRIORITY: If a writer arrives when readers are still present, the
entry-assertion of WRITE only admits the first writer which causes a DO_WRITE-re-
quest of the protected variable on itself. This SELF-request is done only after
all waiting readers have been served. However, new readers are not admitted before
DO_WRITE is completed, due to the assertion WRITER_ARRIVED = FALSE guarding
START_READ. Note that "writing" in DO_WRITE is done by the entry-match.
This observation should make it easy to see that [Priority Rule (3)] is satisfied.

(5) The second ADA-solution [ADA 79, p. 11-13] is unfair to writers in the sense that
readers may come in faster than being served, and incoming writers are suspended
forever. Our solution is fair to writers, as any incoming writer only allows readers
to be served that cause START_READ-events before a WRITE-event occurs.

4.2. *Example: Generalized Dining Philosophers Problem.* We present a solution to a generalization of Dijkstra's familiar Dining Philosophers Problem. Forks are replaced with
arbitrary *tools* where a philosopher always needs two tools to work with (they may be
different kinds of tools, e.g. a fork and a spoon), and n philosophers work with n
tools in the usual set-up. We define TOOL to be a type s.t. TOOL-agents supply arbitrary operation-capabilities defined upon activation. TOOL is actually a *control abstraction* only defining the control behavior required when tools are shared in the
way forks are in the conventional Dining Philosophers Problem. Our solution is not only
much simpler and more general than any other solution we have seen so far (e.g., we do
not need an auxiliary "room-process" for synchronization as in [HOA 78]), but in addition nicely illustrates programming in terms of control abstractions.

```
type TOOL is
  script                                    this script has no creation pattern
    WAITING_USER, USER: var ?USER_TYPE;
    TAKE_ME, IS_FREE: const OPERATION
    facet A is
      public PICK_UP(USER, TAKE_ME assert TAKE_ME.type = ?USER_TYPE)
      bind PICK_UP to ?USER_TYPE
      operation PICK_UP is TAKE_ME => USER;  enter B end
    endfacet (* A *)
    facet B is
      public PICK_UP(WAITING_USER, TAKE_ME assert TAKE_ME.type = ?USER_TYPE),
             PUT_DOWN(USER, IS_FREE assert IS_FREE.type = ?USER_TYPE)
      bind   PICK_UP to ?USER_TYPE and not USER, PUT_DOWN to USER or WAITING_USER
        operation PICK_UP is  enter C  end
        operation PUT_DOWN is  IS_FREE => USER; enter A  end
    endfacet (* B *)
    facet C is
      public PUT_DOWN(USER, IS_FREE assert IS_FREE.type = ?USER_TYPE)
      bind   PUT_DOWN to not WAITING_USER
      operation PUT_DOWN is
            IS_FREE => USER;  TAKE_ME => WAITING_USER; enter B
      end
    endfacet (* C *)
  endscript;
```

```
type PHILOSOPHER is
  script (LEFT_TOOL, RIGHT_TOOL: const ?TOOL_TYPE,
          USE, FREE: const OPERATION assert *.type =?TOOL_TYPE)
    facet THINK is
      public HUNGRY none
      bind    HUNGRY to    < ... >
      operation HUNGRY is  USE(SELF, GET_ME.OWNTYPE) => RIGHT_TOOL;
          enter
          facet WAIT_FOR_RIGHT_TOOL is
            public GET_ME none
            bind   GET_ME to   RIGHT_TOOL
            operation GET_ME is  USE(SELF, GET_ME.OWNTYPE) => LEFT_TOOL;
                enter
                facet WAIT_FOR_LEFT_TOOL is
                  public GET_ME none
                  bind   GET_ME to   LEFT_TOOL
                  operation GET_ME is           (* philosopher is eating now *)
                      FREE(SELF, IS_FREE.OWNTYPE) => LEFT_TOOL;
                      FREE(SELF, IS_FREE.OWNTYPE) => RIGHT_TOOL;
                      enter
                      facet TOOL_FREE? is
                        TOOL_FREE: var INT := 0;
                        public IS_FREE none
                        bind   IS_FREE to  LEFT_TOOL or RIGHT_TOOL
                        operation IS_FREE is
                            TOOL_FREE := TOOL_FREE + 1;
                            if TOOL_FREE = 2 then
                                          do HUNGRY => SELF; enter THINK od
                            fi
                        end
                      endfacet (* TOOL_FREE? *)
                    end
                  endfacet (* WAIT_FOR_LEFT_TOOL *)
              end
          endfacet (* WAIT_FOR_RIGHT_TOOL *)
      end
    endfacet (* THINK *)
  endscript;
```

Assuming both types are locally known, an agent may create a Dining-Philosophers-Society of agents by executing the following instructions:

declarations: FORK(PICK_UP, PUT_DOWN): array(1..N) of TOOL;
                 WISE_FELLOW(HUNGRY, GET_ME, IS_FREE): array(1..N) of PHILOSOPHER;

creations: for I = 1, ...,N :   FORK(I) := new TOOL;
              for I = 1, ...,N-1:   WISE_FELLOW(I) := new PHILOSOPHER(FORK(I),
                                                       FORK(I+1), PICK_UP.TOOL,
                                                                PUT_DOWN.TOOL);
                                    WISE_FELLOW(N) := new PHILOSOPHER(FORK(1),
                                                       FORK(N), PICK_UP.TOOL,
                                                                PUT_DOWN.TOOL);

initialization: HUNGRY => WISE_FELLOW(1..N);

4.2.1. *Transmitting Operations.* The WISE_FELLOWs of Example 4.2 send those operations to FORKs that FORKs are intended to request from WISE_FELLOWs to carry out. There is an intricate problem here, arising if FORKs would only "know" about such operations by having their name. But the meaning of operations is strictly locally confined to individual agents. How can we avoid that an agent sends away an operation-request/ link giving an operation name meant to be bound to a completely different operation which accidentally carries the same name? The answer is to make sure that operation names must always be coupled with their intended meaning. This is achieved by associating operation names and scripts. The following rules prohibit execution of meaningless operation-requests/links:

[Consistency Rules for Operation Identifiers]

(1) An operation identifier opid is *known* to an agent iff opid occurs in an environment in which the definition of the type (=script) opid refers to is evaluated.

(2) The only way allowed to transmit an operation identifier in a message is to transmit an object of type OPERATION. An OPERATION-object is a pair consisting of a known operation identifier and the script the operation identifier refers to. OP = OPID.TYPEN denotes an object of type OPERATION with OP.operation = OPID and OP.type = TYPEN.

(3) An operation-request/link for an operation named opid is legal iff *either* opid is known *or* opid has been received as part of an OPERATION-object.

4.2.2. *Technical Remarks*.

(1) In facet A of TOOL, the entry-assertion of PICK_UP checks the type of the operation-object to be matched with TAKE_ME *before* TAKE_ME is bound. In fact, if the assertion fails, TAKE_ME does not get bound at all this time.

(2) The "?" prefixing ?USERTYPE and ?TOOLTYPE in TOOL resp. PHILOSOPHER indicates that both identifiers are unbound at creation time. Instead they get bound in the course of entry-matches, such as ?USERTYPE is bound to a type when carrying out the entry-match of USER in the entry-pattern of PICK_UP in facet A.

(3) Facet WAIT_FOR_RIGHT_TOOL in PHILOSOPHER is statically encapsulated into facet THINK, etc.
All capsules in PHILOSOPHER consist of one facet only. Static encasing of facets allows compilation into more efficient code.

4.2.3. *Comments*.

(1) In *creations*, the Dining Philosophers Problem is solved by creating, for any N ≥ 2, N PHILOSOPHER-agents WISE_FELLOW(1),..., WISE_FELLOW(N), and N TOOL-agents FORK(1), ..., FORK(N) s.t. identifiers LEFT_TOOL and RIGHT_TOOL of WISE_FELLOW(I) are bound to acquaintances with FORK(I) resp. FORK(I+1) for 1 ≤ I ≤ N-1, and FORK(1) resp. FORK(N) for I=N accdg. to the following agent-net:

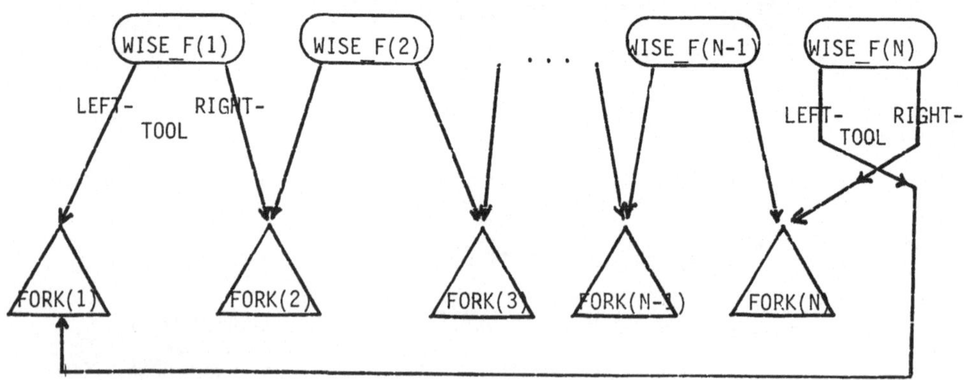

There is a systematic technique for constructing and verifying such "crystalline" control-structures (to be published elsewhere).

(2) The creator of a PHILOSOPHER/TOOL-society supplies access-rights to the members of th the society. Since the creator must not hold any access-rights himself, the TOOL-agents *withdraw* all potential access-rights from their creator by means of the bind-instructions: in TOOL, access-rights are bound to agents of ?USERTYPE. Another example is that PHILOSOPHER-agents grant the access-rights GET_ME and IS_FREE only to tools in use. The access-right HUNGRY may be bound to whoever is to be authorized to make a PHILOSOPHER feel hungry.

5. Justification and Comparisons

This section is devoted to justifying some of our assumptions and design decisions, and to compare them with approaches in other languages.

5.1. *Basic Assumptions of the Model.* Among the basic assumptions our computational model is built upon, the following appear to be of special importance:
(1) Agents never share memory. The only objects shared among agents are agents.
(2) Transmission of messages takes an indefinite, but finite and positive amount of time.
(3) Systems of agents may change dynamically throughout a concurrent computation.

Assumption (1) is motivated by our interest in multi-computer systems.Assumption (2) allows to disregard differences in hardware realizations of communication mechanisms at the level of programming which we think is imperative for a higher programming language. Apart from dynamics arising in many applications, assumption (3) arises when some agents are human participants in an interactive system. Our current sequential CSSA-system heavily supports interactive dialogues, and we intend to include many such features in future versions for multi-computers.

5.2. *Agents and Communicating Sequential Processes.* There is a fundamental difference between agents and sequential processes in CSP, ADA, PLITS, and related languages: *Sequential processes* are denoted by sequential programs terminating after finite time unless they contain infinite loops. In particular, send-/receive-instructions are executed sequentially, repeated only if they are part of a loop.
Agents provide *definitions of operation-capabilities,* and execute operations accordingly upon receiving appropriate messages. Agents do not terminate. Agents may destruct themselves, but this is quite different from terminating sequential processes.

A closed system of agents has *terminated* iff there are no more messages to be processed and no agent is busy. It is an intriguing and non-trivial problem to detect that an society of agents has terminated.

5.3. *Facetting.* Facetting is a mechanism for constructing control abstractions. The following observations provide additional motivation:
(1) Agents may have a different behavior in different "situations", such as situations "reader-priority" and "writer-priority" in Example 4.1. At a given instance of time, such an agent only provides an incomplete portion (=facet) of operation-capabilities. Facets allow to clearly structure changing behavior in changing "situations".Often such situations arise dynamically so that (a) facets should be created dynamically, and (b) transitions between facets are done dynamically.
(2) The objective for synchronizing agents is to prohibit agents from processing messages when they are in a "situation" not suitable for doing this. Facetting can be used as a *synchronization mechanism* which has turned out to crucially simplify methods for proving properties about systems of agents.
(3) Scripts implement *multi-facetted data/control abstractions.* The current method (e.g. [GOG 77]) for treating exceptions in data abstractions consists in returning specific "error elements" whenever an operation is applied illegally (such as in pop(emptystack) = underflow). This is too restricted for explaining exception-handlers. In CSSA, an empty-stack-agent is a stack-agent being in its "empty-" facet, where the POP-operation-capability is defined differently from POP in other facets to treat the pop(emptystack)-exception appropriately.
(4) When entering a new facet, an agent suspends access-rights to operations not provided in the new facet.

The only language providing a mechanism distantly similar to facetting is ADA. However, except for entering textually ordered resp. nested "facets" (<u>select</u>-instructions), dynamic transitions between ADA-"facets" are not possible.

5.4. *Protecting Operations and Access-Rights.* Consider an agent A sends away an operation-identifier opid of an operation-capability of agent B to a third agent C s.t. C may now request B to carry out the corresponding operation. We may assume that agent A correctly associates the symbol opid with the respective operation-capability of B,

as defined in the script of B. But how can we be sure that C associates the intended
operation capability with opid? E.g., C may have obtained the same symbol referring
to different operation-capabilities which happen to be named identically. "Knowing"
an operation-capability requires more than merely being in possession of a symbol.
In other languages, this problem either remains unsolved, or identifiers corresponding
to our operation-identifiers always remain within a hierarchical binding scope (as
e.g. in ADA and PLITS). In CSSA, the restrictions mentioned in Section 4.2.1 prohibit
meaningless use of access-rights by enforcing that operation-identifiers are always
associated with the type-definition they refer to.

Access-right administration in CSSA allows to
(1) give specific access-rights to specific agents: Statically by listing access-rights
    in declarations, and dynamically by sending messages with agent-acquaintances.
(2) withdraw access-rights from agents: (a) Facetting withdraws all access-rights to
    the current facet for all agents holding any access-rights at all; (b) the <u>bind</u>-
    mechanism allows an agent to withdraw specific access-rights on itself from specific
    agents as well as systems of agents.
(3) extend access-rights: By sending agent-acquaintances with extended access-rights.
These features are illustrated by the examples of Section 4.

5.5. *Handshaking vs. Operation Request.* Communication by handshaking -done by operation-links in CSSA- has several disadvantages:
(1) The sending agent is suspended until it has received a reply. This is especially
    desastrous if no reply is received at all due to a receiver executing an operation
    without fulfilling or passing its <u>release</u>-obligation, or <u>release</u>-obligations are
    infinitely passed around without ever being fulfilled.
(2) Handshaking requires a large amount of communication (see [KS 79]).
(3) Handshaking may lead to deadlocks if a <u>release</u>-obligation can only be fulfilled as
    result of an action caused by the suspended operation that is waiting for a
    <u>release</u>-message (see [KS 79]).

It is asserted in [ADA 79, Sect. 11.4.9] that "it is much more difficult to program a rendezvous in terms of non-rendzvous primitives than vice versa". We disagree
and contend that simulating non-rendezvous in terms of rendezvous-communication is
rather complicated. Actually, at the level of implementation, operation-links dissolve
into operation-requests. Since operation-links turned out to be very useful constructs
for program-development, despite the above disadvantages *both* operation-requests and
-links are included in CSSA.

Note that communication by operation-requests results in more parallelism, as a
sending operation continues its computation as soon as the message has been received
by the communication network. On the receiving side, an agent is not unduly delayed in
an operation-link, as the <u>release</u>-instruction is nothing but an operation-request.

5.6. *Mailbox vs. FIFO-Queues.* In ADA, each <u>accept</u>-instruction for receiving messages
is associated with a FIFO-queue for storing incoming messages in the order of arrival.
In CSSA, each agent maintains a single mailbox. We only assume that removing messages
from the mailbox is done fairly so that even the order of arrival is not known. It is
therefore interesting to compare Example 4.1 with the ADA-solutions to the same problem
in [ADA 79, pp. 11-12,13]:
(1) Both ADA-solutions make use of the FIFO-structure of message-queues for each
    <u>accept</u>-instruction. Only 1 mailbox is used by the CSSA-agent, and only fairness
    of selecting messages from the mailbox is assumed.
(2) In ADA, the length of message-queues can be inspected. The number of waiting mes-
    sages is meaningless in CSSA (except if there is none), but waiting messages can
    be inspected in entry-assertions.
(3) The problem that a reader aborts before sending a STOP_READ-message is intrinsic
    for distributed systems of independent processes and not solved in the second
    ADA-solution. The same problem arises in our solution if a reader aborts after
    having sent away a START_READ-message. Solving this problem requires a central
    monitoring device which violates the assumptions made about our computatinal model.
(4) The second, supposedly correct ADA-solution is unfair to writers if readers come
    in faster than they are served. This is because the ADA-task only processes mes-

sages from the START READ-queue and ignores those in the WRITE-queue.
(5) Assuming the same mechanism for message transmission, our solution allows more
computations be done in parallel than both ADA-solutions.

5.7. *Interactive Facilities*. In CSSA-implementations, users are to reside with various
I/O-devices on micro-processors which conceptually are nothing but specific agents
(*interface agents*) with a dynamic script (incrementally supplied by the user). A subnet
of *utility agents* provides extensive user-support for interactive and/or automatic
exception handling, protocolling (incl. editing and tracing), BREAK-facilities, file-
handling (incl. script-libraries and expert-nets), etc. Although this exceeds scope
and intention of this paper, it is interesting to observe that the language design
leads to implement such utilities at the language level, and not to push the implementation back into a supporting operating system.

6. *Concluding Remarks*.

As far as we know, CSSA is the first programming language for dynamic systems of
concurrent agents communicating by message passing that satisfies assumptions (1)-(5)
of Section 1 about our computational model. CSSA supports programming in terms of
data and control abstractions. Facetting agents and dynamic access-right administration
are innovations for programming languages which are useful for protecting agents from
unwanted operation requests, synchronization, exception handling, and construction
and verification methods for systems of agents.

This paper provides an informal introduction as well as justifications for those
mechanisms of CSSA that affect concurrent computation. To some extent, they are orthogonal to the way sequential computations are done in individual agents. CSSA provides
sequential constructs as they are familiar from standard programming languages.

Although CSSA supports a high level abstraction, early experiences beyond well-
posed toy examples suggest that even this level is too low for developing systems with
many agents of many different types. Developing design methods and associated language
mechanisms supporting a higher abstraction-level appears to be a major open problem
in this area.

7. *References*

1. [ADA 79] Rationale for the Design of the ADA Programming Language.
             J.D. Ichbiah et al. SIGPLAN Notices:14.6(June 79), part B.

2. [CSSA-1] Böhm, H.P., H.L. Fischer, P. Raulefs. CSSA:Language Design and
             Programming Methodology. Proc. Symp. on AI&PL(Rochester 1977).
             SIGPLAN Notices:12.8(1977).

3. [CSSA-2] Fischer, H.L. A Defining VDL-Machine for CSSA. Memo SEKI-77-02,
             Inst. f. Informatik III, Bonn Univ., 1977 (in German).

4. [CSSA-3] Böhm, H.P. Denotational Semantics of CSSA. Memo SEKI-77-03,
             Inst. f. Informatik III, Bonn Univ., 1977.

5. [CSSA-4] Böhm, H.P., H.L. Fischer, P. Raulefs. Dialogues in Actor-Nets.
             SEKI-77-04/Proc. AISB-GI Conf. on Artificial Intell., 1978.

6. [CSSA-5] Augenstein, B. An INTERLISP-Interpreter for CSSA. Memo SEKI-BN-79-01,
             Inst. f. Informatik III, Bonn Univ., 1979 (in German).

7. [CSSA-6] Glücker, R. An INTERLISP-Compiler for CSSA. Memo SEKI-BN-79-02,
             Inst. f. Informatik III, Bonn Univ., 1979 (in German).

8. [CSSA-7] Pein, W. Interactive Exception-Handling in CSSA. Memo SEKI-BN-79-03,
             Inst. f. Informatik III, Bonn Univ., 1979 (in German).

9. [CSSA-8] Fischer, H.L. A CSSA Primer. Memo SEKI-BN-79-05,
             Inst. f. Informatik III, Bonn Univ., 1979.

10. [CSSA-9] Ziegler, P. The Interactive User-Interface to the CSSA-System.
             Memo SEKI-BN-79-08, Inst. f. Informatik III, Bonn Univ., 1979 (in German).

11. [FEL 79] Feldman, J.A. High Level Programming for Distributed Computing.
CACM:21.11(June 79)353-368.

12. [GOG 77] Goguen, J. Abstract Errors for Abstract Data Types. Proc. IFIP Working
Conf. on Formal Description of Programming Concepts(St.Andrews 77)491-526.

13. [HOA 78] Hoare, C.A.R. Communicating Sequential Processes. CACM:21.8(Aug.78)666-677.

14. [LSW 76] London, R., M. Shaw, W.M. Wulf. An informal definition of Alphard.
Tech. Rept., Dept. of Comp. Sci., Carnegie-Mellon U (1976).

15. [LZ 74] Liskov, B., S. Zilles. Programming with abstract data types. Proc. ACM-
SIGPLAN Symp. Very High Level Languages. SIGPLAN Notices:9(74)50-59.

16. [KS 79] Kieburtz, R., A. Silberschatz. Comments on "Communicating Sequential
Processes". ACM TOPLAS:1.2(Oct. 1979)218-225.

17. [WIR 76] Wirth, N. Modula, A language for modular programming. Rept. No. 18
(March 78), ETH Zürich.

18. [BH 78] Brinch Hansen, P. Distributed processes: A Concurrent Programming
Concept. CACM:21.11(Nov. 1978)934-941.

OPTRAN, A LANGUAGE FOR THE SPECIFICATION OF PROGRAM TRANSFORMATIONS *

Ingrid Glasner, Ulrich Möncke, Reinhard Wilhelm
Fachbereich 10 - Informatik
Universität des Saarlandes
6600 Saarbrücken

ZUSAMMENFASSUNG: Die Programmiersprache OPTRAN wurde entwickelt zur Beschreibung von Programmtransformationen. Die zu transformierenden Programme werden dargestellt als attributierte Programmbäume, wie es in automatisch erzeugten Mehrlauf-Übersetzern, z.B. MUG2, üblich ist. OPTRAN basiert auf den attributierten Transformationsgrammatiken, bietet jedoch einige Erweiterungen zur Kompaktifizierung der Darstellung, zur Effizienzsteigerung der generierten Transformatoren und zur Beschreibung der Kooperation zwischen mehreren Transformationsläufen.

ABSTRACT: The programming language OPTRAN has been developed as a tool for the description of program transformations. The intermediate form of programs to be transformed is the attributed program tree, as·existing in many automatically generated multi-pass compilers, e.g. MUG2. OPTRAN is based on attributed transformational grammars, but extends these to achieve more compact descriptions, more efficient transformers, and an adequate cooperation of several transformation passes.

INTRODUCTION: The current trend towards modular programming and high-level data types has made code optimization an important area of research. There exist catalogues of machine-independent optimizing program transformations (Lov 76, Sta 76) which provide interesting examples for the compiler writer, but they do not offer a uniform description tool which could serve as basis for the automatic generation of efficient tree transformers or for supporting the user in some sort of correctness check.

Therefore, OPTRAN has been designed as a formal means for describing transformations on programs represented as attributed program trees (APTs). An APT is a sort of abstract syntax tree with semantic information attached to the nodes; it is the intermediate program form in a multipass compiler generated by the MUG2-system (GRW 77, Gie 79). Some definitions concerning attributed trees are given in section 1 of this paper.

* This research was carried out within the DFG-project "Manipulation attributierter Bäume".

Program transformations, thus being tree transformations, may be described by attributed transformational grammars (AT-grammars) (Wil 74). This formalism, presented in section 2, allows the formulation of syntactic as well as semantic applicability restrictions, which can be checked by an automatically generated tree analyzer (Kro 75, Mön 77).

The concept of AT-grammar has been extended for use in OPTRAN in several ways. A restricted form of nonlocal transformation rules are introduced in section 3 in order to allow concise formulation of subtree transports. Section 4 shows how the user may formulate control information specifying interaction and data flow between AT-grammars.

It should be mentioned that in the design of OPTRAN, we have had to cope with problems raised by the need for updating of semantic information after a transformation. Unfortunately, it is not generally decidable at compiler generating time whether a transformation puts the tree out of the original tree language. Therefore some attributes needed for the reevaluation of an attribute at a node in the transformed tree may be not defined at the now adjacent nodes. If the underlying storage allocation for attributes is determined at compiler generating time as proposed by (Gan 79a), the attempt to access those attributes may yield incorrect results.

Nevertheless, by imposing constraints upon the transformation rules, sufficient criteria for the safety of attribute reevaluation can be found for which a construction time check is possible. This will be treated in more detail in a subsequent paper.

1. ATTRIBUTED TREES

1.1 Trees and templates

We will first introduce (attribute-free) trees as used in MUG2. Trees are rooted, ordered, and labeled. Each node in an (*operator*) *tree* is labeled with a symbol from a finite alphabet OP of *operators*. An operator op has a fixed arity g(op). For $0 \leq i \leq g(op)$, op.i denotes the i-th *operand* of op.

Let X be an alphabet of (*tree*) *parameters*, disjoint from OP. A (*tree*) *template* is a tree, except that leaves may be labelled with parameters.

By substituting operator trees for all parameter nodes in a template, an *instance* of the template is constructed. A template is said to *match* all its instances.

E x a m p l e :

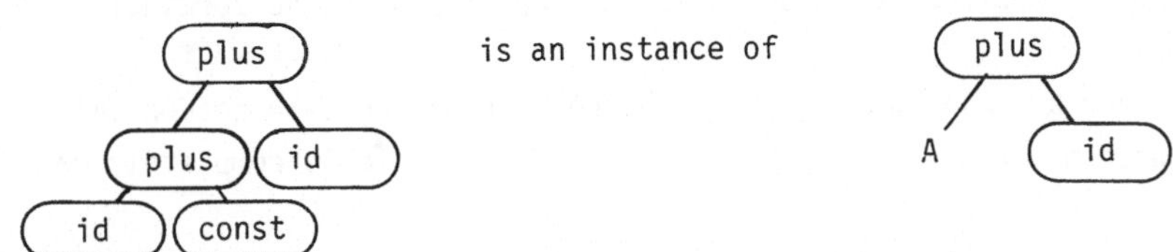

The following linear notation for trees is used in OPTRAN: a parent together with the sequence of its children, which may be trees, is enclosed in <,>-brackets. Operators are enclosed in quotes.

E x a m p l e :

The above trees written in OPTRAN are

<'plus', <'plus', 'id', 'const'>, 'id'>

and <'plus', A, 'id'>

1.2 <u>String-to-tree-grammars</u>

The user of MUG2 himself may determine the intermediate program representation between compiler passes by writing down a *string-to-tree grammar (STTG)*. A STTG for a language L defines the syntactic structure (context-free) of L-programs together with their translation into trees.

The productions of a STTG consist of a *string part* (a context-free production), and a *tree part* (a template).

Parameters in the tree part must correspond to nonterminals in the string part, operators in the tree part may correspond to terminals in the string part. This correspondence is expressed by augmenting node labels with position prefixes, indicating the position of the corresponding syntactic symbol in the string part.

E x a m p l e :

ASSIGNMENT : id,':=',EXPR

⇒ <'assign',1:'target',3:SOURCE>

A parameter may also correspond to a nonterminal by identical names.

E x a m p l e :

PROGRAM : STATS ⇒ <'prog',STATS>

When a production of the STTG is applied, the tree part is constructed with each parameter substituted by the subtree constructed for the corresponding nonterminal.

As an example, a STTG for a small language BJ is given, containing only sequential flow, conditional statements and while-loops (BöJ 66). The example is completely described in (Wil 79).

PROGRAM: STATS $\Rightarrow$ <'prog',STATS>.

STATS: STATS,';',STAT $\Rightarrow$ <'sep',STATS,STAT>.

STATS: STAT $\Rightarrow$ <STAT>.

STAT: ASSIGNMENT $\Rightarrow$ <ASSIGNMENT>.

STAT: IFSTAT $\Rightarrow$ <IFSTAT>.

STAT: WHILESTAT $\Rightarrow$ <WHILESTAT>.

ASSIGNMENT: id,':=',EXPR $\Rightarrow$ <'assign',1:'target',3:SOURCE>.

IFSTAT: if, BEXPR, then, STATS, else, STATS, fi

$\Rightarrow$ <'if',2:IFCONDITION,4: TRUEPART,6: FALSEPART>.

WHILESTAT: while, BEXPR, do, STATS, od

$\Rightarrow$ <'while',2: WHILECONDITION,4: BODY>.

BEXPR: EXPR,'=',EXPR $\Rightarrow$ <'equal',1: EXPR,3: EXPR>.

EXPR: SIMPLOPD.

EXPR: EXPR,'+',SIMPLOPD $\Rightarrow$ <'plus', EXPR, SIMPLOPD>.

SIMPLOPD: id $\Rightarrow$ <'id'>.

SIMPLOPD: const $\Rightarrow$ <'const'>.

1.3 Attributes

In MUG2, semantic information (e.g. declaration information, data flow) is handled as *attributes* of the program tree. With each operator, a finite set of attributes is associated, instances of which are attached to each node of the program tree labeled with this operator.

Attributes may be *inherited* or *derived* (synthesized) as in (Knu 68), i.e. propagated either downwards or upwards in the tree. Each attribute evaluation pass is realized as a left-to-right (or right-to-left) tree traversal. However, the tree transformation mechanism described in this paper is independent of the attribute evaluation restrictions of MUG2.

Attribute evaluation rules *(AE-rules)* specify locally for each operator how the inherited attributes of its operands and its own derived attributes are calculated from its own inherited attributes and the derived attributes of its operands.

ADELE, a language based on the formal concept of modified attribute grammars (Gan 74), is the MUG2 description tool for attribute declarations and attribute evaluation rules (Gan 79b).

As an example demonstrating some of the language concepts, we shall describe in ADELE how fundamental data flow information about BJ-programs is collected in attributes.

The method used for global data flow analysis is an adaptation of the high level flow analysis method of Rosen (Ros 77), which makes use of the semantics of the control constructs instead of regarding them as translated into an explicit branching structure.

E x a m p l e :   For each statement α and each variable x in a program, we define three "flow bits":

$$\text{mod}\ (\alpha,x) = 1 \quad \text{iff the value of } x \text{ may be}$$
modified by execution of statement α ,
$$\text{use}\ (\alpha,x) = 1 \quad \text{iff the value possessed by } x$$
upon entry to α may be *used* when
statement α is executed,
$$\text{pre}\ (\alpha,x) = 1 \quad \text{iff the value of } x \text{ may be}$$
preserved when statement α is executed.

Bitvectors will be used to collect any one of the three flow bits for all program variables; they are indexed by the unique number attached to each identifier as standard attribute *idno*, set by the lexical analyzer.

Now parts of an ADELE program doing global data flow analysis for BJ-programs are given.

<u>derived</u> use : <u>bitvector</u>;

The attribute declaration specifies type and direction of an attribute. Which operators the attribute is to be associated with is determined from the AE-rules.
(Note that the user may declare new types, e.g. *symboltable*.)

<u>function</u> *init-to-one* (<u>integer</u>) : <u>bitvector</u> <u>is</u> <u>pascal</u>;

A routine creating an all-zero bitvector with only the given position set to one is written by the user in PASCAL.

<u>opclass</u> ops : plus, equal;

Operators with some identical AE-rules are grouped into classes to reduce size and redundancy of the description.

Some AE-rules:

        use <u>of</u> const := *zero;*   (returns an all-zero bitvector)
        use <u>of</u> id   := *init-to-one* (idno <u>of</u> id);
        use <u>of</u> ops   := *vel* (use <u>of</u> ops.1,use <u>of</u> ops.2);
        use <u>of</u> assign := use <u>of</u> assign.2;
        use <u>of</u> sep   := *vel* (use <u>of</u> sep.1,*et* (use <u>of</u> sep.2,pre <u>of</u> sep.1));

2. LOCAL TRANSFORMATIONS

For describing transformations on attributed trees, *attributed transformational grammars (AT-grammars)* as proposed in (Wil 74) are an adequate formalism. This formal concept is the basis for OPTRAN. It extends the transformational grammars of deRemer (deR 74) and the subtree replacement systems of Rosen (Ros 73) by allowing the formulation of applicability restrictions beyond the purely syntactic match.

An AT-grammar is a set of *attributed transformation rules (AT-rules)*. An AT-rule is a quadruple (I,O,P,F) where

- I and O are attributed tree templates such that
  all parameters occuring in O occur also in I, called
  the *input template* and *output template,* respectively,

- P is a predicate on attributes of I, called *enabling condition,*

- F is a function from attributes of I to attributes of O, called
  explicit attribute computation rule.

  (P and/or F may be void.)

Here, "attributes of I" is short for "attributes of operator nodes and parameter nodes in I"; those nodes are called *accessible* for execution of the rule. Accessible nodes may be uniquely referenced by their label, possibly augmented by an index to distinguish operators occuring more than once.

An AT-rule (I,O,P,F) is *applicable* at a node n in an attributed tree t, if I matches
the subtree I' of t with root n, and if P on the attribute values of I' evaluates to
<u>true</u>.
Application of the rule means that those subtrees of I' which stand for parameters
of I are substituted for the corresponding parameters of O, and that the instance O'
of O thus created replaces I' in the surrounding tree t; furthermore, F is applied
to compute attribute values of O' from attribute values in I'.

In OPTRAN, an AT-rule (I,O,P,F) is written as

<u>transform</u> I <u>if</u> P <u>into</u> O <u>apply</u> F <u>fi</u>

E x a m p l e :

<u>transform</u> <'plus','const'[1],'const'[2]> <u>into</u> <const>
<u>apply</u> cvalue <u>of</u> const := *plus* (cvalue <u>of</u> const[1],
                                  cvalue <u>of</u> const[2])

This AT-rule describes the compile time evaluation of constant expressions. (The value of a constant is attached to it as standard attribute cvalue computed during lexical analysis.) No enabling condition is given.

Attributes of an operator node in the output template for which there is no corresponding explicit computation rule are evaluated according to the AF-rules already
given for initial evaluation of these attributes. If no such AE-rules exist (e.g. for
attributes normally set by the scanner), there must be a node in the input template
bearing the same (indexed) label, whose corresponding attribute values are taken over
unchanged. This means, that attributes in the transformed tree may be evaluated in
three different ways, firstly, by applying an explicit attribute computation rule,
second, by using the given AE-rules, and third, by transfering attribute values unchanged into the transformed tree.
Remind that in either case consistency of attribute recomputation has to be checked.

AT-rules where input template and output template are identical (i.e. AT-rules which
effect only evaluation of attributes depending on a larger tree context than usual)
are written in OPTRAN as

<u>at</u> I <u>if</u> P <u>apply</u> F <u>fi</u>

In order to reduce the size of an AT-grammar, OPTRAN allows the fusion of AT-rules
with the same input template. The user may write

132

$$\underline{\text{transform}} \ \ I \ \ \underline{\text{if}} \ \ P_1 \ \ \underline{\text{into}} \ \ 0_1 \ \ \underline{\text{apply}} \ \ F_1$$

$$\underline{\text{elsif}} \ \ P_2 \ \ \underline{\text{into}} \ \ 0_2 \ \ \underline{\text{apply}} \ \ F_2$$

$$\vdots$$

$$\underline{\text{elsif}} \ \ P_n \ \ \underline{\text{into}} \ \ 0_n \ \ \underline{\text{apply}} \ \ F_n \ \ \underline{\text{fi}}$$

instead of n rules with input template I.

If predicate P_n is just the negation of P_1 $\underline{\text{or}}$ P_2 $\underline{\text{or}}$ ... $\underline{\text{or}}$ P_{n-1} ,
"$\underline{\text{elsif}} \ P_n$" may be replaced by "$\underline{\text{else}}$".

As an example, an AT-grammar written in OPTRAN is given doing non-iterative constant
propagation for BJ-programs. Iteration over while-loops is made unnecessary by using
the data flow information described in section 1.3: When we start processing a loop,
those variables which may be modified inside the loop are eliminated from the pool of
available constant variables (by a function *not-mod-vars*).

We use attributes *i-pool* (inherited) and *d-pool* (derived) which are sets of pairs
(idno,constant value) representing the identifiers known to be constant at entry to
or exit from a node, respectively.

The following AE-rules for i-pool and d-pool are given:

```
i-pool of prog.1            := empty-set;
i-pool of sep.STATS         := i-pool of sep;
i-pool of sep.STAT          := d-pool of sep.STATS;
d-pool of sep               := d-pool of sep.STAT;

i-pool of IFCONDITION       := i-pool of if;
i-pool of TRUEPART          := i-pool of if;
i-pool of FALSEPART         := i-pool of if;
d-pool of if                := intersect (d-pool of TRUEPART, d-pool of FALSEPART)

i-pool of WHILECONDITION := not-mod-vars (i-pool of while, mod of while);
i-pool of BODY              := not-mod-vars (i-pool of while, mod of while);
d-pool of while             := not-mod-vars (i-pool of while, mod of while);

i-pool of SOURCE            := i-pool of assign;
i-pool of ops.1             := i-pool of ops;
i-pool of ops.2             := i-pool of ops;
```

Now the AT-rules for constant propagation are given. Functions *is-element*, *find* etc.
on attributes are self-explanatory.

```
C1:    transform <'id'>
          if is-element (idno of id, i-pool of id) into <'const'>
            apply cvalue of const := find (idno of id, i-pool of id)
          fi;


C2:    transform <'plus', 'const'[1], 'const'[2]> into <'const'>
            apply cvalue of const := plus (cvalue of const[1], cvalue of const[2]);


C3:    transform <'if', <'equal', 'const'[1], 'const'[2]>,S1,S2>
          if cvalue of const[1] = cvalue of const[2] into <S1>
          else into <S2>
          fi;


C4:    transform <'while' <'equal', 'const'[1], 'const'[2]>,B>
          if cvalue of const[1] = cvalue of const[2]
            into <'warning', <'do',B>>
            apply mod of warning := mod of while;
              pre of warning := pre of while.2;
              use of warning := use of while.2;
              error ("constantly true while condition")
          else
            into <'warning', 'noop'>
            apply mod of warning := 0;
              pre of warning      := 1;
              use of warning      := 0;
              error ("constantly false while condition")
          fi;


C5:    at <'assign', 'target', 'const'>
            apply d-pool of assign := insert (i-pool of assign,idno of target,
                                                       cvalue of const)
C6:    at <'assign', 'target', 'id'>
            apply d-pool of assign := delete (i-pool of assign,idno of target)


C7:    at <'assign', 'target', <'plus' E1, E2>>
            apply d-pool of assign := delete (i-pool of assign,idno of target)
```

These transformation rules should be tried in a bottom up way, in order to fold maximal constant subexpressions.

Note that application of rule C4 will put the tree out of the tree language described by the string-to-tree grammar. Special attribute evaluation rules have to be given for the new node label "warning". Problems of attribution for changing tree languages will be treated in another article.

3. NONLOCAL TRANSFORMATIONS

A common type of optimizing transformations is the shifting of code out of language constructs such as loops, blocks, and conditional statements. Other transformations, e.g. elimination of procedure calls, require fetching code from distant parts of the program. Performing such code motion using only AT-rules with local effect as presented in the previous section is awkward, since it generally requires several applications of rules for just one transport.

Therefore, OPTRAN provides *combined AT-rules* for concise formulation of subtree transport. These rules require attributes of type <u>link</u> which are pointers to nodes in the program tree bearing a certain label.

3.1 <u>Link attributes</u>

There are two different kinds of link attributes. An attribute declaration of the first kind is of the form

$$\underline{\text{implicit}} \quad op_1,\ldots,op_n - \underline{\text{link}} \quad x \qquad (n \geq 1)$$

With $op_1,\ldots,op_n$ being operators, x an identifier.

This means that an attribute called x is associated with each node in the program tree, pointing to the next enclosing node labeled with one of $op_1,\ldots,op_n$ or to <u>nil</u> if no such node exists. Reference to node is an ADELE standard type.

E x a m p l e :   The declarations

<u>implicit</u> while - <u>link</u> looproot

and   <u>implicit</u> begin - <u>link</u> surrblock

establish pointers to the beginning of the next enclosing while-loop and block, respectively.

Correct setting (and resetting, if necessary after a transformation) of implicit links is done by the system without any further information to be given by the user.

For establishing connections between nodes which do not fit into the concept of "next enclosing", there is another kind of link attribute, the *explicit* links, but for these the user himself has to provide the necessary attribute evaluation and recomputation rules.

If, for example, the user wants to make the root of a procedure declaration accessible from each call to this procedure, he may declare an attribute

<u>derived</u> <u>explicit</u> proc - <u>link</u> pdeclar

and give a corresponding AE-rule, e.g.

pdeclar <u>of</u> call := *lookup-procdec* (idno of call.1,
surrblock <u>of</u> call).

The *target* (i.e., the node pointed to) of an explicit link attribute can be defined
by usual attribute (re)evaluation rules where link attributes as well as other attributes of accessible nodes may occur as arguments. But there are also special computation
rules for explicit link attributes, whose right side is of the form <u>ref</u>(n) with n being
a reference to an accessible node, making this node the current link target.

3.2 Combined rules

Combined AT-rules (CAT-rules) consist of a *local* AT-rule and one or more *global* rules;
furthermore, a link attribute - called *connector* - of a node accessible via the local
input template, and a node, called *connected node*, in each of the global input templates, are distinguished. Figure 1 illustrates the principle of combined transformations.

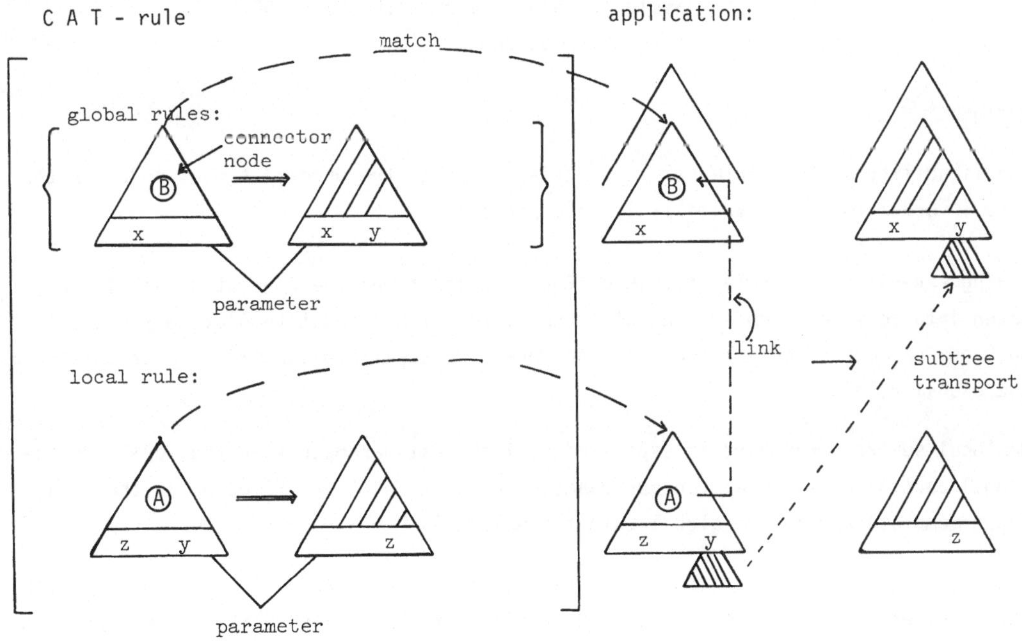

<u>implicit</u>	B-link	B-pointer
<u>connector</u>	B-pointer <u>of</u> A	
<u>connode</u>	B	

Figure 1

A CAT-rule is *applicable* at a node n iff the local rule is applicable at n <u>and</u> one of the global rules is applicable at the node n' chosen such that the target of the connector is matched by the connected node in the global input template. (If the connected node is a parameter, the target of the connector must be the root of the subtree matched by the connected node.)

Applicability of the local rule is tested first; choosing one of the global rules for application is done in the way described in section 4.1.

As an example, consider the following CAT-rule shifting expressions which are invariant in a while-loop out of the loop.

```
combine local transform <'plus', E1, E2>
                if use of plus et mod of deref (looproot of plus) = 0
                into <'id'>
                apply idno of id := maxidno +:= 1 fi

        connector looproot of plus

        global transform <LOOP>
                connode    LOOP
                into <'sep',<'assign','target',<'plus',E1,E2>>,LOOP>
                apply idno of target := maxidno


endcomb
```

(Applicability of this rule has to be tried first at the uppermost plus-nodes in the loop in order to shift maximally large expressions.)

Giving several global rules allows different contexts of the connected node to be taken into consideration. On the other hand, the global input template may consist of only one parameter node if there are no more structural applicability restrictions for the global rule.

Nonlocal subtree transport is expressed by identical parameters in the local and the global part of a CAT-rule. (In our example, parameters E1 and E2 occur in the local input template and in the global output template.)

But also semantic information may be transported: Attributes of nodes accessible for the local or a global rule may be used in either recomputation part, so recomputation is done jointly for the local rule and each of the global rules.

There is another nontrivial way of using link attributes which is demonstrated by the above example, namely nonlocal attribute reference:

In each place where attributes of accessible nodes may be used, we allow usage of attributes associated with targets of link attributes of accessible nodes. These attributes are referenced by

$$\alpha \text{ } \underline{\text{of}} \text{ } \underline{\text{deref}} \text{ } (\lambda \text{ } \underline{\text{of}} \text{ } n)$$

where α is the name of the desired attribute, λ is the name of the link attribute, and n is the (indexed) label of the accessible node.

4. COORDINATION OF TRANSFORMATIONS

4.1. Execution of AT-grammars

(In this section, let "AT-grammar" denote a set of AT-rules as well as CAT-rules, with "input template" referring, for CAT-rules, to the local input template.)

At a given node in the program tree, the rules in an AT-grammar are tried for applicability in an order based on overlap relations between their input templates.

Let a partial order between templates be defined in the following way (Kro 75): Template T1 is *more specific* than template T2 iff the set of instances of T1 is properly contained in the set of instances of T2.

This partial order cannot be generalized to AT-rules, since a test for unrestricted predicates as to which is more specific as the other would be needed. The user can indicate the preference of conflicting rules, if the structure of the input templates is incomparable in the above partial order.

We may define a <u>total</u> ordering on a given AT-grammar by saying that rule R1 *dominates* rule R2 iff either the input template of R1 is more specific than the input template of R2, or none of input templates is more specific than the other and R1 textually precedes R2.

Now the rules of an AT-grammar are tried for applicability in the order of descending dominance, and the first rule found to be applicable is applied. Choosing the node where a rule may be applied next is done according to the *strategy* given by the user which specifies *vertical* and *horizontal* priority. The vertical priority may be either top down (TD) or bottom up (BU), optionally augmented with additional monotonicity restrictions of the kind described in (Kro 75). The horizontal priority, which is relevant because of attribute dependencies in the program tree, may be either left-to-right (LR) or right-to-left (RL). For example, for the constant propagation-AT-grammar given in section 2, an appropriate strategy would be TDLR.

A *transformation unit (T-unit)* consists of an AT-grammar augmented by a strategy, an attribute specification part (cf. section 4.3) plus AE-rules for the newly declared attributes, and the introduction of new operators (for which their arity and corresponding AE-rules are given). The whole T-unit is bracketed by begin - end.

4.2 Activating transformation units

In the whole process of optimization of a program, some optimizing transformations (e.g. constant propagation) may be profitable more than once. Therefore we allow multiple use of T-units by introducing *transformation procedures* (T-procedures) which are declared and activated separately.

The body of a T-procedure is a transformation sequence, i.e. a sequence of T-units and calls to other procedures, separated by semicolons. Each T-procedure is given a name by which it may be called. It may be parameterized to make its execution be directed by the context of the call.

E x a m p l e :   We augment the string-to-tree grammar for BJ with the following
                  two productions:

STAT : FORSTAT ⇒ <FORSTAT>.
FORSTAT : for,id,':=',EXPR,step,EXPR,until,EXPR,do,STATS,od
  ⇒ <'for',<'assign',2:'target',4:INITEXPR>,
          <'incr',2:'target',6:STEPEXPR>,
          <'test',2:'id',8:TESTEXPR>,10:BODY>.

Now a procedure doing optimization of nested for-loops is introduced by the following declaration:

proc LOOPOPT :
  seq begin strategy BULR,
          at <for,INIT,<'incr','target',EXPR>,TEST,BODY>
          if mod of for et use of incr = 0
          call REDUCESTRENGTH (idno of target) root for
      end;
      call MOVINVEXPR;
      call ELIM_REDEXPR
  qes

(Explanation: If in the body of a loop "for i := E1 step E2 until E3 do S od" loop-variable i and step expression E2 are invariant, reduction in operator strength may be done: Array references of the form A[i*B+C] (where B and C are loop-invariant expressions) are replaced by val H, with H being a new pointer variable which is initialized before loop entry to the address A[E1*B+C] and incremented by E2*B*L (L =

length of array elements).

Since strategy BULR is chosen, reduction in strength is done first for the innermost for-loop. Initialization and incrementation of the new variables may contain expressions invariant in the enclosing loop which are shifted outside by procedure MOVINVEXPR. Replacing several references to one array in the same loop yields redundant expressions to be eliminated by ELIMREDEXPR.)

T-procedures are in general not to be executed on the whole program tree, but on different subtrees for different calls, the *ranges* of the calls.

Upon call to a procedure, the T-units and procedure calls in its body are executed one after another, each working on the whole range of this procedure call. (Note that execution of a T-unit terminates when no longer one of its rules is applicable.)

Now T-procedures may be called not only between T-units, in a transformation sequence but also from within a T-unit. In this case, the procedure call must be pattern-directed, i.e. its execution must be submitted to applicability restrictions expressed by a template and an enabling condition, like execution of AT-rules.

E x a m p l e :

> at <sep, <for,A,B,C, <for,E,F,G,H>>, S>
> call LOOPOPT root sep

"Trigger-templates" of pattern-directed procedure calls and input templates of AT-rules are treated alike with respect to the dominance relation introduced in section 4.1.

When a procedure is called in the pattern-directed way, its range may be different from the range of the call by which the "surrounding" procedure has been activated. The range is given by a reference to its root, which must either an accessible node or the target of a link attribute of an accessible node.

After execution of a pattern-directed procedure call, execution of the calling T-unit is resumed at the node matched by the root of the trigger-template of the call.

The *main program*, the uppermost program level in OPTRAN, consists of a declaration part and a statement part. In the declaration part, all T-procedures and global data are declared. The statement part is a sequence of procedure calls whose range is the whole tree.

4.3 The Lifetime of Attributes

Since, in general, different semantic information is needed for different optimizations, we require each AT-grammar to be augmented by an *attribute specification part* telling the attributes used. Those attributes will be updated by the system before each application of a rule of the AT-grammar.

There are four possibilities of specifying an attribute:
as produced, consumed, transient, or temporary. Attributes may be specified as produced or temporary in only one T-unit, where a corresponding attribute declaration and set of attribute evaluation rules must be given. Consumed- and transient-specifications of an attribute, for which only its name must be given, may occur in several T-units.

The attribute specifications determine the lifetime of each attribute.

At each activation of a T-unit, those attributes specified as temporary are created anew and initialized (according to the AE-rules given) for nodes in the range of the surrounding procedure call. After execution of this T-unit, they are no longer alive.

The lifetime of an attribute used by more than one T-unit extends from the activation of a T-unit, where it is specified as produced, up to the termination of the first subsequently activated T-unit where it is specified as consumed. For T-units activated in between, the attribute is available if it is specified as transient.

Since we do not want nontemporary attributes to be defined only on parts of the program tree, we allow procedures in whose body T-units with produced- or consumed-specifications occur to be called only by the main program. So the OPTRAN system may detect at compiler generating time whether an attribute is specified as consumed or transient in a T-unit activated outside its lifetime, and issue an error message to the user.

CONCLUSION

Our aim in the design of OPTRAN was to provide a description tool that, being based upon the formalism of AT-grammars, relieves the user of explicitly "programming" the traversal of the program tree necessary for a transformation. On the other hand, we assume the user to subdivide the whole transformation process into several transformation units, so that he himself may formulate the connections between different transformations by means of a procedure mechanism. In order to increase the efficiency of implementation and the readability of OPTRAN programs, additional language concepts, like combined transformation rules, have been introduced.

This is only a first version of OPTRAN; there are still interesting problems, e.g. the interaction between attributation and transformation strategy, which have to be studied in more detail.

ACKNOWLEDGEMENTS

We would like to thank our colleagues from the MUG-project at the Technical
University of Munich for providing the necessary framework for the OPTRAN system.
Special thanks go to Harald Ganzinger and Hans Kron for several helpful comments.

References

[BöJ 66]   Böhm,C., Jacopini,G.: Flow Diagrams, Turing Machines, and
            Languages with Only Two Formation Rules, CACM, Vol. 19,
            No. 5, May 1966

[deR 74]   de Remer,F.L.: Transformational Grammars, in F.L. Bauer,
            J. Eickel (Eds.) Compiler Construction: An Advanced Course,
            Lec. Notes in Computer Science 21, Springer Verlag, New York 1974

[Gan 74]   Ganzinger,H.: Modifizierte attributierte Grammatiken, Report No. 7420,
            Abt. Mathematik, Technische Universität München, 1974

[Gan 79a]   Ganzinger,H.: On storage optimization for automatically generated
            compilers. Theoretical Computer-Science, 4th GI Conference,
            K. Weihrauch (Ed.), Springer-Verlag, Berlin-Heidelberg-New York,
            March 1979, pp. 132-141

[Gan 79b]   Ganzinger,H.: ADELE: An Attribute Definition Language, TUM-INFO,
            Inst. für Informatik, Technische Universität München, in preparation

[Gie 79]   Giegerich,R.: Introduction to the Compiler Generating System MUG2,
            TUM-INFO-7913, Inst. für Informatik, Technische Universität
            München, 1979

[GRW 77]   Ganzinger,H., Ripken,K., Wilhelm,R.: Automatic Generation of Optimizing
            Multipass Compilers, in B. Gilchrist, (Ed.): Information Proces-
            sing 77, pp. 535-540, North Holland, 1977

[Knu 68]   Knuth,D.E.: Semantics of Context-free Languages, Math. Systems Theory,
            Vol. 2, No. 2, pp. 127-145, 1968

[Kro 75]   Kron,H.H.: Tree Templates and Subtree Transformational Grammars,
           Ph.D. Thesis, Univ. of California at Santa Cruz, 1975

[Lov 76]   Loveman,D.B.: Program Improvement by Source to Source Transformations,
           Conf. Record of the 3rd ACM Symposium on Principles of Programming
           Languages, 1976

[Mön 77]   Möncke,U.: Transformations-Grammatiken: Automatische Generierung des
           Analysators. Dipl.-Arbeit, FB Mathematik, TU München, 1977

[Ros 73]   Rosen,B.K.: Tree-manipulating Systems and Church-Rosser Theorems, JACM,
           Vol. 20, No. 1, pp. 160-187, 1973

[Ros 77]   Rosen,B.K.: High Level Data Flow Analysis, CACM, Vol. 20, No. 10,
           pp. 712-724, Oct. 77

[Sta 76]   Standish,T.A., Harriman,D.C., Kibler,D.F., Neighbors,J.M.: The Irvine
           Program Transformation Catalogue, University of California at
           Irvine, 1976

[Wil 74]   Wilhelm,R.: Code-Optimierung mittels attributierter Transformations-
           grammatiken, Lec. Notes in Comp. Science 26, pp. 257-266,
           Springer-Verlag, 1974

[Wil 79]   Wilhelm,R.: Computation and Use of Data Flow Information in Optimizing
           Compilers, Acta Informatica, Vol. 12, pp. 209-225, 1979

SOME CONSIDERATIONS FOR AN EXTENSION OF PL360

Friedrich Hertweck, Inge Precht
Max-Planck-Institut für Plasmaphysik
8046 Garching

ZUSAMMENFASSUNG: Eine Programmiersprache wird vorgestellt, welche PL360 als Implementierungssprache für die Entwicklung von Hardware-naher Software für die AMDAHL 470 am MPI für Plasmaphysik ablöst.

ABSTRACT: A programming language is presented which is used as a system implementation language instead of PL360 for constructing hardware related system modules for the AMDAHL 470 computer at the "MPI für Plasmaphysik".

0. Introduction

1. Design Aspects

    1.1 Extensions from PL360
    1.2 Procedure Segments and Register Usage
    1.3 Runtime Organization
    1.4 Addressing and Loading of Segments

2. Some Elements of the Language

    2.1 String Handling Facilities
    2.2 Data Segments
    2.3 Addresses
    2.4 Records
    2.5 If-Statements
    2.6 Case Statement
    2.7 Iterative Statements
    2.8 Functions

3. Experience with the Language

Appendix 1: References

0. Introduction

In this paper a programming language designed for the IBM System/370-like computers is introduced. The language provides the facilities of an assembler language but has the structure of a block-oriented higher programming language. For abbreviation the language is called PLX. The work reflects our many year experience with PL360, [1], and PLX may be considered an extension of PL360.

Our approach to the design of PLX was purely pragmatic. It was intended to become a programming tool, capable of supporting basic operating system development, like construction of interrupt handlers, I/O supervisors, etc. Therefore most of the basic constructs of PL360 will also be found in PLX. On the other hand, we felt a need for an enhancement of the higher level language concepts. In addition, conversion of existing PL360 programs was not to show undue difficulties. The design of PLX was influenced by Pascal, [2], by general ideas about structured programming, [3], and the design of MULTICS, [4].

1. Design Aspects

The runtime environment of PLX is the empty System/370 machine. This is different from the current PL360 compiler which assumes the existence of an OS/360 runtime environment and produces object modules as required by the IBM linkage editor. Therefore, together with the PLX compiler, a LINKER/LOADER has been implemeted to compose complete programs, [5]. In fact, the first program that has been developed with PLX is the nucleus of an Operating System, AMOS/2, which works in a virtual machine on our AMDAHL 470.

1.1 Extensions from PL360

In this section we mention the main areas where PLX has been extended as compared to PL360. The following features have been added:

- data structures
  a declaration for constructing record types, composed of arbitrary fields, and declarations to either allocate a record instance in a data segment in memory, or to associate a pointer register with the record type;

- string handling facilities
  the data types "character string" and "byte string", and sub-strings of fixed or variable length; the operations to move, test, and modify these strings;

- standard procedure calls
  procedures are always reenterable, use a stack for linkage and local variables, and may be recursive; they do not contain addresses of external segments; a stack pointer register has been reserved for procedure execution;

- code segments
  they do not obey any linkage conventions and permit complete freedom of register usage (they are typically used for the construction of first level interrupt handlers);

- segment directories
  the runtime environment includes two segment directories (one "private", one "global") which are used to access all procedure or data segments of a program (for this purpose, two directory base registers have been reserved);

- extension of System/370 instructions
  some inconsistencies due to the present /370 hardware have been remov for instance fixed point multiplication and division may be formulated such that they only use one operand register (for this purpose, two local work registers have been reserved);

- generalized iteration statement
  this combines the concepts of PASCAL do-while and repeat-until statements; in addition a combination of the for-statement and the generalized iteration statement is available;

- generalized case statment
  this includes the possibility of grouping of cases and the construction of "case trees";

- generalized if-statements
  they permit the convenient handling of exceptional conditions: to exit from a loop, to leave a block, to return from a procedure;

- condition code declaration
  branching in System/370 is based upon the occurence of one of four possible conditions, and whether it defines a "yes" or "no"; the condition code declaration permits an easy-to-read way to formulate if-statements.

1.2 Procedure Segments and Register Usage

In PLX there are three types of program units defining procedure segments:

(1) global procedure

(2) restricted global procedure

(3) code segment

Global procedures are the type of program unit mainly used. They are designed to offer the following facilitites:

(a) they have a standard calling sequence, using always the same registers as link/return registers

(b) they use the stack for saving the registers and allocation of local variables

(c) they do not contain absolute addresses in their code; therefore they are reenterable and permit dynamic relocatability of programs

(d) they may only use global variables of data segments that have been activated explicitly

(e) they may be called recursively

(f) all general registers are saved upon entry and restored before returning to the calling procedure

(g) they may return results via registers declared in the procedure (then these registers are not restored)

(h) they may call other global or restricted global procedures.

Restricted global procedures are mainly used to increase efficiency. They share the properties (a) to (d) with the global procedures. The number of local variables is restricted to just a few and these procedures may not call any other procedure. They can only be used as "lowest level" procedures.

The 370-like computers contain 16 general registers. In PLX the registers are used in assignments, for indexing, or the programmer can specify a register as the base register for a data segment. Furthermore the registers are used for procedure linkage and as base registers for the procedure segments and the stack. The usage of registers is as follows:

```
R15  base register for global segment directory
R14  base register for private segment directory and
     pointer to end of stack
R13  current stack pointer
R12  base register for currently executed procedure segment
R11  procedure call return register
R10  procedure call link register
R9,...,R0 freely usable by the programmer
```

The registers R10 and R11 are also used during the execution of certain language constructs as local work registers. Normally, registers R10, R11, ..., R15 are not accessible to the programmer.

Code segments are designed for special applications, for instance for interrupt handlers. They do not adhere to any conventions. All registers may be used and it is the responsibility of the programmer to ensure that the program runtime environment is not destroyed.

1.3 Runtime Organization

The requirement of address-free programs implies that the base addresses of all segments accessed by a program must be fetched from some place outside the code of the program. Therefore all base addresses for the segments are collected into a segment called the "segment directory". An executable program then consists of three parts:

(1) procedure and data segments

(2) runtime stack

(3) segment directory.

The segment directory may be allocated on top of the runtime stack. Then the segment directory base register serves at the same time as the stack limit register.

For a set of processes using the same reenterable procedures, it may turn out to be convenient to put the addresses of the common procedures into a "global segment directory". The directory local to a program is called "private segment directory". The figure 1 shows a set of processes which share a number of procedure and constant data segments with a global segment directory. Obviously, in such an environment, the structure of the private directories (i.e. what entry refers to what segment) must be identical for all processes sharing the same procedures.

1.4 Addressing and Loading of Segments

Whenever a segment external to the current procedure segment is needed, its address must be loaded into R10 (for procedure calls) or the base register specified in an external data declaration. These addresses are contained in the private or global segment directories (pointed at by base registers R14 and R15, respectively).

The displacements of the segment addresses in the directories are not known at compile time. Therefore, instead of a load register instruction, a data triplet

$$[\text{base register, chain, name pointer}]$$

is generated. All such "pseudo-loads" of a procedure segment are chained together and the name pointers point to strings with the segment names (located in the literal pool at the end of the current procedure segment).

The LINKER/LOADER now proceeds in either of three ways:

(1) when "normal loading" of the segment is specified, an entry in the private directory is allocated and the pseudo-load is replaced by a "real" load from the directory; when the segment is loaded, its address is placed into that directory entry.

(2) when "deferred loading" of the segment is specified, an entry in the private segment directory is allocated and the pseudo-load is replaced by another pseudo-load which refers to the directory but leads to an interrupt when executed; loading of the segment will be effected when needed and the pseudo-load is then replaced by the "real" load instruction;

(3) when "transient loading" of a procedure segment is specified, the entry in the directory is set to point to a transient loader, and the pseudo-load is replaced by a "real" load; when a call of the procedure is attempted, the transient loader is invoked which loads the procedure and transfers control to it; the return will delete the loaded procedure (this feature is useful for "in vivo" program debugging).

Fig. 1　Set of n Processes with
　　　　　Private and Shared
　　　　　Procedure/Data Segments

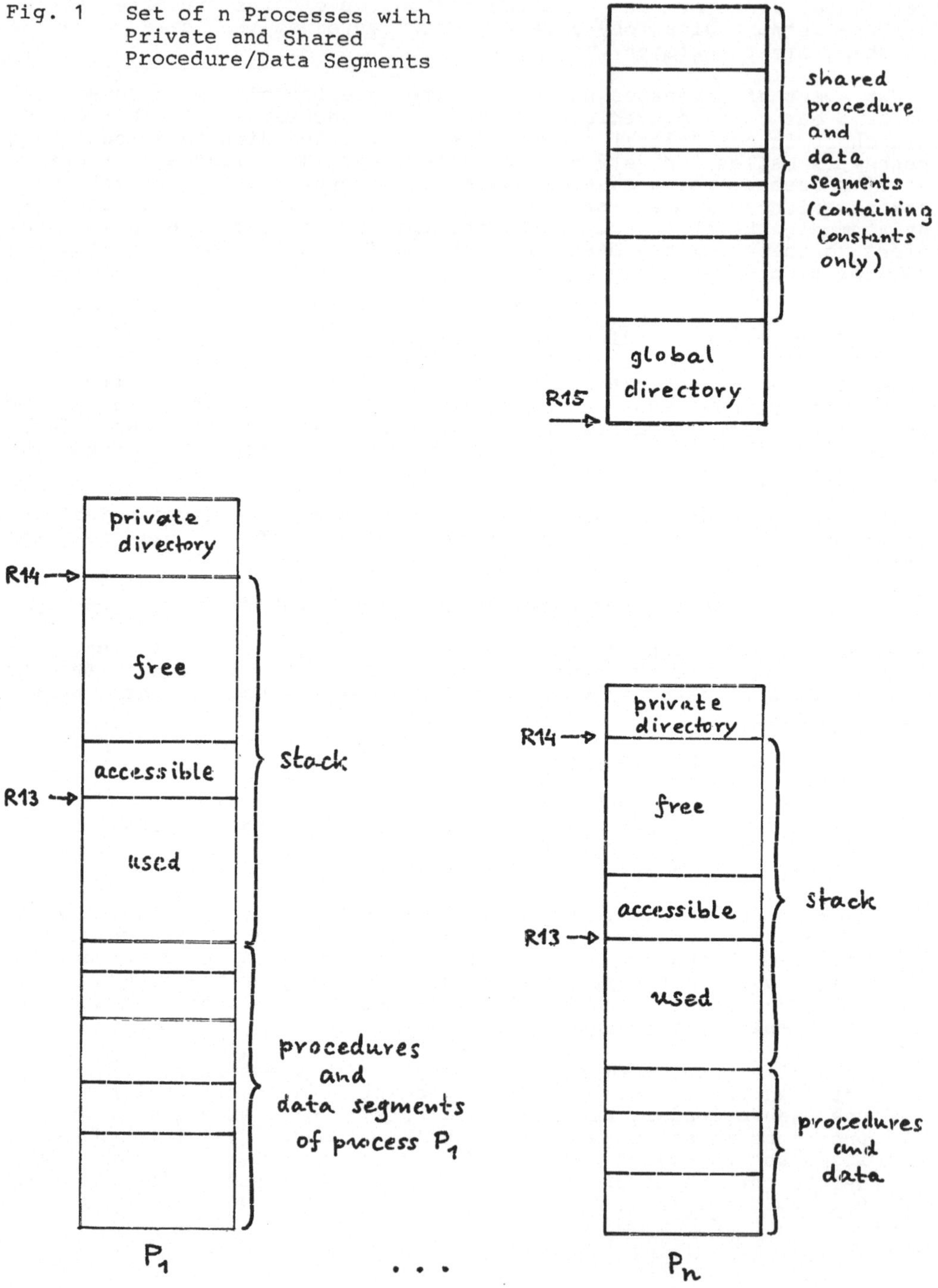

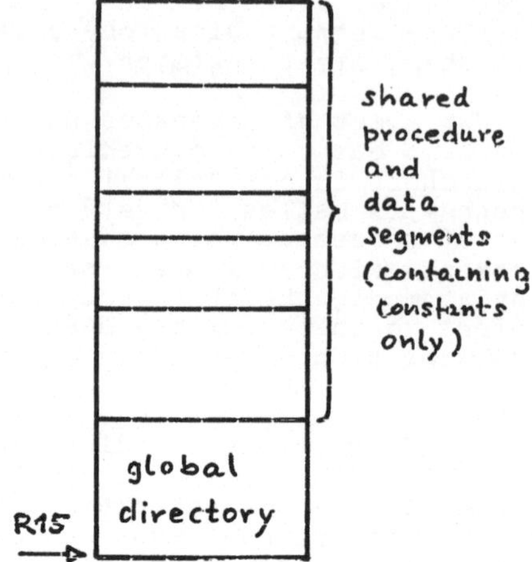

2. Some Elements of the Language

In this section some elements of the language PLX are introduced.

2.1 String Handling Facilities

For the handling of strings the types BYTE and CHAR are defined.
The types differ in the definition of their null-elements which are
zero or blank, respectively. The declarations

$$BYTE(n) \ B$$
$$CHAR(n) \ C$$

introduce two variables B and C of the specified type. The length of
the variables are n bytes (0<n<=256). The variables may be initialized
with string values which are composed of

    hexadecimal strings
    character strings
    sequences of integer values in the range (0,255)

by using the concatenation operator "&". For example

$$BYTE(14) \ BN = "ABC" \ \& \ 3<1,2,3> \ \& \ \#FFEE$$

produces the hexadecimal string

    C1 C2 C3 01 02 03 01 02 03 01 02 03 FF EE .

Assigmnents with these variables are defined using the logical
operators AND, OR, XOR, and TRA (using the System/370 instruction
"TRANSLATE").

If an array of strings has been defined, the individual elements
may be indexed. This implies the computation of the address in one of
the registers R10 and R11, because System/370 character instructions
are not indexable. This is a typical example of an extension of the
System/370 instruction set by PLX.

Analogous to the constructs in ALGOL W, [6], a substring can be
defined, but in PLX also of variable length. Examples:

    TEXT(10|4)
    TEXT(R1|1)
    TEXT(R1|R2+1)

Operations with variable length substrings use the "EXECUTE"
instruction of System/370.

2.2 Data Segments

The addressing mechanism of the 370-like computers, i.e. usage of
base registers for 4K areas of memory, leads to the definition of data
segments. An example is:

```
GLOBAL DATA TABLE BASE B8:
    declarations
END TABLE
```

The base register indication is optional and is used as a default value whenever a segment is activated. Memory space is allocated for the variables and records defined within the data segment; variables may be initialized. The compiler generates a data segment.

If one only wants to use objects of an existing data segment then a LAYOUT declaration is necessary. The syntax is similar to that of a data segment; the words GLOBAL DATA are to be replaced by LAYOUT. Both types of declarations are called data segment declaration.

Data segment declarations may be part of the declarations within a procedure or they can form a compilation unit by themselves. If in the latter case a programmer wants to access variables of such a data segment, he must explicitly activate the data segment, containing the desired global variables, within the procedure segment. At that time he may also specifiy a different base register to be used and whether the base register is to be loaded with the segment address or not (if it already contains the base address).

2.3 Addresses

The addressing mechanism of 370-like computers implies that displacements of memory locations must not exceed 4K. Sometimes it is desirable to have data segments which are longer and to define a variable with a displacement >=4K. For this purpose relative addresses are defined, which must be declared in the first 4K of a data segment:

```
ADDRESS AN = @N
```

Relative addresses are represented by a halfword; they must be initialized by an address specification and may not be changed during program execution. They permit variables and records with displacements >=4K and <32K.

Relative addresses may only be used in assignments like:

```
Rn := AN
```

After execution of that assignment general register Rn contains the absolute address of the variable N. The variable N may then be referenced by N(Bn) where Bn denotes base register n (which is identical with Rn).

2.4 Records

Records define a set of variables of different types as one structural entity, [2]. Instances of such records may then be part of a data segment. The following example shows the definition of a record type:

```
RECORD TYPE DICT:
    CHAR(8) NAME;
    INTEGER ID;
    ARRAY 8 SHORT INTEGER M;
END DICT
```

Now record instances may be allocated in a data segment:

```
RECORD(DICT) D = <"JOHN",3201763,8(0)>
ARRAY 20 RECORD(DICT) AD = <NULL>
```

In the example

```
RECORD(DICT) D1 BASE B6, D2 BASE B7
```

two instances of records are declared by the stipulation that their
addresses will be contained in the general registers R6 and R7. It is
the responsibility of the programmer to load these general registers
with the addresses of the records prior to using them. No space is
allocated for these records.

Record fields are accessed in the following way:

```
D1.NAME
AD(R1).M(R2)
```

where R1 must contain the index of the appropriate record element, and
R2 the index of the desired element of array M. (Note that indexing on
System/370 must be done by explicit byte displacements. The auxiliary
compile time constants W(<var>), L(<array>), LL(<array>) = L(<array>)-
W(<array element>) can be used to specify the width of a variable or
the length of an array).

2.5 If-Statements

The if-statements are of the form:

```
IF <condition> : <statement sequence> FI
IF <condition> : <statement sequence> <terminator>
IF <condition> THEN <statement sequence 1>
               ELSE <statement sequence 2> FI
IF <condition> THEN <statement sequence 1>
               ELSE <statement sequence 2> <terminator>
```

Instead of the colon the keyword THEN may be used. The terminators

```
EXIT
LEAVE
RETURN
```

are used to pass control elsewhere. It is thus possible to exit from a
loop, to leave a block, or to return from a procedure. The example:

```
IF R1>0 AND R2=0: RETURN(10)
```

shows two things:

(1) The condition may be composed of simple conditions connected with
    the operators AND or OR (this is like PL360);

(2) If the condition holds then the execution of the currently
    executed procedure is terminated and a return code of 10 is
    provided.

In order to make an if-statement easier to read, the programmer may

declare condition codes. For instance, the PL360 construct for the
"TRANSLATE AND TEST" instruction

```
                TRT(L,STR,TBL); IF <> THEN  ...
```

may be written in PLX as

```
                CONDITION CODE  FOUND = 0110;

                TRT(L,STR,TBL); IF FOUND:  ...
```


2.6 Case Statement

The case statement permits the selection of a list of alternatives
depending upon the value of a selector:

```
    CASE N of 8:
       1,2,5: S1; S2; JOIN A;
           3: S3; JOIN A;
         6,7: S4; JOIN 8;
           8: S5; JOIN 3;
     NODE A: S;
    END
```

where N denotes the selector and 8 the total number of cases (nodes
excluded). Nodes may only be accessed within the case statement.

The JOIN/NODE facility offers the possibility of constructing trees
where control may enter at the leaves and exit at the root(cf. fig.2).

2.7 Iterative Statements

Four kinds of iterative statements are provided in PLX:

```
                    basic loop
                    index loop
                    conditional loop
                    conditional index loop
```

(1) Basic Loop
    The basic loop will not terminate if it does not contain an
    if-exit statement:

```
    DO <id>: <statement sequence> REPEAT <id>
```

The <id> may be omitted.

(2) Index Loop
    The index loop is similar to the ALGOL 60 FOR-statement, except
    that the loop variable is always a general register:

```
    DO <id> WITH <range>: <statement sequence> REPEAT <id>
```

The range is of the form:

```
    <initial> | [ <increment> ] | <limit>
    <initial> | -<increment> | <limit>
```

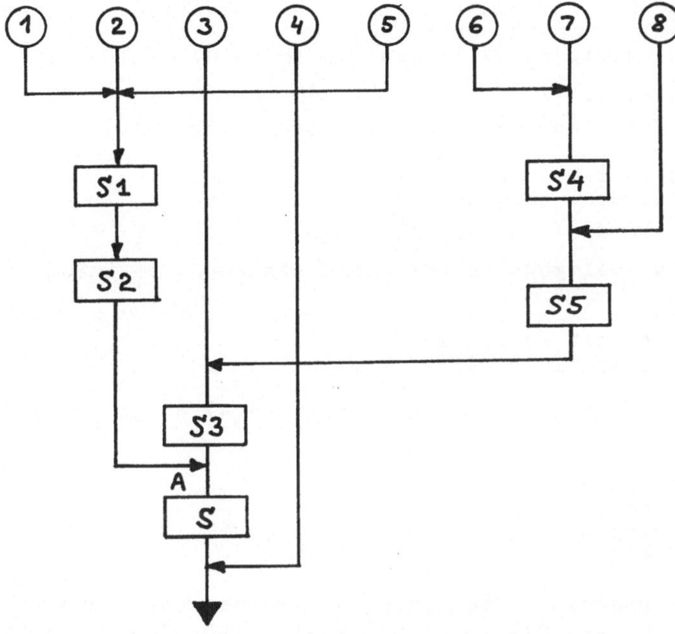

Fig. 2   Case Statement as "Case Tree"

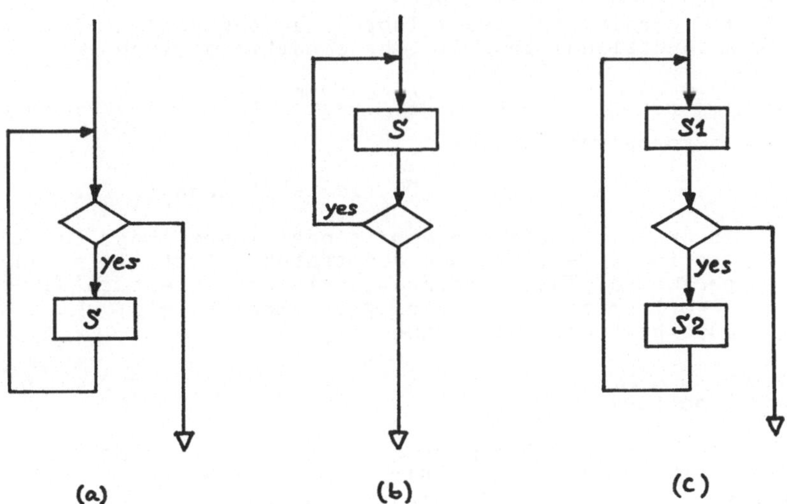

Fig. 3   Conditional Loops

The value of the increment must not be negative. Increment and limit are only computed once, and the range may be empty. If the increment is omitted, it is assumed to be 1.

(3) Conditional Loops
The conditional loop has three forms(cf. fig. 3):

   (a) DO <id> WHILE <condition>:
       <statement sequence>
     REPEAT <id>

     This is analogous to the while statement of PASCAL.

   (b) DO <id>:
       <statement sequence>
     WHILE <condition> REPEAT <id>

     This is analogous to the repeat statement of PASCAL.

   (c) DO <id>:
       <statement sequence 1>
     WHILE <condition>:
       <statement sequence 2>
     REPEAT <id>

     First statement sequence 1 is executed and then the condition is tested; if and only if the condition is true a new iteration cycle is started with the execution of statement sequence 2 and then of statement sequence 1 before a new test is made.

(4) Conditional Index Loop
The conditional index loop is a combination of an index loop and a conditional loop. In the conditional loop

$$DO \ \langle id \rangle$$

is to be replaced by

$$DO \ \langle id \rangle \ WITH \ \langle range \rangle$$

in order to obtain a conditional index loop. For each iteration, the index is increased and tested. If still in range, the loop is performed. This construction is convenient to construct a scan algorithm for a table of given length, etc. where two conditions must be tested simultaneously.

2.8 Functions

In the System/370 computers there exit some instructions, like "TRANSLATE AND TEST" or "EDIT", which are not available as a PLX language construct. In order to make all of the System/370 instructions available to the programmer, functions are introduced. The functions can be seen as a collection of halfbytes which represent executable machine instructions. Compared to PL360 the functions of PLX are competely new and more universal. They are, however, not a "macro facility".

3. Experience with the Language

We use PLX as the implementation language of the Operating System AMOS/2 for System/370 like computers. The concept of records allows us to formulate the structure of queues - like I/O-queues or CPU-queues, or the structure of control blocks - like the process control block, in a very convenient manner.

Complex control blocks - like the job control block, which consists of variables, arrays, and simple control blocks formulated as records, are assembled as a data segment. The requirement that each data segment must be explicitely activated in the head of a procedure forces us to describe the access to control blocks in every procedure. This fact increases the readability of the code written and eliminates the typical error of not having loaded a base register.

Two powerful tools are the cross-reference listing of the compiler which shows definition and kind of usage of the variables, and a very fast LINKER/LOADER.

The segmentation of code and data as well as the concept of segment directories allows us to produce dumps which are structured according to the different segments.

Our aim was to cover as much as possible of the instruction set of the System/370 like computers. But this fact leads to a larger variety of syntactic constructs; for example, we have 12 possibilities to express the entity <simple condition> of an if-statement.

While implementing the nucleus of the operating system, we have seen that the concept of subfields is too restrictive. Subfields are only defined for variables of type BYTE and CHAR. But now we realize that it is desirable to allow subfields for all types of variables and even more so for arrays, at the expense of sacrifycing some security (moving of subfields effectively bypasses type-checking).

As a concluding remark we want to say that our aim was not to design a portable language for system engineering. We believe that these parts of an operating system which we are implementing now, and plan to implement, in PLX are dependent on a specific hardware and therefore are not portable anyway. On the other hand, the readability of PLX programs will make the underlying ideas of the program portable.

Appendix 1: References

[1] N. Wirth: PL360. A Programming Language for the 360 Computers, JACM 15(1968)37

[2] K. Jensen, N. Wirth: PASCAL - User Manual and Report, 2 nd ed., Springer-Verlag, 1978

[3] D.E. Knuth: Structured Programming with GOTO Statements, Computing Surveys, Dec. 1974

[4] E.I. Organick: The Multics System: An Examination of Its Structure, The M.I.T. Press, Cambridge, Mass., 1972

[5] F.R.Hertweck, I. Precht, U.J. Schneider: PLX Programmer's Manual, IPP Report R35, Garching 1980

[6] R.L. Sites: ALGOL W - Reference Manual, STAN-CS-71-230, Stanford University, Feb. 1972

EIGENSCHAFTEN VON PROGRAMMIERSPRACHEN –
DEFINIERT DURCH ATTRIBUTIERTE GRAMMATIKEN

Uwe Kastens
Institut für Informatik II
Universität Karlsruhe
Postfach 6380
7500 Karlsruhe 1

ZUSAMMENFASSUNG: Attributierte Grammatiken werden zur formalen Definition statischer Eigenschaften von Programmiersprachen und zur Spezifikation von Übersetzern angewandt. Für eine Reihe von wichtigen kontextabhängigen Spracheigenschaften (Gültigkeitsbereichsregeln, Regeln zur Typbestimmung und -anpassung) aus verschiedenen Sprachen geben wir Definitionen in Form von attributierten Grammatiken an.

ABSTRACT: Attributed grammars are both used for formal definitions of static properties of programming languages and for compiler specification. Attributed definitions of several important properties (scope rules, type determination and coercion) of different languages are shown.

1   Einführung

Attributierte Grammatiken (AG) eignen sich zur formalen Definition der statischen Eigenschaften von Programmiersprachen. Das Beschreibungsmittel erzwingt Vollständigkeit und Konsistenz der Definition, die weitgehend automatisch überprüft werden können [5]. Eine wohldefinierte AG [8], [5] dokumentiert die Abhängigkeiten von Eigenschaften der Sprachelemente, die durch den Kontext bestimmt werden, und schliesst zyklische Abhängigkeiten aus. Aus diesen Spezifikationen kann die Ablaufstruktur des Analyseteils von Übersetzern systematisch hergeleitet werden [5]. Setzt man zur Definition Beschreibungssprachen ein, die nicht nur Abhängigkeiten zwischen Attributen spezifizieren, sondern auch die Abstraktion von Spracheigenschaften durch typisierte Attributwerte beschreiben (wie in ALADIN [6] oder EAG [12]), so kann die Bestimmung aller kontextabhängigen Eigenschaften vollständig in der AG in geschlossener Form spezifiziert werden. Eine solche Sprachdefinition ist zugleich ein vollständige formale Spezifikation des Analyseteils von Übersetzern. Deshalb wird dieses Beschreibungsmittel sowohl zur Sprachdefinition als auch im Übersetzerbau zunehmend eingesetzt (z. B. für die Sprachen LIS [11], PASCAL [12], PEARL [7]).

Die wichtigsten statischen Eigenschaften höherer Programmiersprachen sind die Aussagen über die Gültigkeit von Definitionen und über Typen von Sprachelementen. Unsere Erfahrung mit dem Entwurf von attributierten Grammatiken für verschiedene Sprachen haben gezeigt, dass man zur Beschreibung solcher Eigenschaften Standardtechniken einsetzen kann. In Abschnitt 2 diskutieren wir die Beschreibung verschiedener Gültigkeitsbereichsregeln, die für ALGOL 60, für ein-Pass-Übersetzbare Sprachen und für FORTRAN typisch sind. In Abschnitt 3 zeigen wir, wie einfache und komplexe Typen von Programmobjekten durch Attributwerte abstrakt beschrieben werden, und wie Aussagen über Typen (z. B. Typäquivalenz und Typanpassung) in einer AG definiert werden. Ausserdem werden Techniken zur zyklenfreien Beschreibung von Typdefinitionen und zyklisch definierten Typen demonstriert.

An dieser Stelle soll die Beschreibungsmethode, die den AG zugrunde liegt, nur kurz dargestellt werden. Einführende und präzisere Darstellungen findet man u. a. in [8], [14], [4], [5]. Eine AG enthält eine kontext-freie Grammatik, deren Symbolen Attribute zugeordnet sind. Jedes Attribut beschreibt eine kontextabhängige Eigenschaft des Symbols (z. B. den Typ eines Ausdrucks). Den syntaktischen Regeln sind semantische Regeln zugeordnet. Sie definieren jeweils einen Wert eines Attributs zu einem Symbol, das in der syntaktischen Regel auftritt, abhängig von anderen Attributen (z. B. der Typ einer indizierten Benennung ist der Elementtyp der Reihung).

Aus einem Strukturbaum für einen Satz der kontext-freien Grammatik erhält man einen attributierten Strukturbaum, indem man an jedem Baumknoten (der ein Exemplar eines Symbols der Ableitung repräsentiert) für jedes Attribut des Symbols einen Attributwert ergänzt. Dieser Wert repräsentiert eine Eigenschaft des Symbols in dem konkreten Kontext (z. B. der Ausdruck hat den Typ 'int'). Die zur Ableitung des Symbols angewandten syntaktischen Regeln entscheiden, durch welche semantische Regeln der Attributwert bestimmt wird. Wir unterscheiden erworbene Attribute (Eigenschaften), deren Werte durch den äusseren Kontext des Symbols bestimmt werden und abgeleitete Attribute, deren Werte durch die aus dem Symbol abgeleiteten Programmelemente bestimmt werden.

Den syntaktischen Regeln sind ausserdem Kontextbedingungen in Form von Aussagen über Attributwerte zugeordnet. Sie schränken die Satzmenge der kontext-freien Grammatik auf die Sprache ein, die die AG definiert. Zu jeder Anwendung einer syntaktischen Regel in der Ableitung eines Satzes müssen die zugeordneten Kontextbedingungen erfüllt sein.

Eine AG wird zweckmässig in folgenden Schritten entworfen:

a) Entwurf der kontext-freien Syntax. Eine schon vorliegende Grammatik kann häufig vereinfacht werden, indem man Einschränkungen kontextabhängig beschreibt (siehe Abschnitt 3).

b) Festlegen des Wertebereichs von Attributen, die Eigenschaften von Programmobjekten (Typ, Zugriffsrechte, usw.) beschreiben.

c) Entwurf der semantischen Regeln.

d) Formulierung von Funktionen zur Attributberechnung (z. B. Typabgleich, Typäquivalenz).

2   Gültigkeitsbereiche und Bezeichner-Identifikation

Eine grundlegende gemeinsame Eigenschaft der meisten höheren und vieler niederer Programmiersprachen ist die Benennung von Programmobjekten durch Bezeichner, die in Definitionen eingeführt und an die Objekte gebunden werden (z. B. Variablendefinition). Diese Bindung ist in den meisten Sprachen statisch, d. h. sie kann festgestellt werden, ohne das Programm auszuführen. (Ausnahmen sind Sprachen mit vorwiegend interpretativem Charakter, wie LISP, SNOBOL, APL.)

Wir nennen das Auftreten eines Bezeichners in einem Sprachelement, das ihm ein Objekt (oder allgemeiner: eine Bedeutung) zuordnet, definierend. Das Auftreten eines Bezeichners heisst angewandt, wenn auf die ihm zugeordneten Eigenschaften Bezug genommen wird. Die Bezeichner-Identifikation ist die Zuordnung des angewandten Auftretens eines Bezeichners zu einem definierenden Auftreten - und damit zu den ihm zugeordneten Eigenschaften. Der Teil eines Programms, in dem angewandte Auftreten eines Bezeichners ein bestimmtes definierendes Auftreten identifizieren, heisst Gültigkeitsbereich der Definition.

Die Möglichkeiten zur hierarchischen Strukturierung von Programmen einer Sprache bestimmen auch die Regeln für die Gültigkeitsbereiche von Definitionen: In Block-strukturierten Sprachen sind die Gültigkeitsbereiche von Bezeichnern geschachtelt. Sprachen mit einer beschränkten Zahl von Hierarchiestufen (wie FORTRAN oder COBOL) lassen Gültigkeitsbereiche nur auf diesen Ebenen zu. Weitere Unterschiede bezüglich der Gültigkeitsbereichsregeln ergeben sich aus der Möglichkeit, Bezeichner implizit durch ihre Anwendung zu definieren (FORTRAN), der Zulässigkeit (ALGOL 60) oder dem Verbot (LIS) von Definitionen des gleichen Bezeichners, die einander verdecken, oder dem Ziel, eine Sprache so zu definieren, dass sie ein-Pass-übersetzbar ist (PASCAL).

In einer AG beschreibt man Eigenschaften, die mit Gültigkeitsregeln zusammenhängen nach folgendem Prinzip: Eine Definition ist ein Paar (Bezeichner, Beschreibung des zugeordneten Objekts). Jedes Sprachelement, das Bezeichner enthalten kann (z. B. Ausdruck), liegt im Gültigkeitsbereich einer Menge von Definitionen. Diese wird als Attribut (in den Beispielen: at_Umgebung) allen solchen Sprachelementen zugeordnet. Die Regeln zur Berechnung dieser Attribute beschreiben die Gültigkeitsbereichsregeln der Sprache. Wir unterscheiden semantische Regeln, die Mengen von Definitionen zu einer neuen Umgebung zusammenfassen, und solche, die den Wert des Umgebungs-Attributs unverändert durch den Programmbaum "transportieren". Die ersteren werden den Sprachelementen zugeordnet, die Gültigkeitsbereiche begrenzen (z. B. Block). Wir zeigen unten, wie man abkürzend auf die letzteren verzichten kann. Die Bezeichner-Identifikation reduziert sich auf eine semantische Regel, zu jedem angewandten Auftreten, welche die Definition des Bezeichners im Umgebungsattribut aufsucht.

```
r1a:  RULE   Benennung ::= Bezeichner
      STATIC Benennung.at_Type := f_identifiziere
                  (Bezeichner.at_Bez, Benennung.at_Umgebung)
      END
```

Die Funktion f_identifiziere liefert die Objektbeschreibung (z. B. den Typ) der für den Bezeichner gültigen Definition.

Für Sprachen mit Gültigkeitsregeln nach dem Muster von ALGOL 60 [10] gilt:

Eine Definition ist im kleinsten sie umfassenden Block gültig, ausgenommen innenliegende Blöcke, die eine Definition des gleichen Bezeichners enthalten (Verdeckungsregel).

Diese Spracheigenschaft wird durch folgende Regel beschrieben:

```
r2a:  RULE    Block ::= 'BEGIN' Definitionen Anweisungen 'END'
      STATIC Block.at_lokale_Def :=
              Definitionen.at_Def + Anweisungen.at_Marken_Def
           Block.at_Umgebung :=
              Block.at_lokale_Def + Block.at_äussere_Umgebung;
           Definitionen.at_Umgebung := Block.at_Umgebung;
           Anweisungen.at_Umgebung := Block.at_Umgebung;
           CONDITION f_eindeutig (Block.at_lokale_Def)
      END
```

Der Operator + im obigen Kontext vereinigt Mengen von Definitionen.
Wir gehen davon aus, dass sie durch endliche Folgen von Paaren
(Bezeichner, Typ) repräsentiert werden. Die Vereinigung bedeutet
dann Konkatenation der Folgen. Die Verdeckungsregel wird durch die
Funktion f_identifiziere beschrieben: Sie wählt die erste
Definition zu dem gesuchten Bezeichner aus der Folge von
Definitionen aus. Die Kontextbedingung CONDITION... stellt sicher,
dass es in einem Block keine zwei Definitionen zum gleichen
Bezeichner gibt.

Abbildung 2.1 zeigt Attributabhängigkeiten in einem nach diesen
Regeln attributierten Strukturbaum. Zyklische Abhängigkeiten treten
nicht auf, da angewandte Auftreten von Bezeichnern in Definitionen
nicht zu den statischen Eigenschaften des definierten Objekts
beitragen.

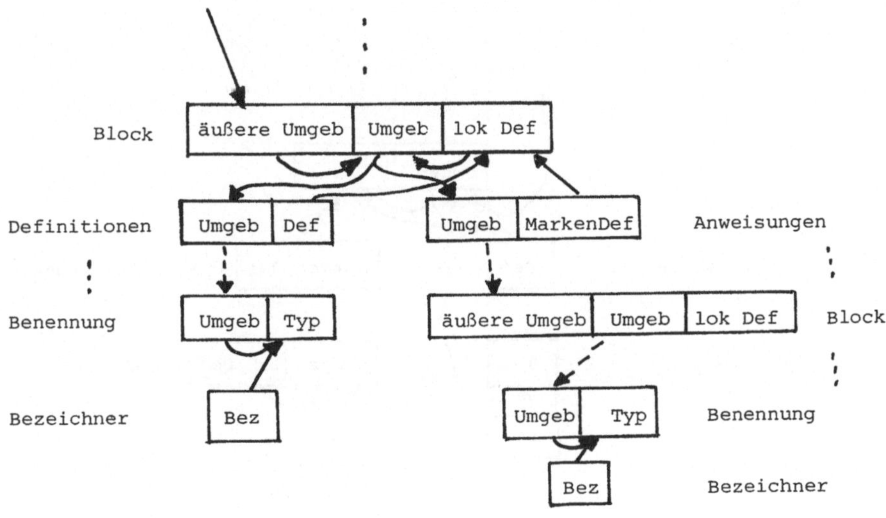

Abbildung 2.1
Gültigkeitsbereiche für ALGOL 60

Alle Attribute at_Umgebung von Baumknoten, die Söhne des gleichen

Block-Knotens sind, haben den gleichen Wert. Sie dienen nur dazu, die Umgebung an die Anwendungsstellen von Bezeichnern zu transportieren. Zur Verbesserung der Übersichtlichkeit führen wir dafür eine Abkürzung ein: Mit der Konstruktion

INCLUDING Block.at_Umgebung

wird auf das Attribut at_Umgebung des nächst äusseren Block-Knotens Bezug genommen. Eine solche Vereinfachung ist natürlich; denn offensichtlich hat nur der Block die Eigenschaft, eine neue lokale Umgebung zu definieren, und für die angewandten Auftreten von Bezeichnern reicht es aus festzustellen, welches der kleinste sie umfassende Block ist. Damit vereinfachen sich die Regeln r1a und r2a zu

```
r1b:   RULE    Benennung ::= Bezeichner
       STATIC Benennung.at_Typ := f_identifiziere
                  (Bezeichner.at_Bez, INCLUDING Block.at_Umgebung)
       END


r2b:   RULE    Block ::= 'BEGIN' Definitionen Anweisungen 'END'
       STATIC Block.at_lokale_Def :=
                  Definitionen.at_Def + Anweisungen.at_Marken_Def;
              Block.at_Umgebung :=
                  Block.at_lokale_Def + INCLUDING Block.at_Umgebung;
              CONDITION f_eindeutig (Block.at_lokale_Def)
       END
```

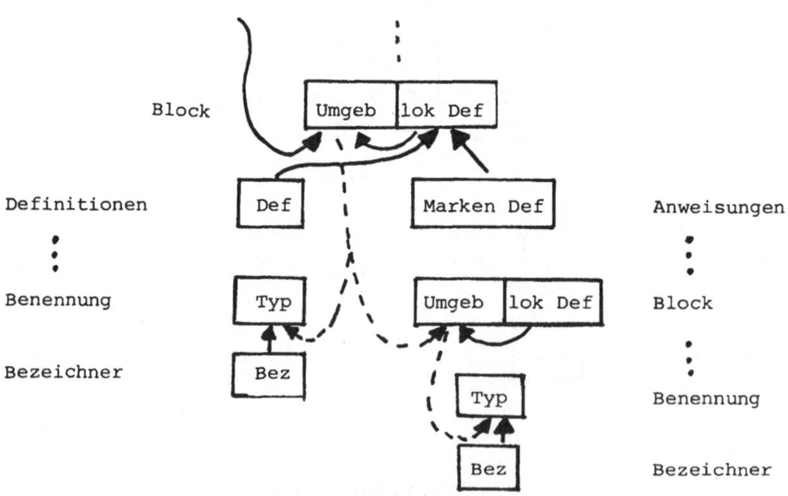

Abbildung 2.2
Gültigkeitsbereiche für ALGOL 60 (vereinfacht)

Die Attributabhängigkeiten in einem attributierten Strukturbaum
zeigt Abbildung 2.2.

Sprachen, deren Definition auf die ein-Pass-Übersetzbarkeit
ausgerichtet ist, verlangen, dass zu jedem Bezeichner das
definierende vor dem angewandten Auftreten steht. Typisches
Beispiel ist PASCAL [3], das im Übrigen die ALGOL 60 Gültigkeitsregeln vorschreibt. Anders als in ALGOL 60 beginnt hier der
Gültigkeitsbereich einer Definition nicht am Anfang eines Blocks,
sondern unmittelbar nach der Definition. Jede Definition führt
deshalb eine neue Umgebung ein, die um die vorangehende Definition
erweitert ist:

```
r3: RULE    Block ::= 'BEGIN' Definitionen Anweisungen 'END'
    STATIC Block.at_Umgebung :=
            Definitionen.at_Def + Block.at_äussere_Umgebung;
            CONDITION f_eindeutig (Definitionen.at_Def)
    END;


r4: RULE    Definitionen ::= Definition
    STATIC Definiton.at_Umgebung :=
            INCLUDING Block.at_äussere_Umgebung;
            Definitionen.at_Def := Definition.at_Def
    END;


r5: RULE    Definitionen ::= Definitionen ';' Definition
    STATIC Definition.at_Umgebung :=
            Definitionen[2].at_Def +
            INCLUDING Block.at_äussere_Umgebung;
            Definitionen[1].at_Def :=
            Definitionen[2].at_Def + Definition.at_Def
    END;
```

(Mehrfach in der syntaktischen Regel auftretende Symbole werden in
den semantischen Regeln durch Indizierung unterschieden.)

```
r6: RULE    Benennung ::= Bezeichner
    STATIC Benennung.at_Typ :=
            f_identifiziere (Bezeichner.at_Bez,
                            INCLUDING (Block.at_Umgebung,
                                Definition.at_Umgebung))
    END
```

Das angewandte Auftreten von Bezeichnern wird in der Umgebung der
nächst äusseren Definition identifiziert, falls es innerhalb einer
Definition liegt, oder in der Umgebung des nächst äusseren Blocks,
falls es zu einer Anweisung gehört. Die Abhängigkeiten in einem
attributierten Strukturbaum zeigt Abbildung 2.3:

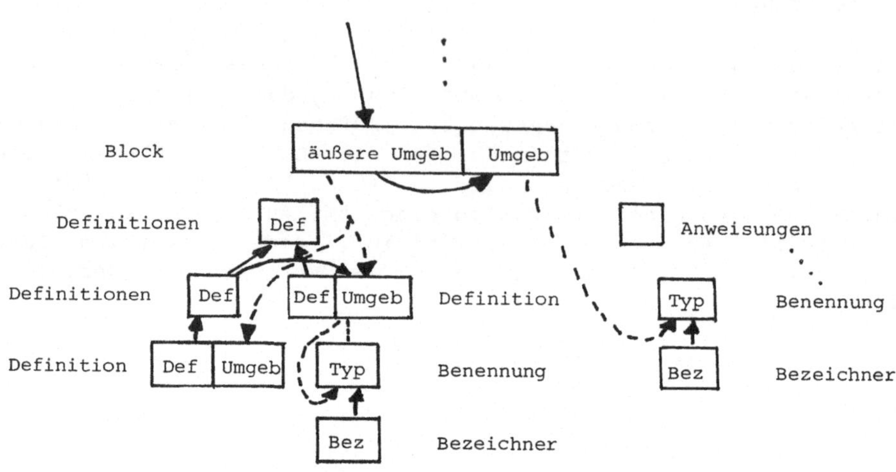

Abbildung 2.3
Gültigkeitsbereiche für PASCAL (vereinfacht)

Diese Attributierung definiert, dass der Gültigkeitsbereich einer
Definition unmittelbar nach der Definition beginnt. Zusammen mit
der Verdeckungsregel resultiert daraus, dass innerhalb eines
einzigen Blocks ein angewandtes Auftreten eines Bezeichners
entweder ein globales Objekt (vor einer lokalen Definition des
Bezeichners) oder ein lokales Objekt identifizieren kann (nach
einer lokalen Definition). Die Sprache Burroughs Extended Algol [2]
hat diese Eigenschaft. Für PASCAL ist jedoch explizit verboten,
dass vor einer Definition ein angewandtes Auftreten des gleichen
Bezeichners im gleichen Block steht. Diese Eigenschaft kann man
überprüfen, indem man die Menge der innerhalb von Definitionen
angewandt auftretenden Bezeichner als Attributwert mitführt und
gegen die nachfolgenden Definitionen prüft (ist im obigen Beispiel
nicht enthalten.)

Ein-Pass-Übersetzbare Sprachen enthalten häufig sogenannte
"Vorwärtsdefinitionen", die es erlauben, indirekt rekursive
Prozeduren zu definieren. Sie enthalten das definierende Auftreten
des Prozedurbezeichners. Die nachfolgende Prozedurdefinition dazu
erweitert die Umgebung nicht. Ein Attribut, das durch die
Definitionen mitgeführt wird und das eine Menge der noch nicht
gelösten Vorwärtsreferenzen enthält, stellt sicher, dass es zu
jeder "Vorwärtsdefinition" genau eine Definition gibt. Ähnlich
beschreibt man Markendefinitionen im Definitionsteil, zu denen es
genau eine Markendefinition vor einer Anweisung geben muss. Auf die
besonderen Probleme, die im Zusammenhang mit Typdefinitionen

entstehen, gehen wir in Abschnitt 3 ein.

Eine dritte Klasse der Gültigkeitsregeln finden wir in FORTRAN [1]:
Jede separat übersetzbare Einheit (Haupt- oder Unterprogramm)
begrenzt die Gültigkeit der darin definierten Bezeichner; mit
folgenden Ausnahmen: Unterprogramm-Bezeichner und Bezeichner von
"common blocks" werden als externe Referenzen aufgefasst, die der
Binder löst. "Statement functions" begrenzen den Gültigkeitsbereich
ihrer Parameter.) Gültigkeitsbereiche sind nicht geschachtelt.
Bezeichner, die nicht explizit definiert sind, werden implizit
durch ihr erstes angewandtes Auftreten eingeführt. Definitionen und
Anweisungen können beliebig gemischt werden. Eine attributierte
Grammatik beschreibt diese Eigenschaften wie folgt:

```
r7: RULE    Rumpf ::= Anweisungen
    STATIC Rumpf.at_expl_Def := Anweisungen.at_expl_Def;
           CONDITION f_eindeutig (Anweisungen.at_expl_Def)
    END;


r8: RULE    Anweisungen ::= Anweisung
    STATIC Anweisungen.at_expl_Def := Anweisung.at_expl_Def;
           Anweisung.at_Umgebung :=
               INCLUDING Rumpf.at_expl_Def;
           Anweisungen.at_impl_Def := Anweisung.at_impl_Def
    END;


r9: RULE    Anweisungen ::= Anweisungen Anweisung
    STATIC Anweisungen[1].at_expl_Def :=
               Anweisungen[2].at_expl Def + Anweisung.at_expl_Def;
           Anweisung.at_Umgebung :=
               Anweisungen[2].at_impl_Def +
               INCLUDING Rumpf.at_expl_Def;
           Anweisungen[1].at_impl_Def :=
               Anweisungen[2].at_impl_Def + Anweisung.at_impl_Def
    END;


r10: RULE   Anweisung ::= Marke deklarative_Anweisung
     STATIC Anweisung.at_expl_Def :=
               Marke.at_Marken_Def + deklarative_anweisung.at_Def;
            Anweisung.at_impl_Def := { }
     END;
```

```
r11: RULE    Anweisung ::= Marke ausführbare_Anweisung
     STATIC Anweisung.at_expl_Def := Marke.at_Marken_Def;
            ausführbare_Anweisung.at_Umgebung :=
               Anweisung.at_Umgebung;
            Anweisung.at_impl_Def :=
               ausführbare_Anweisung.at_impl_Def
     END;
     ...
r12: RULE    Benennung ::= Bezeichner
     STATIC Benennung.at_impl_Def :=
               IF f_ist_in_Umgebung (Bezeichner.at_Bez,
                                      Benennung.at_Umgebung)
               THEN { }
               ELSE tp_Definition(Bezeichner.at_Bez,
                                  f_berechne_Typ (Bezeichner.at_Bez))
               FI;
            Benennung.at_Typ :=
               f_identifiziere (Bezeichner.at_Bez,
                                Benennung.at_impl_Def +
                                Benennung.at_Umgebung)
     END
```

Anhand der graphischen Darstellung der Abhängigkeiten in einem
attributierten Strukturbaum (Abbildung 2.4) wird deutlich, dass für
die Bezeichner-Identifikation zwei Durchläufe nötig sind: Im ersten
werden die expliziten Definitionen gesammelt, im zweiten wird
identifiziert und gegebenenfalls die Menge der Definitionen
erweitert.

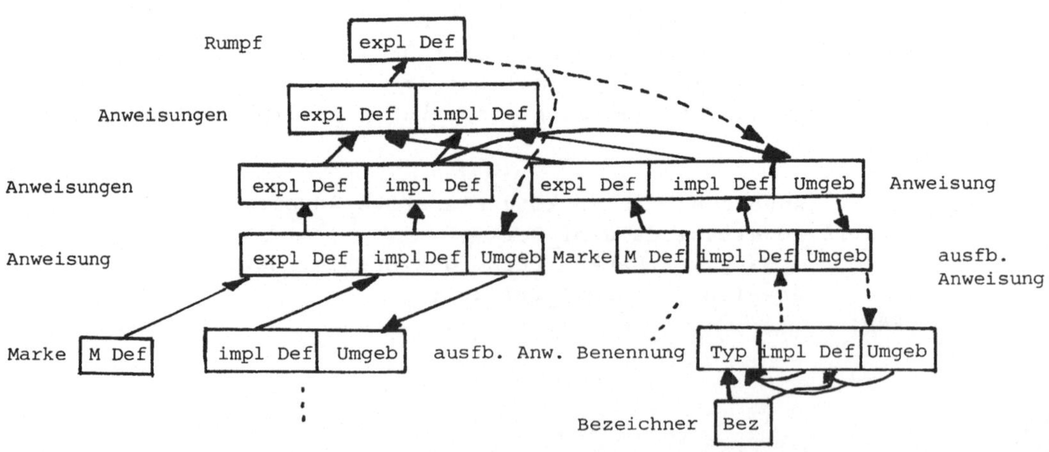

Abbildung 2.4
Gültigkeitsbereiche für FORTRAN

3   Typen

Der Typ eines Programm-Objektes bestimmt den Wertebereich und/oder die Operationen, die mit dem Objekt ausgeführt werden können. Insbesondere für Sprachen mit strikter Typbindung (ALGOL 68, PASCAL, SIMULA, usw.) haben die Aussagen über Typen von Objekten zentrale Bedeutung und zählen überwiegend zu den statisch überprüfbaren Eigenschaften der Programme. Wir diskutieren in diesem Abschnitt die Beschreibung solcher Eigenschaften durch attributierte Grammatiken für Sprachen mit komplexer Typstruktur (ALGOL 68, PASCAL). Die Beschreibung von Sprachen mit geringerer Typenvielfalt (ALGOL 60, FORTRAN) ergibt sich durch Vereinfachung daraus.

Zu den kontextabhängigen Eigenschaften vieler Elemente einer Sprache (z. B. Ausdrücke, Definitionen) zählt ihr Typ. Er wird durch ein Attribut des Programmelements beschrieben. Die Typenvielfalt der Sprache bestimmt den Wertebereich dieser Attribute. Wir unterscheiden die konkrete Syntax der Typangaben (z. B. in Definitionen) und die abstrakte Beschreibung von Typen durch Attributwerte. Im ersten Teil dieses Abschnitts stellen wir die Abbildung der konkreten Syntax auf Attributwerte dar, im zweiten untersuchen wir die speziellen Probleme, die im Zusammenhang mit Typdefinitionen auftreten.

3.1 Abstrakte Beschreibung von Typen

Die abstrakte Beschreibung eines Typs kann aus drei Gründen von der konkreten Syntax abweichen:

a)   Die konkrete Syntax ist redundant.

b)   Die konkrete Syntax kann Angaben enthalten, die nicht zu den statischen Eigenschaften des Typs zählen (z. B. dynamisch bestimmte Reihungsgrenzen)

c)   Die konkrete Syntax beschränkt die Typenvielfalt in bestimmtem Kontext (z. B. für Typen von Parametern oder Reihungselementen).

Der letzte Aspekt gibt Anlass zu der Überlegung, ob solche Einschränkungen nicht besser durch kontextabhängige semantische Regeln zu einer vergröberten kontext-freien Syntax definiert werden. Diese Entscheidung, die natürlich nur für kontext-frei beschreibbare Einschränkungen ansteht, sollte man im wesentlichen aufgrund des Beschreibungsaufwands treffen: Er ist lokal betrachtet für die kontext-freie Beschreibung häufig kleiner, kann jedoch eine

sonst vermeidbare Gliederung der Typen in Klassen (z. B. elementare
Typen, einfache Typen, zusammengesetzte Typen) oder eine teilweise
Duplizierung der konkreten Syntax erfordern (z. B. formaler Typ,
aktueller Typ, formaler Reihungstyp, aktueller Reihungstyp). Diese
Aufwandsüberlegungen gelten entsprechend für den Übersetzerbauer,
der entscheidet, ob solche Restriktionen durch die kontext-freie
Zerteilung oder die semantische Analyse überprüft werden. Kann in
einer Sprache an einer Stelle einer expliziten Artangabe auch ein
Typbezeichner stehen, so können Restriktionen häufig erst nach
Identifikation des Typbezeichners überprüft und deshalb nicht
kontext-frei beschrieben werden.

Im folgenden betrachten wir Beschreibung von einfachen Typen, wie
int, real, bool, Reihungstypen, Referenztypen und Verbundtypen. Der
Wertebereich eines Attributs, das den Typ eines Sprachelements
beschreibt, ist daher die Vereinigung der Abstraktionen dieser
Typen beschrieben durch folgende Attributtypdefinition:

```
TYPE tp_type: UNION (tp_einfach, tp_Reihung,
                     tp_Referenz, tp_Verbund)
```

Zur abstrakten Beschreibung einfacher Typen reicht die Angabe der
Typzugehörigkeit aus. Der Attributtyp ist ein Aufzählungstyp.

```
TYPE tp_einfach : (sc_int, sc_real, sc_bool);
```

```
r13:  RULE    Typ ::= 'INTEGER'
      STATIC Typ.at_Typ := sc_int
      END;
         ...
```

Für Reihungstypen nehmen wir an, dass die Reihungsgrenzen nicht
statische Eigenschaften des Typs sind.

```
TYPE tp_Reihung : STRUCT (Stufen            : INT,
                          formale_Grenzen : BOOL,
                          Element_Typ       : tp_Typ);
```

```
r14:  RULE    Typ ::= '[' Grenzen ']' Typ
      STATIC Typ[1].at_Typ := tp_Reihung (Grenzen.at_Stufen,
                                          Grenzen.at_formal,
                                          Typ[2].at_Typ);
          CONDITION NOT (Typ[2].at_Typ IS tp_Reihung)
      END;
```

```
r15:  RULE    Grenzen ::= aktuelle_Grenzen
      STATIC Grenzen.at_formal := FALSE;
           Grenzen.at_Stufen := aktuelle_Grenzen.at_Stufen
      END;
```

```
r16: RULE    Grenzen ::= formale_Grenzen
     STATIC Grenzen.at_formal := TRUE;
            Grenzen.at_Stufen := aktuelle_Grenzen_at.Stufen
     END
```

Müssen die Grenzen statisch berechenbar sein, und tragen sie zur
Unterscheidung von Typen bei (wie in PASCAL), so wird die
Abstraktion um entsprechende Komponenten erweitert. Die Kontextbe-
dingung in r14 schliesst Reihungstypen als Elementtyp aus.

```
     TYPE tp_Referenz : STRUCT (Referierter_Typ : tp_Typ);
```

```
r17: RULE    Typ ::= 'REF' Typ
     STATIC Typ[1].at_Typ := tp_Referenz (Typ[2].at_Typ);
            CONDITION IF Typ[2].at_Typ IS tp_Reihung
                      THEN Typ[2].at_Typ.formale_Grenzen
                      ELSE TRUE
                      FI
     END
```

Die Kontextbedingung in r17 stellt sicher, dass der referierte Typ
kein aktueller Reihungstyp ist.

Verbundtypen werden durch die Folge der Komponentendefinitionen
beschrieben:

```
     TYPE tp_Verbund_Typ : LISTOF tp_Definition;
     TYPE tp_Definition :  STRUCT (Bez : STRING,
                                   Objekt_Typ : tp_Typ);
```

```
r18: RULE    Typ ::= 'STRUCT' '(' (Komponente //',') ')'
     STATIC Typ.at_Typ := tp_Verbund_Typ (Komponente.at_Def)
     END
```

```
r19: RULE    Komponente ::= Typ Bezeichner
     STATIC Komponente.at_Def :=
              tp_Definition (Bezeichner.at_Bez, Typ.at_Typ);
            CONDITION IF Typ_at.Typ IS tp_Reihungstyp
                      THEN NOT Typ.at_Typ.formale_Grenzen
                      ELSE TRUE FI
            END
```

Variablendefinitionen können z. B. durch folgende Regel beschrieben
werden:

```
r20: RULE    Definition ::= Typ Bezeichner [':=' Ausdruck]
     STATIC Definition.at_Definition :=
            tp_Definition (Bezeichner.at_Bez,
                          tp_Referenz(Typ.at_Typ));
            CONDITION IF Typ.at_typ IS tp_Reihung
                      THEN NOT Typ.at_Typ.formale_Grenzen
                      ELSE TRUE FI;
            Ausdruck.at_Typ_nach := Typ.at_Typ
     END
```

Die erste semantische Regel drückt aus, dass die Variablendefinition
- wie in ALGOL 68 - ein Bezugsobjekt einführt, das Objekte des
angegebenen Typs als Werte aufnehmen kann.

Die kontextabhängigen Aussagen über Typen in einer Sprachdefinition
lassen sich auf einige Grundmuster zurückführen, die in der
attributierten Grammatik durch rekursive Funktionen, über den
abstrakten Typbeschreibungen (Werten des Wertebereichs von tp_Typ)
formuliert werden.

1. Typgleichheit wird durch die Gleichheit der Abstraktion
   beschrieben, falls es in der Sprache keine Typbezeichner als
   abkürzende Schreibweise für Typen gibt. In diesem Fall müssen
   in einer Typabstraktion enthaltene Typbezeichner identifiziert
   und expandiert werden. Ausserdem muss die Terminierung der
   Funktion auch für zyklisch definierte Typen sichergestellt sein.

2. Typ_Verträglichkeit ist im allgemeinen eine nicht symmetrische
   Relation zwischen Typen: In unserem Beispiel ist ein aktueller
   Reihungstyp mit einem formalen verträglich, wenn Elementtyp und
   Anzahl der Stufen übereinstimmen. In Sprachen, die Zugriffsrech-
   te (variabel oder konstant) zum Typ hinzurechnen (z. B. LIS,
   BALG, PEARL), werden sie bei der Typ_Verträglichkeit
   berücksichtigt.

3. Typ_Anpassung: Im allgemeinen gilt die Regel, dass ein Typ t1
   an einen Typ t2 anpassbar ist, wenn t1 mit t2 verträglich ist
   oder t1 durch eine Folge von Anpassungsoperationen, wie Weiten
   (Übergang von sc_int nach sc_real) oder Dereferenzieren
   (Übergang von tp_Referenz nach dem referierten Typ) in einen
   mit t2 verträglichen Typ überführt werden kann.

4. Typ_Abgleich ist im allgemeinen so definiert, dass zu einer
   Folge von Ausgangstypen ein Zieltyp bestimmt wird, so dass
   jeder Ausgangstyp an den Zieltyp anpassbar ist, und die Anzahl
   der notwendigen Anpassungsoperationen minimal ist.

Wir verzichten hier auf eine inhaltliche Diskussion dieser

Funktionen, da ihre Formulierung nicht für attributierte Grammatiken typisch ist.

Ihre Anwendung auf Attribute von Sprachelementen soll am Beispiel der Typ_Anpassung erläutert werden. Die folgenden Überlegungen gelten für Sprachen, die implizite Typanpassungen zulassen. In diesen Sprachen ordnet man jedem (Teil-) Ausdruck zwei Attribute zu: den Typ vor Anwendung von impliziten Anpassungsoperationen (at_Typ_vor), der unabhängig vom Kontext des Ausdrucks bestimmt wird - sieht man einmal von der Bezeichner-Identifikation ab - und den Typ, den der Ausdruck nach Anwenden von Anpassungsoperationen annehmen muss, um den Kontextbedingungen zu genügen (at_Typ_nach). In r20 definiert die letzte semantische Regel, dass der Initialisierungsausdruck an den in der Definition angegebenen Typ anzupassen ist. Der Ausdruck steht in einer "starken" syntaktischen Position (in ALGOL 68-Terminologie); denn der Typ nach der Anpassung wird unabhängig vom Typ vor der Anpassung bestimmt. Der Ausdruck in der folgenden Regel muss auch ggf. angepasst werden; jedoch an einen Typ, der vom ursprünglichen Typ abhängt.

```
r21: RULE    Selektion ::= Ausdruck '.' Zeiger
     STATIC Ausdruck.at_Typ_nach :=
             f_passe_an_Verbund_an (Ausdruck.at_Typ_vor);
            Selektion.at_Typ_vor :=
             f_identifiziere_Komponente
               (Zeiger_Bez, Ausdruck.at_Typ_nach);
            Selektion.at_Anpassungssequenz :=
             f_passe_an (Selektion.at_Typ_nach,
                        Selektion.at_Typ_vor);
            CONDITION Selektion.at_Anpassungssequenz ≠
                        Anpassung_undefiniert
     END
```

Die Regel r21 gibt ausserdem an, wie durch ein weiteres Attribut die auf Ausdrücke anzuwendende Folge von Anpassungsoperationen beschrieben wird.

3.2 Typdefinitionen

Viele moderne höhere Programmiersprachen erlauben es, in Typdefinitionen Bezeichner einzuführen, die einen Typ repräsentieren (SIMULA, ALGOL 68, PASCAL, LIS, PEARL). Die Definition dieser Spracheigenschaften durch eine attributierte Grammatik muss zwei Probleme lösen:

a) Die Identifikation von Typbezeichnern darf nicht zu zyklischen Attributabhängigkeiten führen.

b) Auch rekursive definierte Typen müssen durch endlich angebbare
    Attributwerte beschrieben werden.

Unabhängig vom Beschreibungsmittel führt die Interpretation von
Typbezeichnern als abkürzende Schreibweise für einen Typ (ALGOL 68
[13], PEARL [7]) zu einer wesentlich komplizierteren Definition der
Typgleichheit (siehe z. B. [9]). Dieses Problem wird in SIMULA und
LIS dadurch vermieden, dass eine Typdefinition grundsätzlich einen
neuen Typ einführt, der von allen anderen verschieden ist.

Das Problem der zyklischen Attributabhängigkeiten wird deutlich,
wenn man in den Regeln r3 bis r6 Typdefinitionen unter die
Definitionen einreiht, und Typbezeichner wie Benennungen im
Umgebungs-Attribut   identifiziert.   Dieses   Attribut   enthält
Informationen über Typen definierter Objekte, die wiederum von den
identifizierten Typbezeichnern abhängen.

Wir lösen dieses Problem in drei Schritten:

1. Schritt: Die Identifikation der Typbezeichner wird "verzögert".
Zunächst werden in die abstrakte Beschreibung von Typen die
enthaltenen Typbezeichner selbst aufgenommen. Sie werden noch nicht
durch die Abstraktion des Typs, den sie abkürzen, ersetzt. (Bei
rekursiv definierten Typen ist eine vollständige Expansion ohnehin
nicht möglich.)

2. Schritt: Objekte, deren Typ durch Typbezeichner beschrieben
wird, können an Programmstellen zugänglich sein, an denen die
zugehörigen Typdefinitionen nicht gültig sind, da sie durch andere
Definitionen verdeckt sind. Es muss deshalb sichergestellt werden,
dass ein Typbezeichner innerhalb der Menge von Definitionen
identifiziert wird, die an der Stelle des angewandten Auftretens
des Typbezeichners gilt; und nicht in der Menge, die dort gilt, wo
der Typbezeichner innerhalb eines Attributwerts auftritt. Dies wird
erreicht, indem man als Abstraktion für Typbezeichner ein Paar
(Bezeichner, Umgebung) wählt. Die zweite Komponente ist die Menge
der an der Anwendungsstelle gültigen Definitionen. Zu jedem Block
wird wie in Schritt 1 beschrieben ein Attribut lokale_Def
berechnet, wobei die Umgebungs-Komponente darin enthaltener
Abstraktionen von Typbezeichnern leer ist. Daraus wird ein zweites
Attribut Umgebung berechnet, in dem die zweite Komponente aller
enthaltenen Abstraktionen von Typbezeichnern (wie oben beschrieben)
bestimmt wird.

3. Schritt: Trifft man bei der Untersuchung eines Typattributs auf
die Abstraktion eines Typbezeichners (z. B. beim Dereferenzieren
des Typs REF t), so identifiziert man in der Umgebungs-Komponente
die zugehörige Definition, ersetzt den Typbezeichner durch den Typ,

den er abkürzt, und ergänzt in allen darin enthaltenen Abstraktionen
von Typbezeichnern die ursprüngliche Umgebung.

Dieses Verfahren entspricht der Technik, mit der ein Übersetzer das
Problem löst: Die Umgebungs-Attribute entsprechen der Definitionsta-
belle. Typbezeichner werden nicht sofort identifiziert, sondern in
einem separaten Durchgang durch die Tabelle durch Bezüge auf
Definitionen ersetzt. Diese Bezüge entsprechen den Paaren
(Bezeichner, Umgebung) in der attributierten Grammatik, die als
statisches Beschreibungsmittel kein Bezugs- oder Variablenkonzept
zulässt. Das vorgestellte Verfahren erlaubt auch die Beschreibung
von Moduln, die lokale Objekte mit lokal definierten Typen
exportieren (SIMULA, PEARL, LIS).

```
r24: RULE    Block ::= 'BEGIN' Definitionen Anweisungen 'END'
     STATIC Block.at_lokale_Def :=
             Definitionen.at_Def + Anweisungen.at_Marken_Def;
             Block.at_Umgebung :=
               f_vervollständige_Typbezeichner
                 (Block.at_lokale_Grössen,
                   INCLUDING Block.at_Umgebung);
             CONDITION f_eindeutig (Block.at_lokale_Grössen)
     END;

     TYPE tp_Typbezeichner : STRUCT (Bez : STRING,
                                     Umgebung : tp_Definitionen);

r25: RULE    Typbezeichner ::= Bezeichner
     STATIC Typbezeichner.at_type :=
             tp_Typbezeichner (Bezeichner.at_Bez,
                               tp_Definitionen() )
                               (* vorläufig leere Folge *)
     END
```

Literatur

[1]   American National Standard Programming language FORTRAN.
      American National Standard Institute, X 3.9, 1966 u. 1978

[2]   Burroughs B6700/7700 ALGOL Language, Reference Manual
      Burroughs Corporation, Form No. 5000649, 1974

[3]   Jensen, K., Wirth, N.: Pascal User Manual and Report. Springer
      Verlag Heidelberg 1974

[4]   Kastens, U.: Einführung in attributierte Grammatiken. In:
      Fachgespräche Compiler-Compiler, Berlin 1978, Bericht der
      Techn. Hochschule Darmstadt, Fachbereich Informatik, 1978

[5]   Kastens, U.: Ordered Attributed Grammars. Interner Bericht
      7/78, Fakultät für Informatik, Universität Karlsruhe

[6]   Kastens, U.: ALADIN - eine Beschreibungssprache auf der Basis
      attributierter Grammatiken. Interner Bericht 7/79, Fakultät
      für Informatik, Universität Karlsruhe

[7]   Kastens, U., Köllner, R., Zimmermann, E.: Eine attributierte
      Grammatik für PEARL. Interner Arbeitsbericht, Fakultät für
      Informatik, Universität Karlsruhe, 1979

[8]   Knuth, D.E.: Semantics of Context-free Languages. In: Math.
      Syst. Th. 2, 2, 1968 und 5, 1, 1971

[9]   Koster, C.H.A.: On Infinite Modes. In: Algol Bulletin 30,3,
      1969

[10] Naur, P. (ed.): Report on the algorithmic language ALGOL 60.
      In: Num. Math 2, 1960

[11] Schauer, J.: Eine attributierte Grammatik für LIS. Interner
      Arbeitsbericht, Fakultät für Informatik, Universität Karlsruhe

[12] Watt, D.A.: An Extended Attribute Grammar for PASCAL. SIGPLAN
      Notices 14, 2, 1979

[13] v. Wijngaarden, A. (ed.): Revised report on the algorithmic
      language ALGOL 68. In: Acta Informatica 5, 1975

[14] Wilhelm, R.: Attributierte Grammatiken. In: Informatik-Spekt-
      rum 2, 3, 1979

Das Konzept des Programmiersprachenkerns von TA3
- Darstellung eines deskriptiv orientierten Ansatzes -

Gerhard Knorz
Fachgebiet Datenverwaltungssysteme II
Fachbereich Informatik
Technische Hochschule Darmstadt
Alexanderstr. 22a
6100 Darmstadt

ZUSAMMENFASSUNG: Der Beitrag beschreibt den deskriptiv orientierten Ansatz der
interaktiven Sprache TA3 (Tabellenorientierte Anfrage und Auswertungssprache für das
Archivsystem). Diese wurde aus einer konkreten Anwendung heraus entworfen, ist aber
durch Anpassungen bzw. Erweiterungen im Bereich von anwendungsabhängigen Sprachope-
rationen mit einer klaren Schnittstelle zum anwendungsunabhängigen Kern für weitere
Problemkreise einsetzbar. Das Konzept von TA3 und die aus dieser Sicht wesentlichen
Datenstrukturen werden dargestellt. Die funktionale Festlegung der Reihenfolge der
Berechnungsschritte durch das TA3-System werden erläutert und Anwendungsbereiche
für TA3 werden grob charakterisiert.

ABSTRACT: This paper is concerned with the descriptive oriented approach of the
interactive programming language TA3 (Tabellenorientierte Anfrage und Auswertungssprache für das Archivsystem). TA3 is an implemented tool for a specific application,
but the application area can be changed easily by changing application dependent
functions only.
The basic ideas of TA3 and the data structures used are discussed. It is shown, how
the TA3 system handles input - declarations and commands - of the user. Finally,
the conditions for other possible applications are briefly reviewed.

1 Einführung

TA3 (Tabellenorientierte Anfrage- und Auswertungssprache für das Archivsystem (1)) ist eine interaktive Sprache (2), die als Schnittstelle für
den Endbenutzer einer Methodenbank (3) mit integrierter Datenbank angesehen werden kann.

Die in TA3 verfügbaren Methoden werden als Bestandteil der Sprache betrachtet, sind sehr elementar und geben Problemlösung für den Anwender
im wesentlichen nicht als die Auswahl einer Methode, sondern als das
Kombinieren mehrerer Methoden vor. Somit programmiert ein Anwender in
TA3, dem ein deskriptiv orientiertes Sprachkonzept zugrunde liegt.

Geht man, wie in [Dit 79] von den 3 logischen Ebenen eines Methoden-
banksystems aus:

- Anwendungsebene mit der Schnittstelle für den Endbenutzer,
- Anpassungsebene mit der Schnittstelle für den DV-Spezialisten
  für Systemerweiterungen und -anpassungen,
- Grundebene mit der Daten- und Methodenverwaltung und Ablaufsteuerung,

so ist es Ziel dieses Beitrags, *die* Konzepte des Grundsystems darzu-
stellen, die auf die Sprachschnittstelle der Anwendungsebene durch-
schlagen.

Aus der Sicht von TA3 handelt es sich dabei um *die* Aspekte des TA3-
Sprachkerns, die anwendungsunabhängig sind und den Rahmen für das Problemlösen mit TA3 vorgeben.

Die beschriebene Sprache wurde entworfen im Rahmen eines Projekts (4)
an der THD, in dem eine umfangreiche Datenbank als Archiv für Wörter-
buchdaten dient (5). Mit der abgeschlossenen Implementierung von TA3
ist eine Auswertung der Datenbank in flexibler Weise möglich, mit der
die Entwicklung eines Wörterbuchs für ein automatisches Indexieren
(siehe [Lus 79]) unterstützt wird.

2 Das Arbeiten mit TA3

Dem Arbeiten mit TA3 liegt folgende Vorstellung zugrunde:
Es werden strukturierte Datenmengen definiert (in einer <ST-Definition>
(6)) als das Ergebnis einer Funktionsanwendung (oder anders: als das
Ergebnis der Anwendung einer Methode; die Terminologie in TA3 verwendet
dafür die Bezeichnung "virtuelle Funktion") auf

(1) Argumente in der Form von Direktangaben bzw. zuvor in gleicher
    Weise definierten Datenmengen,

(2) implizit gegebene Daten (z.B. aus einer virtuellen Relation in
    einer Datenbank oder dem Anschluß an eine externe Datei).

Diese Datenmengen werden als "sequentielle Tabellen" ("ST") bezeichnet,
worunter man sich Tabellen vorstellen kann mit beliebig vielen Zeilen
und mit - über SP-Namen identifizierbaren - Spalten (eine detaillierte
Betrachtung folgt im Abschnitt 3.1).

Es ist nun möglich, jede derartige Definition als ausführbare Anweisung
zu formulieren (7). Dies mag in Einzelfällen bei kleinen Datenmengen
sinnvoll sein. Im Regelfall dagegen wird eine <ST-Definition> rein
deklarativ verstanden in dem Sinn, daß das TA3-System in der Folge nun

weiß, auf welche Weise Daten aus der ST zu berechnen sind, sollte dies notwendig werden. Dazu muß das TA3-System die reale Funktion auswählen, die eine Berechnung im aktuellen Fall so leistet, wie es für die virtuelle Funktion in der verwendeten Form in der Sprachbeschreibung dokumentiert ist.

Die Notwendigkeit für die Berechnung von Zeilen einer ST ergibt sich im einfachsten Fall z.B. wenn eine ST in irgendeiner Form ausgegeben werden soll. Dazu kann es - zurückgehend in den Definitionen benötigter Datenmengen - zu einer Reihe weiterer ST-Berechnungen kommen.

Problemlösen ist für den TA3-Anwender ein Prozess, in dem er versucht, das gewünschte Resultat über eine Folge von Datendefinitionen festzulegen. Dies wird bei nicht-trivialen Auswertungen keine einfache Definitionskette sein, sondern es wird - verursacht z.B. durch vorab unpräzise Vorstellungen des Benutzers von den Voraussetzungen, die für eine von ihm gewünschte spezielle Funktionsanwendung gelten - zu Definitionen kommen, die evtl. zur endgültigen Lösung nichts beitragen oder deren aktuelle Umsetzung in eine berechnete Datenmenge dem Benutzer erst Entscheidungshilfe für den eigentlichen Lösungsweg bietet.

Dieses Vorgehen kann an dem folgenden einfachen Beispiel nicht deutlich gemacht werden. Versucht werden soll jedoch damit, es dem Leser zu ermöglichen, der allgemeinen Darstellung von TA3-Konzepten in den nächsten Abschnitten eine konkrete Vorstellung zu unterlegen.

Das Beispiel bezieht sich auf die Auswertung einer relationalen Datenbank, in der Stamm- und Grundformen gespeichert sind.

<u>Eingabe</u>

*ALLE-STAMMFORMEN [STAMM-CODE] = <u>STAMM</u> (<u>OUT</u> <u>S</u>);

<u>Erläuterungen</u>: Es handelt sich um eine <ST-Definition> als TA3-Anweisung. Die Kennzeichnung von Bezeichnern als Sprachsymbole erfolgt nur für diese Darstellung durch Unterstreichen. ST-Namen werden an dem vorangestellten "*" erkannt. "STAMM" ist der Name einer virtuellen Datenbank-Relation, "S" ist das Schlüsselattribut dieser Relation.

<u>Interpretation</u>: Eine ST mit Namen "*ALLE-STAMMFORMEN" und der (einzigen) Spalte mit dem Namen "STAMM-CODE" wird definiert als Folge aller Codes von Stammformen, die in der Datenbankrelation "STAMM" verfügbar sind (identisch mit der Pro-

jektion der Relation "STAMM" auf das Attribut "S").

Eingabe

*STAMM-GRUNDFORM [SF,GF] = <u>WORT</u> (<u>INOUT</u> <u>S</u> *ALLE-STAMMFORMEN / <u>OUT</u> <u>W</u>);

<u>Erläuterungen</u>: "WORT" ist der Name der DB-Relation, deren Schlüssel-
           attribut "W" die Codes für Grundformen enthält.
           Jeder Grundform ist in "WORT" über das Attribut "S" eine
           Stammform zugeordnet.

<u>Interpretation</u>: Die ST "*STAMM-GRUNDFORM" wird derart definiert, daß
            jeder Stammform aus "*ALLE-STAMMFORMEN" eine Folge von
            n≥0 Zeilen entspricht, wenn in der DB-Relation "WORT"
            n Grundformen mit dieser Stammform eingetragen sind.
            Dabei handelt es sich in der Spalte "SF" um jeweils
            identische Werte (8) aus *ALLE-STAMMFORMEN und in der
            Spalte "GF" um die entsprechenden Grundformen-Codes
            als Attributwerte von "W" in "WORT".

Wird in einer weiteren Folge von Anweisungen eine Funktion angestoßen,
die z.B. Zeilen aus *STAMM-GRUNDFORM benötigt, so wird die Berechnung
der ersten Zeilen dieser ST initiiert. Diese führt zu einer Anforderung
von Zeilen aus *ALLE-STAMMFORMEN. Sind diese nicht verfügbar, so wird
eine gewisse Anzahl davon berechnet und die Anforderung kann befriedigt
werden.

3 Sprachkonzept

Die beiden zentralen Begriffe in TA3 sind

- "sequentielle Tabelle" ("ST") und
- "virtuelle Funktion" (9).

Virtuelle Funktionen in TA3 werden im wesentlichen auf ST's angewendet
und definieren in ihrem Ergebnis jeweils eine neue ST bzw. ein unmittel-
bares Ergebnis. (Als Beispiel für letzteres sei die "Ausgabefunktion"
oder eine Auskunftsfunktion genannt.) Für den Benutzer stellt die ST
ein Hilfsmittel dar, sich auf bereits definierte Datenmengen zu beziehen

und auch sich diese Datenmengen konkret vorzustellen. Auf ihre Realisierung kann er weder Bezug nehmen, noch wird sie ihm im Einzelfall
bekannt sein. Die Größenordnung, die eine ST bei der realisierten Anwendung erreichen kann, verbietet eine vollständige Repräsentation im
Arbeitsspeicher. Es besteht eine erste Möglichkeit, die Verwendung
einer ST vollständig prozedural innerhalb einer "realen TA3-Funktion"
(siehe Abschnitt 3.2) zu lösen. Das einfache Beispiel in Abschnitt 2
macht deutlich, daß für eine Berechnung der ST *STAMM-GRUNDFORM auf
eine explizite Repräsentation der ST *ALLE-STAMMFORMEN verzichtet werden
kannn, wenn der angesprochenen realen TA3-Funktion für *STAMM-GRUNDFORM
mitgeteilt werden kann, daß die Berechnung nicht für spezielle, sondern
für alle Stammformen-Codes durchzuführen ist (siehe dazu auch Abschnitt
2.3).
Diese Vorgehensweise ist in vielen Fällen nicht möglich. Der zweite Weg
für eine Realisierung besteht nun darin, die Definition der ST auf der
Ebene der ausgewählten (siehe Abschnitt 3.2) realen TA3-Funktion dem
ST-Namen zuzuordnen, ebenso wie die später eventuell bereits berechne-
ten ST-Zeilen. Stellt das TA3-System nun fest, daß von irgendeiner TA3-
Funktion eine Anforderung besteht, auf Zeilen dieser ST zuzugreifen, so
wird - falls notwendig - die Berechnung einer (ST-spezifisch intern
festgelegten) Anzahl jeweils weiterer Zeilen angestoßen, auf die dann
sequentiell zugegriffen werden kann. Im Fall "großer" ST's ist die zwei-
malige Verwendung dieser ST ohne Neuberechnung nicht möglich.

Die Berechnungsreihenfolge ist also global festgelegt durch die Abhängigkeit der sequentiellen Tabellen und den Zeitpunkt, zu dem eine
ausführbare Anweisung die Berechnung initiiert. Im Detail kann allerdings über die Reihenfolge der einzelnen Berechnungsschritte (aus der
Sicht des Benutzers) nichts ausgesagt werden, weil die Ausführung eines
Berechnungsschrittes weitere Berechnungsschritte anstoßen kann in Abhängigkeit vom Zustand der tangierten sequentiellen Tabellen.

3.1 Datentyp "Sequentielle Tabelle"

Die "sequentielle Tabelle" ("ST") kann als ein Datentyp (10) angesehen
werden, der als Folge von Komponenten mit gleichem Typ definiert ist.
Deren Typ ist entweder skalar oder aus einer beschränkten Anzahl un-
strukturierter Felder zusammengesetzt, deren skalarer Typ verschieden
sein kann (record structure).
Zum Definitionszeitpunkt bekannt ist der Typ des Records, nicht jedoch
die Länge der Folge.

Die so gegebene Definition orientiert sich an der zeilenweisen (11)
Verarbeitung einer ST, bei der eine TA3-Funktion jede Zeile in sequen-
tiellem Vorgehen in identischer Weise verarbeitet.
Die Möglichkeit der abschnittsweisen Verarbeitung einer ST legt eine
weitere Strukturierung des Datentyps ST nahe, bei der Zeilen zu Abschnitten variabler Länge zusammengefaßt werden und die ST dann aus
einer Folge von Abschnitten besteht. Diese Gliederung wird jedoch erst
bei der Verwendung einer ST in reversibler Weise festgelegt und soll aus
diesem Grund nicht bei der Darstellung der ST als Datentyp mit einbezogen werden.
Die Definition einer Variablen vom Typ ST geschieht über eine <St-
Definition> in der Form:

<ST-Name>[<SP-Namen Liste>] <Definitions-Symbol> <Funktionsausdruck>;

dabei werden unmittelbar Namen für die ST und die Recordfelder (Spalten
der Tabelle) festgelegt. Der skalare Typ dieser Spalten wird nicht
explizit angegeben, sondern kann über die Analyse von <Funktionsaus-
druck> und der darin verwendeten weiteren ST's zugeordnet werden.

Bezieht man sich in <Funktionsausdruck> auf eine ST in der Form wie sie
definiert ist, so genügt als Referenz der ST-Name. Projiziert man eine
ST dabei auf eine Teilmenge ihrer Spalten (durch Angabe der Spalten-
namen), so bleibt der Typ ST erhalten.
Argumente von TA3-Funktionen, für die man sich nur auf Wertfolgen
(evtl. kommen Einschränkungen bezüglich des skalaren Typs dazu) beziehen kann, verlangen Variable vom SP-Typ (12), wobei diese aus einer
beliebigen (evtl. "projizierten) ST-Typ-Variablen mit einer ausgezeich-
neten (13) Tabellen-Spalte bestehen.
Eine abschnittsweise Betrachtung einer ST läßt sich erreichen durch
Angabe einer durch Projektion gewonnenen "Teiltabelle", deren Wertebelegung Abschnitte in der Gesamttabelle dadurch definiert, daß innerhalb eines Tabellenabschnittes diese Wertebelegung konstant bleibt.

3.2 Das Konzept der virtuellen Funktionen

Die Verwendung virtueller Funktionen soll dem TA3-Benutzer ein Höchst-
maß an problembezogenem Denken erlauben mit dem Vorteil überschaubarer
und einheitlicher Formulierung.
Das Wesentliche an diesem Vorgehen ist die Entkoppelung der Benutzer-
schicht (Ebene der virtuellen Funktionen) von der TA3-Realisierung

(Ebene der realen Funktionen).

Ein Beispiel soll dies verdeutlichen:

<u>Eingabe</u>

*NORMIERTE-TP [TERM1,TERM2,REL-ZW-T1-U-T2] =
    <u>GEORDNET</u> (<u>ABSCHNITT-IN</u> *TERMPAARE [QUELLE,ZIEL]/
            <u>INOUT</u> <u>FOLGE</u> *TERMPAARE [...→ RELATION]);

<u>Erläuterung</u>:   "GEORDNET" ist der Name einer virtuellen Funktion.
            Das Zeichen "-" ist Bestandteil von Bezeichnern.
            Über den Argumentnamen"ABSCHNITT-IN" wird eine ab-
            schnittweise Betrachtung der ST *TERMPAARE erreicht
            (siehe Abschnitt 3.1): Ein Abschnitt umfaßt alle ST-
            Zeilen mit konstanten Werten in QUELLE und ZIEL.
            QUELLE, ZIEL und RELATION in *TERMPAARE entsprechen
            (in dieser Reihenfolge) TERM1,TERM2 und REL-ZW-T1-U-T2
            in *NORMIERTE-TP. FOLGE markiert die zu ordnende Wertfol-
            ge, wobei die entsprechende Spalte in *TERMPAARE mit einem
            Pfeilsymbol gekennzeichnet ist. "..." vertritt als abkür-
            zende Schreibweise alle SP-Namen, die in der Definition
            von *TERMPAARE links von RELATION auftraten.

<u>Interpretation</u>: Für *NORMIERTE-TP gilt dieselbe Definition wie für
            *TERMPAARE mit der strengeren Forderung nach geord-
            neter Reihenfolge in der Spalte REL-ZW-T1-U-T2 inner-
            halb der oben erklärten Abschnitte.

Der Benutzer, der eine Funktion (z.B. die Ausgabefunktion) verwendet,
die eine aktuelle Berechnung von Daten anstößt, für die die ST *NORMIER-
TE-TP benötigt wird, besitzt keine Kenntnis darüber, ob etwa die reale
Funktion, die *TERMPAARE berechnet, bereits in der Lage ist, die Form
von *NORMIERTE-TP zu liefern, ob bei der Verwendung von *NORMIERTE-TP
in einer übergeordneten Funktion der Zugriff auf *TERMPAARE erfolgen
kann (mit einer entsprechenden Umsortierung),oder ob für *NORMIERTE-TP
eine eigenständige reale Funktion angewendet wird.

Die hier dargestellten möglichen Realisierungen einer virtuellen
Funktion sind im Einzelfall abhängig vom Kontext der definierten ST
und dem Stand der Entwicklung bei den verfügbaren realen Funktionen.

Der Benutzer kann davon ausgehen, daß das TA3-System für die Berechnung
der über ST-Definitionen festgelegten Daten, die letztlich auf eine
Berechnungsfolge virtueller Funktionen zurückzuführen ist, eine Folge
von TA3 in einer optimierten Weise ausnutzt (siehe Abschnitt 4 und 5).

4 Grundzüge der Implementierung

Die Implementierung von TA3 als System von PL/1-Programmen ist in
Abb. 1 in seinen wesentlichen Teilen als Schalenmodell dargestellt (14).

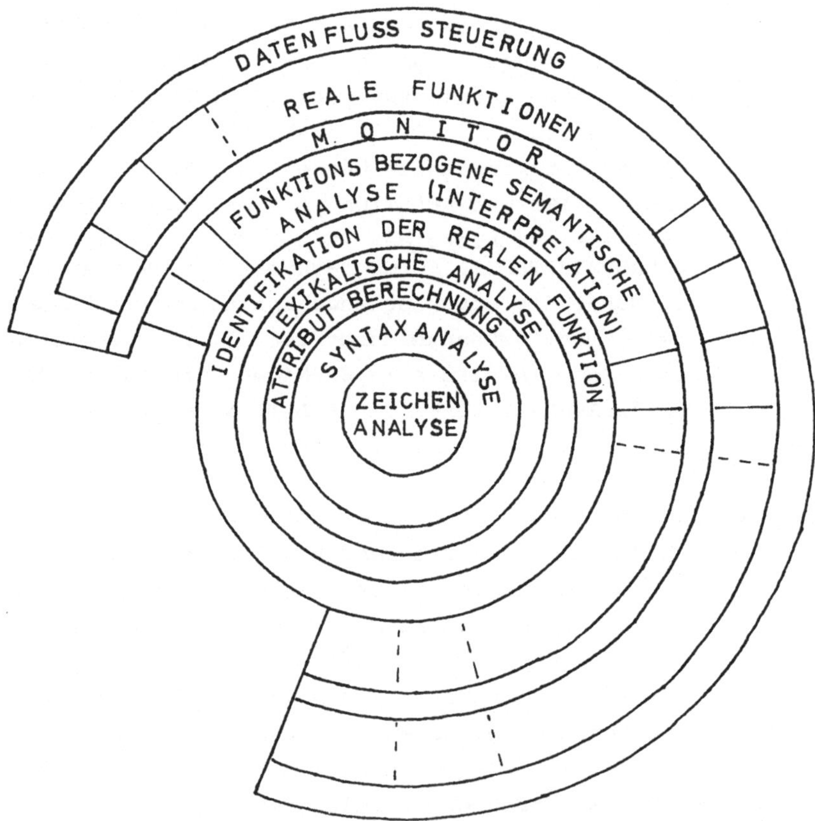

Abb. 1: Gliederung des TA3-Systems

Den Kern bildet die Zeichenanalyse, die - kontextgesteuert (15) - regu-
läre Zeichenmengen erkennt. Darauf aufbauend liefert die Syntaxanalyse
- realisiert über die Simulation rekursiv endlicher Automaten - einen
Syntaxbaum, der durch einfache Attributberechnungsfunktionen attributiert

wird. Diese drei Phasen laufen verschränkt. Aufgabe der lexikalischen
Analyse ist die Untersuchung der verwendeten ST- und SP-Namen, die zu
einer Reduzierung des Syntaxbaumes und zur Vervollständigung der Attributierung führt.

Eine Untermenge der Attribute bildet die Grundlage für die regelge-
steuerte Auswahl einer realen Funktion, der jeweils 2 Programme zugeordnet sind: Ein "Interpretierungsprogramm" und ein "Ausführungsprogramm".

Das Interpretierungsprogramm hat die relevanten Teile des attributierten
Syntaxbaumes (den <Funktionsausdruck>) zu interpretieren, wobei das
"Wissen" über die Definitionen der darin verwendeten ST's einbezogen
werden kann. Ergebnis ist eine Datenstruktur, die die Berechnung der
ST in Zusammenhang mit dem Ausführungsprogramm festlegt. Sie ist Grund-
lage für zum Teil einfache Parametersteuerungen, sowie zum Teil für die
Interpretation komplex strukturierter Daten im zugeordneten Ausführungs-
programm. Mit dieser Schicht der 'funktionsbezogenen semantischen
Analyse' endet die Behandlung einer Eingabe, sofern es sich um eine ST-
Definition handelt. Wird jedoch eine ausführbare Anweisung (siehe z.B.
(7)) bearbeitet, so ermittelt der Monitor die der ST zugeordnete anzu-
stoßende Funktion (als Ausführungsprogramm) und übergibt diesem die
Kontrolle. Die Abhängigkeit der zu berechnenden ST von anderen ST's
erfordert ein rekursives Zurückgehen in deren Definitionen und dazu
Monitor- und Datenflußoperationen. Das inkrementelle Arbeiten auf den
einzelnen ST-Ebenen hält diesen Prozeß bis zur abgeschlossenen Berechnung in Gang.

Der Anschluß an das Datenbanksystem SESAM (Softwareprodukt der Firma
Siemens) ist über eine Basissoftware in den entsprechenden Funktionen
realisiert.

5 Einordnung von TA3

In Abschnitt 1 ist TA3 als Methodenbanksprache eingeführt, was vom Aufbau der Sprache her sicher gerechtfertigt ist, wenngleich es kaum eine
verbindliche Definition für Methodenbanksysteme gibt (vgl. [Dit 79])
und sich die Gleichsetzung von "virtuelle Funktion" und "Methode" im
Fall vieler sehr elementarer Funktionen nicht unmittelbar aufdrängt.
Aus der Betrachtung der virtuellen Funktionen als Bestandteil der Sprache resultiert, daß für die Aufnahme neuer Methoden nur die standardi-
sierten Systemschnittstellen zur Verfügung stehen und die Methodenver-

waltung nicht maschinenunterstützt ist. Eine fortwährende Erweiterung
von TA3 durch neue reale virtuelle Funktionen (zur Steigerung der
Effizienz und Effektivität) entspricht jedoch der Anwendung von TA3
als ständig weiterzuentwickelndes Werkzeug.

Die Darstellung in diesem Bericht sollte deutlich gemacht haben, daß
Aspekte der Unterstützung des Benutzers bei der Methodenauswahl oder
Parameterversorgung in TA3 keine bzw. geringe Bedeutung zukommt (im
Gegensatz etwa zu Systemen wie METHAPLAN (16) oder MADAS (17)). Ähnlich-
keit in einigen Aspekten besteht zu dem im Karlsruher Kernforschungs-
zentrum entwickelten REGENT (18), das allerdings die Einrichtung eigener
Anwendungsprachen unterstützt, vollständig in PL/1 eingebettet ist und
batchorientiert arbeitet.

Wesentlich für TA3 ist das Entwurfsziel einer deskriptiv orientierten
Sprache, wobei die Überprüfung dieses Anspruchs in einem Vergleich mit
den zahlreichen Ansätzen auf diesem Gebiet die Umgebung des Entwurfs
für TA3 berücksichtigen muß (19). Der Versuch, prozedurale Anweisungen
durch Problembeschreibungen zu ersetzen, Behauptungen über Beziehungen
zwischen Daten anstelle von Instruktionen zu verwenden, kann den Prozess
der Problemlösung in sehr unterschiedlichem Grad vom Benutzer zu dem
System hin verlagern wollen.

Um TA3 in Bezug auf seinen 'deskriptiven Anspruch' abzugrenzen, soll
ein Vergleich an einem entscheidenden Beispiel mit dem System ABSYS
(20) die wesentlichen Aspekte herausstellen (das Beispiel ist aus
[Elc 75], S. 40 entnommen):

Folgende Definition (innerhalb einer Problembeschreibung)

$$z = [x\ \&\ y]$$

behauptet, daß z eine Liste ist mit x als Kopf und y als Ende.

Zum Bearbeitungszeitpunkt dieser Eingabe ist für ABSYS nicht festgelegt:

(1) ob diese Beziehung zwischen x, y und z zur Lösung beiträgt

(2) ob diese Beziehung bei der Berechnung
    - einen Test auf das Bestehen einer solchen Beziehung,
    - die Konstruktion von z aus x und y, oder
    - die Selektion von x und y aus z
    veranlassen wird.

In ABSYS liegt eine Datensteuerung in dem Sinn vor, daß bei der Berechnung die vorliegenden Daten entscheidend dafür sind, welche Behauptung

als nächste heranzuziehen ist und wie diese zu interpretieren ist.

Die diesem Beispiel entsprechende Situation ist mit der Eingabe einer
ST-Definition gegeben. Nach deren Bearbeitung ist für das TA3-System
nicht festgelegt:

(1) ob diese Definition zur Berechnung einer Lösung beitragen wird

(2) ob (falls (1) gilt) es zu einer expliziten Berechnung von z (als
    linke Seite der ST-Definition) kommen wird, oder ob die Definition
    zur Modifikation anderer Definitionen verwendet wird.

Eine Datensteuerung in TA3 liegt primär in der Festlegung der aktuellen
Berechnungsreihenfolge, auf der Ebene der ST-Zeilen, für die die Abhängigkeiten der einzelnen ST's entscheidend sind.
Stellt man die Lösung eines Problems als das Durcharbeiten eines Rekur-
sionsgleichungssystems dar, mit dem eine Folge von Zustandsvektoren,
die die Wertebelegung aller Datenobjekte im TA3-System beschreiben,
von einem Anfangszustand in einen Endzustand entwickelt wird, so unterscheidet sich TA3 von einer algorithmisch iterativen Berechnung durch
die Reihenfolge der Schritte: Anstelle einer sukzessiven Konstruktion
des Ergebnisses aus Eingabewerten geht TA3 von dem geforderten Ergebnis
aus rekursiv in der Folge der Zustandsvektoren zurück.
Die Interpretation einer ST-Definition - um an der Vergleich mit ABSYS
anzuknüpfen - ist von Daten nur soweit abhängig, als der Typ der Daten
und der Kontext, in dem sie verwendet werden, in Zusammenhang mit der
angesprochenen virtuellen Funktion in vielen Fällen entscheidend für die
Interpretation dieser Funktion ist (wobei Interpretation hier gleichzu-
setzen ist mit "Auswahl des zuständigen Algorithmus"). Dies entspricht
allerdings im wesentlichen nur dem Vorgehen, die wesentlichen prozedu-
ralen Aspekte in TA3 in den virtuellen Funktionen zu verbergen.

Der Beitrag soll schließen mit einer Bemerkung zum Einsatz von TA3:
Mit TA3 wird gearbeitet in der vorgesehenen Verwendung (vgl. Abschnitt
1) seit Herbst 1979. Zur Zeit werden Überlegungen angestellt, TA3 auch
für andere Anwendungen einzusetzen, z.B. zur Auswertung der experimen-
tellen Ergebnisse im Projekt.
Die grundsätzliche Verwertbarkeit von TA3 in diesen Bereichen ist sichergestellt.

<u>Anmerkungen</u>

(1)   Die Namensgebung ist von der Anwendung her motiviert. Die Defini-
      tion des TA3 Sprachkerns und der angebotenen TA3-Funktionen ist
      in [Kno 79] gegeben.

(2)   Zur adäquaten Behandlung von sehr rechenzeitintensiven Problemen
      ist auch eine TA3-Batchversion verfügbar.

(3)   Die Einschränkungen des TA3-Systems gegenüber einer sehr allgemein
      definierten Methodenbank ist in Abschnitt 5 dargestellt.

(4)   Projekt PT 131.05 "Wörterbuchentwicklung für automatisches Indexing",
      gefördert im Rahmen des IuD-Programms der Bundesregierung seit März
      1978 an der Technischen Hochschule Darmstadt, Fachbereich Informa-
      tik, Fachgebiet Datenverwaltungsssysteme II.

(5)   Eine Beschreibung des Archivsystems, in das TA3 einzuordnen ist,
      findet sich in [Kno 78].

(6)   Namen syntaktischer Konstrukte werden im folgenden stets in <...>
      eingeschlossen.

(7)   Einfach durch das Ersetzen des Definitionssymbols: "=" durch ":=".

(8)   Der Effekt, daß ST's aufgrund ihrer Definition in gewissen Spalten
      mit Folgen konstanter Werte belegt sein können, ist wesentlich für
      eine Betrachtung dieser ST, die von einer Gliederung in ST-Ab-
      schnitte ausgeht. Die Änderung der Wertebelegung in einer Spalte
      markiert den Übergang zu einem neuen ST-Abschnitt (siehe auch Ab-
      schnitt 3.1).

(9)   In TA3 wird zusätzlich der Begriff der 'virtuellen Datenbankrela-
      tion' verwendet, der den Funktionsbegriff an der Stelle ersetzt,
      wo es um die Selektion von Daten aus der Datenbank geht (siehe
      Beispiele in Abschnitt 2). Darauf soll hier nicht eingegangen
      werden.

(10) Variable vom Typ "sequentielle Tabelle" werden selbst ebenfalls
      - etwas ungenau - als "ST" bezeichnet; Mißverständnisse dürfte
      der Kontext ausschließen.

(11) Die Vorstellung ist die, jeden Record in der Recordfolge als Zeile
      einer Tabelle zu betrachten, in der die Recordfelder die Spalten
      bilden.

(12) SP-Typ = "Spalten-Typ": Folge unstrukturierte Werte.

(13) Dazu wird ein Pfeil ("→") verwendet (z.B. *TAB [A,C, → F,H]).

(14) Die Implementierung einer ersten einsatzfähigen Version wurde im
      Zeitraum Oktober 1978 bis Sommer 1979 durchgeführt. Die Arbeiten
      erfolgten im Rahmen des in (4) genannten Projekts auf dem Informa-
      tikrechner der TH Darmstadt, einem Modell Siemens 7.748 unter
      BS 2000. Das vollständige System, in F-Level PL/1 geschrieben, be-
      steht aus 64 Programmen, die in der z.Z. gültigen Version 1.0 ins-
      gesamt 90 K Speicher beanspruchen.

(15) Die Kontextsteuerung erreicht im wesentlichen, daß die Elemente
      aus den verschiedenen Klassen von Bezeichnern nur im jeweilig zu-
      lässigen Kontext erkannt werden.

(16) METHAPLAN (ein SIEMENS-Softwareprodukt) ist ein Methodenbanksystem
mit Anschluß an das Datenbanksystem SESAM. Der Benutzer wird bei
der Anwendung der Bausteine aus der Methodenbank, nicht wesentlich
jedoch bei deren Auswahl unterstützt. METHAPLAN ermöglicht interaktives Arbeiten und bietet eine Kommandosprachenschnittstelle an.

(17) MADAS ist ein Methodenbanksystem zur statistischen Auswertung für
Marktdaten, entwickelt an der Universität Erlangen-Nürnberg. MADAS
unterstützt insbesondere die Auswahl der Methoden.

(18) REGENT wird im Kernforschungszentrum Karlsruhe für Computer Aided
Design (CAD) eingesetzt. REGENT stellt als ein in PL/1 eingebette-
tes System den vollen Sprachumfang von PL/1 zur Verfügung. Es läßt
eine interaktive Parametrierung zu, auf die jedoch eine Überset-
zungsphase folgt, nach der die Berechnung im Stapelbetrieb ausgeführt wird.

(19) Die Tatsache, daß die Entwicklung von TA3 nicht die Untersuchung
von Sprachkonzepten zum Ziel hat, sondern die Projektarbeit (siehe
(4)) wesentlich unterstützen soll, ist relevant für einen Vergleich
z.B. mit einer Sprache aus dem AI-Bereich. Insbesondere da die Auswertungen des umfangreichen Wörterbuchs in dem Bereich einer "Mas-
sendatenverarbeitung" eingeordnet werden können.

(20) ABSYS (ABerdeen SYStem) wurde von der Computer Research Group in
Aberdeen als on-line arbeitender inkrementaler "Problemlösungs-
compiler" entwickelt (Fertigstellung 1968). Aus Behauptungen über
Daten werden parallele Berechnungszweige erzeugt, in deren Entwicklung der Benutzer nicht eingreifen kann.

<u>Literaturverzeichnis</u>

[Dit 79]   Klaus R. Dittrich, Rainer Hüber, Peter C. Lockemann:
           Methodenbanksysteme: Ein Werkzeug zum Maßschneidern von
           Anwendungssoftware
           Informatik-Spektrum 2, S. 194 - S. 203, Springer-Verlag, 1979

[Elc 75]   E. W. Elcock: Problemlösungskombilierer
           in: Künstliche Intelligenz und Heuristisches Programmieren
           Hrsg.: N.V. Findler (übersetzt Oskar Itzinger) S. 39 - S. 52,
           Springer-Verlag Wien, New York, 1975

           (Englische Originalausgabe: Artificial Intelligence and
           Heuristic Programming
           Editors: N.V. Findler, Bernhard Melzer
           Edinburgh University Press, Edinburgh, Scotland, 1971)

[Kno 78]   Gerhard Knorz: Struktur und Aufbau des Archivwörterbuchs
           für das Projekt "Wörterbuchentwicklung für automatisches
           Indexing";
           Interner Bericht DVS II 78/1
           Technische Hochschule Darmstadt
           FB Informatik, FG DVS II, 1978

[Kno 79]   Gerhard Knorz: TA3-Sprachbeschreibung
           Interner Bericht DVS II 79-2
           Technische Hochschule Darmstadt
           DB Informatik, FG DVS II, 1979

[Lus 79]   Gerhard Lustig: Ansätze einer realistischen automatischen
           Indexierung unter Verwendung statistischer Verfahren
           in: Rainer Kuhlen (Hrsg.) "Datenbasen, Datenbanken,
           Netzwerke", 1 Aufbau von Datenbasen, S. 339 - S. 368,
           K.G. Saur, 1979

STRUKTUR UND ERFAHRUNGEN

Hans H. Kron, Rainer Lutze
Fachgebiet Programmiersprachen und Übersetzer
Institut für Praktische Informatik
Technische Hochschule Darmstadt
Steubenplatz 12
6100 Darmstadt

ZUSAMMENFASSUNG: An der Technischen Hochschule Darmstadt wird jährlich ein Über-
setzerentwurfspraktikum veranstaltet, welches den Teilnehmern beträchtliche Frei-
heiten in Bezug auf die Wahl der Methoden und Hilfsmittel gewährt, aber anderseits
den Entwurf und die Implementierung vollständiger Übersetzer vorsieht.
Wie sich diese Rahmenbedingungen auf die Ausprägung der Quellsprache, das Angebot
an Hilfsmitteln und die Durchführung sowie Überwachung der Praktikumsphasen aus-
wirken, soll hier zusammen mit den bereits gemachten Erfahrungen aufgezeigt werden.

ABSTRACT: At the Technical University at Darmstadt, a practical course on compiler
construction is offered annually. Its participants enjoy considerable freedom in
choosing methods and tools while designing and implementing complete compilers.
We discuss the implications of these objectives on the design of the source language,
on the tools available, and on the structure and supervision of the course phases.
We also report on our experience with the practical course.

1. Lernziele des Übersetzerentwurfspraktikums.

Praxis des Übersetzerbaus. Betrachten wir zunächst den vordergründigsten Wert eines

Übersetzerbaupraktikums, nämlich den praktischen Einsatz der bereits in Vorlesungen

erworbenen Theoriekenntnisse aus dem Fachgebiet der Programmiersprachen und Überset-

zer. Wie Kastens in [Kas 78] erläutert, ist bei der Zielsetzung dieser Lehrveranstal-

tung weniger an das Berufsbild eines "hauptamtlichen" Übersetzerbauers zu denken:

die Relevanz liegt eher in der Implementierung von Anwendersprachen mit den hier er-

probten Mitteln des Übersetzerbaus. Denn ein Informatiker wird häufig eine gut struk-

turierte, von starren Formaten und unverständlichen Beschränkungen freie, daher aber

leider nicht primitiv verarbeitbare Eingabesprache für sein fachspezifisches Program-

miersystem vorsehen. Er muß sich dann in den Methoden und den Hilfsmitteln des Über-

setzerbaus aus eigener praktischer Erfahrung gut auskennen, um die Sprachimplementie-

rung, die ja nur Rand- oder Rahmenaufgabe in seinem Gesamtprojekt ist, in angemessener und zuverlässiger Weise vollziehen zu können.

<u>Vertiefung, nicht Spezialisierung</u>. Aus dem Vorigen ergeben sich auch Folgerungen für die Einordnung des Praktikums im Studium, welches wir uns in Grund-, Vertiefungs- und Spezialisierungsphase eingeteilt denken. Auf der einen Seite kann das Praktikum frühestens der Vertiefungsphase (d.h. der Phase nach dem Vordiplom) zugeordnet werden, da zur Teilnahme am Praktikum selbstverständlich der vorhergehende Besuch der Übersetzerentwurfsvorlesung Voraussetzung ist (und die letzte bereits zur Vertiefungsphase gehört). Anderseits sollte das Praktikum - wegen der oben begründeten Relevanz für Anwendersprachen - einem möglichst breiten Teilnehmerkreis offen stehen. Diese Breite ist aber wiederum Kennzeichen der Vertiefungsphase - im Gegensatz zur Spezialisierungsphase. Das bedeutet, kurz zusammengefaßt: Unser Praktikum ist in der mittleren Studienphase angeordnet, es setzt daher auf der einen Seite <u>nur</u> die Grundlagen des Übersetzerentwurfs voraus und es hat <u>nicht</u> die Aufgabe, Spezialkenntnisse und breite Fähigkeiten im Übersetzerentwurf zu vermitteln. Offensichtlich wird diese Einordnung den Umfang der Quellsprache (vgl. Kapitel 3) und die Anforderungen an die Übersetzer (vgl. Kapitel 4) stark beeinflussen.

<u>Systementwurfsmethoden</u>. Neben den auf den Übersetzerbau bezogenen Lernzielen bietet ein Übersetzerentwurfspraktikum seinen Teilnehmern die Gelegenheit, Systementwurfs- und Programmkonstruktionsmethoden auf Probleme mittlerer Größenordnung anzuwenden. Insofern kann es ein spezielles Softwarepraktikum ergänzen oder vorübergehend ersetzen. Das bedingt natürlich, daß entsprechende Entwurfs- und Konstruktionsmethoden explizit in die Organisation des Praktikums (siehe Kapitel 2) eingearbeitet werden, insbesonders daß die Teilnehmer zur Anwendung der Methoden angeleitet und angehalten werden.

Die spezielle Thematik des Praktikums hat eine hervorragende Stellung unter anderen möglichen Themen für Systementwurfs- und Programmkonstruktionspraktika. Durch die vorangegangenen Vorlesungen über Automatentheorie, formale Sprachen und Übersetzerentwurf haben die Praktikumsteilnehmer nämlich das Problemgebiet bereits formal erfaßt: sie kennen, jeweils in abstrakter Definition, die relevanten

- Objekte (wie z.B. kontextfreie Grammatik, endlicher Automat, Keller),
- Operationen (wie z.B. Ableitung, Transition, Transformation),
- Prädikate und Eigenschaften der Objekte und Operationen,
- Beweise über die Eigenschaften.

Die Teilnehmer können dann im Laufe des Praktikums erfahren, daß diese vorliegenden abstrakten Konzepte die weitere Entwurfs- und Konstruktionsarbeit ganz wesentlich prägen und erleichtern. Die abstrakten Konzepte bilden nicht nur den Ausgangspunkt für die schrittweise Umsetzung in die Programmiersprache, in der der Übersetzer implementiert wird, sie dienen auch als natürliche Verständigungsbasis zwischen "Auftraggebern" (Praktikumsleitern) und Teilnehmern, zwischen den Teilnehmern selbst und in der Dokumentation. Es sollte ganz klar werden, daß Entwurf und Verifikation des konkreten Übersetzers einen indiskutablen Aufwand darstellen, wenn die abstrakten Objekte und die zugehörigen formalen Erkenntnisse nicht schon vorhanden sind. Anderseits lernen die Studenten auch, daß die Umsetzung der abstrakten Objekte in programmiersprachliche durchaus noch Schwierigkeiten bereiten kann.

Gruppenarbeit. Zum Bereich der Softwaremethodik gehört auch das Lernziel, bei Entwurf und Konstruktion Gruppenarbeit zu praktizieren. Die Bildung von Praktikumsgruppen ist schon allein wegen des Arbeitsumfangs zwingend, will man die Quellsprache nicht allzusehr ausdünnen. Nun stellen wir ein weiteres Lernziel auf, das im scheinbaren Widerspruch zum obigen steht: Jeder Praktikumsteilnehmer soll an sämtlichen Teilen sämtlicher Phasen eines vollständigen Übersetzers mitarbeiten (und dadurch einschlägige Kenntnisse erlangen). Damit nun nicht jeder Teilnehmer alleine seinen eigenen Übersetzer schreibt (was erstens zeitlich scheitern würde und zweitens keine Gruppenarbeit impliziert), anderseits aber jeder an allen Übersetzerteilen mitwirkt, stellen wir folgende Richtlinien auf:

(1) Jede Praktikumsgruppe baut ihren eigenen vollständigen Übersetzer.
(2) Der Übersetzer wird in "Übersetzerphasen" eingeteilt (z.B. Lexikalische Analyse - Syntaxanalyse - Semantische Analyse - Codeerzeugung).
(3) Die Gesamtaufgabe wird in "Arbeitsphasen" eingeteilt (z.B. in die vier Phasen Entwurf - Programmierung - Testen - Dokumentation).
    Ein "Arbeitsquant" ist dann eine bestimmte Arbeitsphase für eine bestimmte Übersetzerphase.
(4) Die Gruppenmitglieder übernehmen nun (einzeln oder in Untergruppen) die Arbeitsquanten derart permutiert, daß jedes Mitglied an allen Übersetzerphasen und an allen Arbeitsphasen beteiligt ist.

Bei Gruppen zu je 4 Mitgliedern (M1 bis M4) können die Arbeitsquanten z.B. so verteilt werden:

	lexikalische Analyse	Syntax-Analyse	Semantische Analyse	Code-erzeugung
Entwurf	M1	M2	M3	M4
Programmierung	M2	M3	M4	M1
Testen	M3	M4	M1	M2
Dokumentation	M4	M1	M2	M3

Abb. 1. Eine mögliche Verteilung der Arbeitsquanten.

Es ist aber auch denkbar, daß die Gruppenmitglieder Untergruppen (z.B. M1 + M2, M3 + M4) bilden, um die Komplexität der Kommunikation zu verringern. Dadurch kann man sich den Gegebenheiten anpassen, wie z.B. Teilnehmerzahl, Gruppengröße, zeitliche und räumliche Randbedingungen, angebotene Übersetzerbauhilfsmittel und Betreuungsmöglichkeiten. Über unsere Erfahrungen zu diesem Punkt berichten wir in Kapitel 5.

2. Die Organisation des Praktikums.

Die Organisation des Übersetzerentwurfspraktikums steht unter dem Grundsatz, daß die Praktikumsgruppen eine freie Auswahl innerhalb der angebotenen Übersetzerstrukturen, Übersetzungsverfahren und Spezifikationsmethoden haben (die Praktikumsleitung wirkt nur darauf hin, daß möglichst verschiedenartige Übersetzer resultieren). Diese Freiheit birgt, wie in [Kas 78] schon bezüglich der Übersetzerstruktur angesprochen, die Gefahr "zeitaufwendiger Fehlentscheidungen" der Gruppen. Um dem zu begegnen, stellen wir den Praktikumsablauf unter punktuelle, aber tiefgreifende Kontrollen, die schon beim Eintritt in das Praktikum beginnen.

Prolog. Am Ende der Übersetzerentwurfsvorlesung wird auf das Praktikums hingewiesen; die interessierten Studenten bilden schon jetzt die Praktikumsgruppen (je vier Teilnehmer). Die Gruppen erhalten (für die Semesterferien) die Aufgabe, für eine vorgegebene einfache Sprache (die "Minisprache") einen Übersetzer zu entwerfen, also seine Struktur festzulegen und die Übersetzerphasen samt ihren Schnittstellen formal zu beschreiben. Diese Minisprachen-Übersetzerspezifikationen werden zu Beginn des Praktikumssemester von der Praktikumsleitung durchgesehen, wobei besonders auf drei signifikante Punkte geachtet wird:

(1) Welche Spezifikationstechnik benutzt die Gruppe?
(2) Beherrscht sie die Codeerzeugung für die (symbolische) Adressierung in der Zielsprache?
(3) Beherrscht sie die dynamische Speicherverwaltung?

Anfangsbesprechung. In der ersten Besprechung mit den Gruppen werden die Schwachpunkte der Entwürfe angesprochen und eine Musterlösung vorgestellt, die haupsächlich die Gruppen mit unbefriedigender Spezifikationstechnik anleiten soll. Dann erhalten die Gruppen die Spezifikation (d.h. Syntax und mathematische Semantik) der vollen Quellsprache. Weiterhin werden die Leistungsanforderungen an die Übersetzer festgelegt. Wir verzichten insbesondere auf gewisse Serviceleistungen wie z.B. eine anspruchsvolle Fehlerbehandlung, da wir entsprechende Kenntnisse zu diesem Zeitpunkt (Vertiefungsphase des Studiums) nicht voraussetzen und da ihre Einbeziehung zeitlich zu Kosten der anderen Lernziele gehen würde.

<u>Arbeitsphasen</u>. Nun laufen die Arbeitsphasen Entwurf, Programmierung und Test nacheinander ab. Wie im vorigen Kapitel erläutert, übernehmen die Gruppenmitglieder verschiedene Arbeitsquanten. Abweichend von der extremen Aufteilung in Abb. 1 erweist sich dabei z.B. die Verteilung nach Abb. 2 als praktisch; auch hier sind die Mitglieder gezwungen, zu fremden Spezifikationen Programme zu implementieren und zu fremden Programmen eine Dokumentation zu erstellen.

	Lexikalische Analyse	Syntax-Analyse	Semantische Analyse	Code-erzeugung
Entwurf	M1 + M2		M3 + M4	
Programmierung Testen	M3 + M4		M1 + M2	
Dokumentation	M1 + M2		M3 + M4	

Abb. 2. Eine praktische Verteilung der Arbeitsquanten auf die Gruppenmitglieder M1 - M4.

<u>Checkpoints</u>. Nach jeder Arbeitsphase treffen sich die Gruppe und die Praktikumsleitung zu einer Abnahmebesprechung. Dabei prüfen die Mitglieder, ob sie die Ergebnisse der fremden Arbeitsquanten als Grundlage für die Weiterarbeit akzeptieren können. Die Praktikumsleitung beobachtet und berät bei solchen Abnahmebesprechungen. Die Absicht der Checkpoints ist auch, die Teilnehmer schrittweise zur Vertrautheit mit dem gesamten Übersetzer hinzuführen. - Eine Ausnahme bildet hier die Arbeitsphase "Dokumentation": sie soll schon parallel zum Programmieren und Testen anlaufen.

<u>Endabnahme</u>. Die Abnahmebesprechung am Ende aller Phasen findet an einem Termin im folgenden Semester statt. Hier wird nun die Arbeit der Gesamtgruppe von der Praktikumsleitung abgenommen. Zudem sind die Leistungen der Teilnehmer auch im Einzelnen zu bewerten. Die Lauffähigkeit des Übersetzers ist dabei nur grobes Kriterium zur Bestätigung einer erfolgreichen Teilnahme. Eine detaillierte Bewertung gründet sich auf die vom Teilnehmer verfaßte Dokumentation und seine Kenntnis des gesamten Übersetzers.

3. <u>Die Sprache</u>.

Die Quellsprache für das Praktikum soll, genau wie in [Kas 78], "hinsichtlich ihrer Komplexität mit modernen höheren Programmiersprachen wie PASCAL vergleichbar" sein, um z.B. eine systematische Analyse der Kontextabhängigkeiten erforderlich zu machen. Auf der anderen Seite darf die Quellsprache nicht zu viele Konstrukte enthalten, die nur den Implementierungsaufwand, nicht aber die wesentlichen Lerninhalte vermehren. So entstand die Praktikums-Quellsprache als PASCAL-ähnliche Sprache mit den folgenden

Unterschieden zu PASCAL [JW 78]:

(1) Die Vereinbarungsteile am Blockanfang dürfen in beliebiger Reihenfolge stehen.

(2) An Skalartypen sind real, integer und Boolean, an Strukturtypen arrays vorhanden, samt den entsprechenden pointer-Typen.

(3) Laufvariablen werden wie in ALGOL 68 behandelt, d.h. sie sind für den Schleifenkörper implizit vereinbart.

(4) Formale Prozeduren und Funktionen sind nicht erlaubt.

(5) Ein- und Ausgabe sind vereinfacht.

Eine vollständige Sprachdefinition mit konkreter Syntax, Syntaxdiagrammen, Symboltabellenstruktur, abstrakter Syntax und statischer Semantik (in einer Notation der mathematischen Semantik, vgl. [BjJ 78]) steht den Teilnehmern zur Verfügung; sie kann auch als Ergänzung dieses Berichtes angefordert werden.

4. Technische Durchführung des Praktikums.

Aufgabenverteilung. Als Randbedingungen für die von den Studenten zu erstellenden Übersetzer werden (unter Berücksichtigung studentischer Wünsche) vorgegeben:

- Mehrpässigkeit bzw. Übersetzung in einem Pass.
- Spezielle Verfahren für die Syntaxanalyse, Art der Verfahren (tabellengesteuert, ausprogrammiert).
- Kompatibilität bestimmter Schnittstellen gegenüber einer breiten Klasse von Verfahren.

Ziel einer solchen Aufgabenstreuung ist neben einer gleichmäßigen Arbeitsverteilung für alle Studentengruppen vor allem, möglichst unterschiedliche Verfahren für die gleiche Beispielsprache zu implementieren. Durch Vergleich der Verfahren in einer anschließenden Diskussion können die Vor- und Nachteile der verwendeten Verfahren den Teilnehmern am Beispiel deutlich gemacht werden.

Ein- und Mehrpassübersetzer. Für einen mehrpässigen Übersetzer fallen die Übersetzerphasen mit den (gegebenfalls noch zu zergliedernden) Pässen des erzeugten Übersetzers zusammen. Weiter sind die Schnittstellen zwischen den Übersetzerphasen durch Literatur [McK 74, S. 20 - 27] und die Übersetzerentwurfsvorlesung als hinreichend bekannt vorauszusetzen. Um dennoch Spezifikationstechnik und Schnittstellenentwurf eingehend zu üben, wurden die Gruppen, die einen mehrpässigen Übersetzer zu erstellen hatten, mit dem Entwurf einer geeignet universellen Schnittstelle zwischen Symboltabelle und allen übrigen Übersetzergliedern beauftragt. Als fester Bezugspunkt ist dabei die Struktur der Symboltabelle in Form einer abstrakten Syntax vorgegeben. Die eigentliche Aufgabe besteht darin, unterschiedliche Verfahren der Bezeichneridentifikation über

die Schnittstelle des zu entwickelnden abstrakten Datentyps "Symboltabelle" zu ermöglichen.

Für die Gruppen, die einen Einpassübersetzer zu erstellen hatten, liegt eine im Schwie-
rigkeitsgrad etwa entsprechende Aufgabe in der Verschränkung der vier Übersetzerphasen
in einen Pass.
Da die verwendete Sprache in ihren Freiheitsgraden an einer mehrpässigen Übersetzung
orientiert ist (Vermischung von Typ- und Variablenvereinbarungen, freie Reihenfolge
in den Vereinbarungsteilen), liegt eine weitere wesentliche Aufgabe in der Ableitung
und Formulierung von Restriktionen für die Praktikumsquellsprache. Durch Diskussion
der entsprechenden Resultate soll den Teilnehmern des Praktikums die Einwirkung über-
setzerbaulicher Aspekte auf die Gestaltung von Programmiersprachen wie PASCAL ver-
mittelt werden.

Dokumentation. Die von den Teilnehmern geleistete Entwurfs- und Konstruktionsarbeit
ist zu dokumentieren in:

(1) Arbeitsunterlagen für das Mitglied, welches das in der nachfolgenden Arbeitsphase
    zu erledigende Arbeitsquant an der Übersetzerphase auszuführen hat.
(2) Zusammenfassende Beschreibung des tatsächlichen Standes der Übersetzerphasen.

Teil (2) der Dokumentation dient im wesentlichen zur kontinuierlichen Überwachung des
Arbeitsfortschrittes durch die Praktikumsleitung. Die Bewertung der Arbeitsunterlagen
nach (1) auf Klarheit, Verständlichkeit und Präzision kommt zumeist sehr schnell durch
denjenigen Praktikumsteilnehmer zum Ausdruck, der mit diesem Material weiterarbeiten
muß. Dieses geschieht anläßlich der "Abnahmebesprechung" beim Wechsel der Arbeitsphasen. Die Dokumentation muß also parallel zum Entwurf erstellt werden.

Die Dokumentationstechnik wird durch die Behandlung der Minisprache eingeübt und ggf.
verbessert. Die Dokumentation soll eine Verhaltensspezifikation des jeweiligen Über-
setzerteiles, eine Ableitung der jeweiligen Implementierung aus der Spezifikation
unter Begründung der getroffenen Entwurfsentscheidungen, das implementierte PASCAL-
Programm für den Übersetzerteil sowie einen Satz erfolgreich ausprobierter, charak-
teristischer Testdaten umfassen. Als Spezifikationsmittel wählten die Studenten z.B.
Modulspezifikationen mit O- und V-Funktionen [Par 72], "programmähnliche" Spezifikationen oder natürlichsprachliche Beschreibungen.

Testhilfsmittel. Aus Zeitgründen wurde der Entwurf aller Übersetzerphasen parallel
angegangen. Selbst bei einer hierarchischen Struktur der von den Studenten zu entwer-
fenden Übersetzer wäre ein Warten auf die Funktionsfähigkeit der Übersetzerteile für
unabhängige Grundfunktionen zu risikoreich gewesen. Um Zeitverluste abzufangen, stan-
den daher für alle Übersetzerphasen und die Symboltabellenmanipulation Testprogramme

zur Verfügung, die die noch fehlenden Teile des Übersetzers zunächst simulierten.

<u>Arbeit an den Übersetzerphasen</u>. Für die lexikalische Analyse wurden keine Vorgaben gemacht. Es wurde nur darauf geachtet, daß insgesamt sowohl tabellengesteuerte als auch ausprogrammierte Verfahren angewandt wurden, um vergleichende Betrachtungen zu ermöglichen.
Bei der syntaktische Analyse wurden jeweils zielgerichtete bzw. rückschauende Analyse-verfahren eingeübt. Dabei stand als Hilfsmittel zur Tabellenkonstruktion ein FSLR(k)-Parsergenerator zur Verfügung [KHW 74]. In Ermangelung eines geeigneten LL(k)-Parser-generators wurde das zielgerichtete Zerlegungsverfahren durch ausprogrammierten re-kursiven Abstieg implementiert.
Da als Implementierungssprache PASCAL fest vorgegeben war, konnte die Übersetzung der gegebenen abstrakten Syntax in entsprechende Baumknoten (in PASCAL) nahezu mechanisch vollzogen werden (siehe Abb. 3.).

```
    var = id | ind-ref | ptr-ref        varas = record case typ : vartyp of

 ind-ref :: var expr+         =>                   id    : (IDREF:PTOID)

 ptr-ref :: var                                    indref: (VARIND:PTOVAR;
                                                              INDICES:PTOEXPRLIST),

                                                   ptrref: (VARPTR:PTOVAR)

                              end
```

Abb. 3. Übertragung der abstrakten Syntax in PASCAL.

In ähnlicher Weise konnte die Übertragung der vorgegebenen Kontextbedingungen der statischen Semantik durch Ausprogrammierung des entsprechenden Attributflusses und der Attributfunktionen in PASCAL vorgenommen werden (vgl. auch [WIL 79]).

Besondere Aufmerksamkeit wurde der Bezeichneridentifikation und der Überprüfung der Wohldefiniertheit von Datentypen gewidmet. Neben einem üblichen Hashverfahren zur Identifizierung der Bezeichner [McK 74, S. 253 - 301] war das von Koch [Koch 74] ent-wickelte Sortierverfahren anzupassen und zu implementieren, was einen zusätzlichen Pass notwendig machte. Ein weiterer Punkt lag in der Überprüfung der Wohldefiniert-heit von Datentypen. Es wurde gefordert, daß falsche Datentypen auch als solche vom Übersetzer erkannt werden. Ebenfalls mußten Algorithmen zur Zirkularitätsprüfung frei entworfen und implementiert werden.

Für das Laufzeitsystem wurden den Gruppen Programmteile zur Datenein- und ausgabe zur Verfügung gestellt, da vergleichbare Aufgaben schon ausführlich in Praktika des

Grundstudiums vorkamen. Diese Prcgrammteile wurden aus dem Laufzeitsystem eines PASCAL
P-Übersetzers übernommen, der im Rahmen eines früheren Praktikums zum Übersetzerentwurf [AEH 78] erstellt worden ist. Als Zielsprache der Codegenerierung war der Assembler des zur Verfügung stehenden Praktikumsrechners zu benutzen; wegen seiner vielfältigen symbolischen Adressierungsmöglichkeiten konnte das Problem der Endadressie-
rung aus dem Praktikum ausgeklammert werden. Auf dem Gebiet der Codeerzeugung waren
ebenfalls keine Vorgaben notwendig, da entsprechende Fertigkeiten vor allem beim Entwurf des Minisprachen-Übersetzers erworben wurden. Einzig zur Strukturierung der Ak-
tivitätskonturen von Blöcken sowie der Speicherverwaltung mußten Einführungen gegeben
werden.

5. <u>Erfahrungen</u>.

Der spezifische Erfolg des Praktikums für die Teilnehmer sollte nur teilweise daran
gemessen werden, ob und in welchem Maße ein lauffähiger Übersetzer erzeugt worden ist.
Unseres Erachtens ebenso wichtig ist es, wie intensiv sich die Teilnehmer sowohl mit
den verschiedenen Arbeitsphasen als auch mit den verschiedenen Übersetzerphasen ver-
traut gemacht haben. Zu diesem Zweck ist es wesentlich, daß die Teilnehmer die organi-
satorische Struktur des Praktikums aktiv unterstützen und z.B. bei den "Abnahmebe-
sprechungen" von sich aus mitwirken. Nun war, als eine wichtige Erfahrung aus dem
Praktikum, bei den Teilnehmern eine gewisse Tendenz zu beobachten, jede allzufeine
Verteilung der Arbeitsquanten durch Bildung "informeller Organisationsstrukturen" zu
umgehen. Dahinter steht der Wunsch des einzelnen Studenten, jeweils nur eine Übersetzerphase oder eine Arbeitsphase - diese dann aber vollständig - zu bearbeiten, was
den Lernzielen des Praktikums jedoch gerade entgegenläuft.

Frühere Versuche, das Praktikum mit einer extremen Aufgabenverteilung (nach Abb. 1)
durchzuführen, resultierten in einer erheblichen Zunahme von inoffiziellen Absprachen
unter den Gruppenmitgliedern, die im Grunde zu einer Verteilung ähnlich Abb. 2 führ-
ten. Die Durchführung nach Abb. 2 erwies sich dagegen als günstig und wurde auch von
den Studenten akzeptiert.

Das Organisationsschema nach Abb. 1 war an dem Konzept des "chief programmer teams"
[Mil 70] orientiert: jedes Gruppenmitglied wäre "chief programmer" einer gewissen
Übersetzerphase gewesen und gleichzeitig "programmer" oder "secretary" in anderen
Übersetzerphasen. Die Eindrücke aus früheren Praktika sprechen jedoch auch gegen eine
feste Rollenverteilung: die Studenten sind in der Regel nicht bereit, die Rollen des
"chief-programmer" einerseits und der zugeordneten Programmierer anderseits durch-
gängig zu bekleiden.

Die Erfahrung zeigt also, daß die Übertragung solcher Projektstrukturen auf einsemestrige Praktika, in denen noch andere (fachspezifische) Lernziele verfolgt werden, nur näherungsweise möglich ist. Trotzdem glauben wir, mit der jetzigen Form des Übersetzerentwurfspraktikums eine anspruchsvolle Aufgabenstellung mit praxisnahen Rahmenbedingungen kombiniert zu haben.

Wir danken all denen herzlich, die das Praktikum gestaltet und beeinflußt haben: Prof. W. Henhapl, Prof. H.-J. Hoffmann, B. Austermühl, R. Petereit, K. Kronauer und R. Bahlke.

6. <u>Literatur</u>.

[AEH 78]   Austermühl, B., Ehlerding, D., Hechler, G., Hoffmann, H.-J., Lutze, R., Müller, A. Zu Aktivitäten an PASCAL-P; ein Bericht über Implementierungen und Weiterentwicklungen im Fachgebiet Programmiersprachen und Übersetzer der Technische Hochschule Darmstadt. In: PASCAL, Applied Computer Science Bd. 11, Hanser, 1978.

[BjJ 78]   Bjørner, D., Jones, C.B. The Vienna Development Method: The Meta-Language. Springer Lecture Notes 61, 1978.

[JW 78]   Jensen, K., Wirth, N. PASCAL User Manual and Report. Springer Study Edition, 1978.

[Kas 78]   Kastens, U. Ein Übersetzerbau-Praktikum. Fünfte Fachtagung der GI über Programmiersprachen, Braunschweig, 1978. Springer Informatik-Fachberichte 12.

[Koch 74]   Koch, K. A Compiler Concept Based on Sort. IBM Labor Wien, TR 25.138, April 1974.

[KHW 74]   Kron, H.H., Hoffmann, H.-J., Winkler, G. On a SLR(K)-based Parser System Which Accepts Non-LR(K) Grammars. Vierte Jahrestagung der GI, Berlin, 1974. Springer Lecture Notes CS 26.

[McK 74]   McKeeman, William M. Compiler Construction; Symbol Table Access. In: Compiler Construction, An Advanced Course. Springer Lecture Notes CS 21, 1974.

[Mil 70]   Mills, H.D. Chief Programmer Teams: Techniques and Procedures. IBM International Report, Jan. 1970.

[Par 72]   Parnas, D.L. A Technique for Software Module Specification with Examples. CACM 15 (1972), p. 330 - 336.

[Wil 79]   Wilhelm, R. Attributierte Grammatiken. Informatik Spektrum, Juli 1979, Springer Verlag.

A Basis for Secure Systems Implementation Languages

Klaus-Peter Löhr
Fachbereich Mathematik/Informatik
Universität Bremen
Postfach 330 440
2800 Bremen 33

ZUSAMMENFASSUNG: Die Sicherheit der heute gebräuchlichen Implementierungssprachen
ist begrenzt, da der Programmierer bei Bedarf auf die Hardware-Ebene heruntergehen
und dort beliebig viel Unheil anrichten kann. Nun ist zwar die Zugriffsmöglichkeit
auf Prozessorstatus, Geräteregister, Speicherabbildungs-Hardware etc. unverzichtbar
- jedenfalls für die Betriebssystem-Programmierung. Das bedeutet aber nicht, daß
der Programmierer in der Lage sein muß, beliebig auf die Feinstruktur dieser "Hard-
ware-Objekte" zuzugreifen (wodurch die Programmzuverlässigkeit gefährdet wird).
Wenn man auf der Hardware-Ebene das Prinzip der Datenabstraktion anwendet, kann man
mit Sprachen arbeiten, die die Implementierungsdetails von Hardware-Objekten in
einem Standard Prelude verbergen. In der vorliegenden Arbeit werden einige Eigenschaften solcher Sprachen untersucht. Der Zugriff auf Peripheriegeräte läßt sich
relativ einfach abhandeln; deshalb wird vor allem auf die schwierigeren Probleme
der Prozessor- und Speicherverwaltung eingegangen.

ABSTRACT: Contemporary high-level languages for systems implementation suffer from
language insecurities which arise from their ability to deal directly with the hardware. It is certainly indispensible, at least for operating systems programming, to
have access to the processor status, device registers, memory management hardware,
etc. There is no need, however, for revealing their implementational details to the
programmer, thus compromising reliability. Data abstraction on the machine level
allows for the design of safe systems programming languages which hide the declaration of "hardware objects" in a standard prelude. Some characteristics of such
languages are investigated. As device handling can be managed in a straightforward
way, emphasis is placed on the more critical issues, viz. processor and memory
management.

1. Motivation

In the design of machine-oriented high-level languages for systems implementation, we usually have to struggle with the trade-off between flexibility and safety. On the one hand, implementation languages have to provide an unusual degree of language flexibility for enabling the programmer to exploit special hardware facilities (e.g., peripheral devices, memory mapping hardware, special processor registers and memory locations). On the other hand, an implementation language, like any other programming language, should be designed with emphasis on the safety issue: the language shall lead, if not force, the programmer to produce reliable software /LDRS 77/.

In existing implementation languages, these two goals are apparently conflicting, and safety is either poor from the initial design or has been more or less compromised by allowing the programmer to deal directly with the hardware. This is obvious with typeless languages like BLISS /Wulf et al. 71/ or weakly typed languages like C /Ritchie 75/. The problem is still present in recently developed languages like EUCLID /Lampson et al. 77/ and ADA /Ichbiah et al. 79/, where machine-dependent program parts, although textually encapsulated, can injure the whole program.

If we aim at operating systems implementation, CPASCAL /Brinch Hansen 77/ and MODULA /Wirth 77/ are two well-known examples for languages that allow for the implementation of simple multiprogramming systems while suffering only lightly from safety leaks (cf. /Silberschatz 79/). However, this has been achieved at the cost of language flexibility /Löhr 77/. CPASCAL and MODULA are just not "real" implementation languages: both of them, especially CPASCAL, require non-trivial run-time systems for their multiprogramming features; consequently, they should be classified as concurrent application languages. Note that they stick to static memory management and make it hard to implement a virtual memory organization. The same is true for the language PPASCAL /Campbell,Kolstad 79/ and partly for CCNPASCAL /Joseph et al. 78/ /Prasad 78/ /Narayana et al. 79/.

The gap between classical implementation languages and the CPASCAL/
MODULA approach can be closed as formulated in the following

<u>claim</u> : It is possible to design safe languages with the fol-
lowing properties:

- An operating system can be implemented as one program if desired (separate compilation is, of course,
not precluded).

- Processor management, memory management, and device
drivers, as required, can be implemented as parts
of that program.

- The run-time support, if any, is trivial and does
not anticipate any relevant design decisions.

Validating this claim will be achieved starting from a strong dis-
crimination between the (limited) <u>real resources</u> which are subject
to administration by respective program parts, and the (unlimited)
<u>virtual resources</u> which form the target machine for the compiler.

2. Shortcomings of contemporary implementation languages

A systems programmer developing software for a "naked" computer is
in a situation rather different from that of the typical application
programmer. The latter will (hopefully) use a highly safe language;
producing a runnable system requires usage of a compiler and a linkage editor. The systems programmer's job is more difficult; some of
the typical problems are:

- He has to apply the dangerous features of his implementation
language very carefully: on the one hand, these features are indispensible for the implementation of process switching, virtual memory
management, and device handling; on the other hand, they open up all
kinds of tricky or inadvertent manipulations which may interfere
with compiler decisions (e.g., destruction of code, of stack organization, and the like).

- If the system to be built is not memory resident (e.g., using
a paged machine), and nevertheless is to be written as one program,

this program must be prepared to swap parts of itself; this is possible, but error-prone /Löhr 77/.

- Swapping can be handled in a cleaner way if different address spaces are used at least for the resident part and the swapped parts. However, this requires additional linking techniques, because compiler and linkage editor will handle only one linear address space at a time.

- In the construction of a segmented system using capabilities, we are faced with even more problems. The system has to be compiled segment by segment, and an inter-segment linker has to be applied. Unfortunately, this piece of software will be highly dependent on system design decisions such as segment management and address space manipulation.

- System loading and initialization is a non-trivial task because there is no underlying support (except, maybe, a primitive hardware bootstrap loader).

3. A new attitude

Many problems can be overcome by exploiting the following observation:

> It is obvious that the systems programmer must be able to directly manipulate any hardware equipment (processors, memories, peripherals). It is a fallacy, however, to conclude that this requires or necessarily opens up meddling with compiler decisions. We can adopt the attitude that the compiler produces programs for virtual equipment which will be mapped onto real equipment when the programs are loaded and executed. Except for a minimal bootstrap mapping, this mapping can be done by the programs themselves.

Consequently, there is no need for dirty language features that allow for manipulating the processor state, accessing absolute memory locations, juggling with the fine structure of device registers etc. Rather, there is a need for comprehensive constructs that enable the

programmer to load/unload a <u>virtual processor</u> (i.e. a process) into/
from a <u>processor</u>, an area of <u>virtual memory</u> (i.e. a segment) into/
from <u>memory</u>, etc.

4. Sketch of processor management

For reasons that will become apparent below, we require the existence
of a standard prelude which should be thought of as a module the
implementation of which is unknown to the programmer. This module
provides an abstract data type 'process'; among other things, it
exports

        <u>type</u> process;
        <u>proc</u> reload processor = (<u>var</u> old: process; <u>con</u> new: process) .

(The syntax is ad-hoc and, hopefully, self-explaining.) Note that,
along with the implementational details of the module, the fine
structure of 'process' is unknown to the programmer. This structure
"is identical to the structure of the processor". Thus, a variable
of type 'process' can be used for saving the processor status. Due
to the data abstraction accomplished by the module, the programmer
can neither manipulate processor status images nor the processor
state itself.

The procedure 'reload processor' allows the controlled replacement
of the processor state. Its semantics is essentially that of a coroutine exchange jump (including an address space switch if address
mapping hardware is attached to the processor). The procedure does
not care whether or not other processors exist in the system. In
terms of real and virtual resources, 'reload processor' maps a virtual processor onto a real one (which is at the same time preempted
from a different virtual processor).

On this basis, elaborate multiprogramming features can be implemented
as part of the program. Using a language with type extension facilities (e.g., through a module concept), the programmer is free to
define synchronization mechanisms according to his specific needs.

The absence of process synchronization features from the language
does not imply that any notion of concurrency is superfluous. On

the contrary, if the language has no construct for defining processes, any program will be compiled as requiring only one processor.
(Do not confuse keywords for this construct with the predefined
identifier 'process' mentioned above!) However, a "process" is a
mere coroutine unless the programmer decides to enrich it with additional attributes, e.g., for scheduling purposes.

Note that 'reload processor' is not meant to be visible on all system
levels. Rather, as it is required for the implementation of a
system's multiprogramming features only, it should be hidden from
the rest of the system for the sake of safety.

5. Programmer-defined run-time support

The procedure 'reload processor' is parametrized with what is usually
called a process control block (or is part of it). The investigation
of how these process control blocks can be initialized leads to a
first example of an additional fundamental principle in our approach.

If process management is contained in a run-time system (examples:
CPASCAL, MODULA, ADA), a process initialization procedure is provided
by the run-time system, and the compiler generates calls on that
initialization procedure for each process in the program.

Since we have made the programmer responsible for the implementation
of process management, he has to provide an appropriate initialization procedure for the process control blocks. However, there will
be no applied occurrence of the procedure identifier throughout the
program. Rather, there will be <u>hidden applications</u> generated by the
compiler - if the program contains process declarations. Syntactic
specification of the initialization procedure is part of the language
definition (the procedure identifier is reserved). Example:

<u>proc</u> INIT PROCESS = (<u>con</u> p: process)

A call on this programmer-supplied procedure is part of the process
creation activities generated by the compiler. The description of
the newly created process will be passed as the actual parameter. -
The compiler will complain if a process declaration is outside the
scope of INIT PROCESS.

It should be pointed out that the use of INIT PROCESS does not constitute an ad-hoc trick; rather, such hidden applications are intrinsic to our approach. It can be shown that all attempts to do
without them necessarily detract from language safety.

A similar technique is used in the language CCNPASCAL /Prasad 78/
for creation and deletion of non-stack objects. A _new_ statement
creating an object of a specific type is compiled into a call to an
ALLOCATE function which has to be provided as a part of an appropriate "collection" module by the programmer.

The attitude underlying the hidden application technique is as follows: let the compiler - safely - generate virtual objects and let
the program be responsible for establishing the necessary connections
between virtual objects and implementation resources.

6. Memory management and treatment of other resources

Processor management has been sketched as a very simple example.
The adequate treatment of memory management would exceed the scope
of this paper. Only a few principles can be listed here:

- If the language provides the notion of _segmentation_, the compiler will be able to generate code and data not just for one
  linear (virtual) address space but for several (as it can be
  done for processes if concurrency can be indicated in some way).
  This enables the systems programmer to devise a segmented virtual memory management (if the hardware facilities are available)
  along the same lines as demonstrated for process management.
  The standard prelude is required to provide restricted access
  to the address mapping hardware, hiding its fine structure.
  (For handling access faults and disk interrupts, see below.)

- Upon introduction of a segment, a hidden application of, e.g.,

    proc NEW SEGMENT = (_con_ length: nat) segid

  is generated. The compiler provides 'length' and expects to
  receive a value of some type 'segid' which can be used to refer
  to the segment afterwards. (Note that this value is not visible at the application site. For some programming languages,

it may be the representation of a pointer or capability.)

- Reference to a segment is required for incorporating the segment into the actual address space, i.e. for making it addres-
  sible. The details of such address space management are omitted
  here.

If we continue to insist on languages with data abstraction facilities, safe implementation of device handlers is no problem. Again,
we are able to hide the details of device registers and/or special
I/O instructions in a standard prelude. It is then possible to treat
the peripheral devices, timers, communication lines, and even more
exotic equipment, as abstract data objects. This approach was proposed in /Löhr 77/ and /Joseph et al. 78/, and the authors of
CCNPASCAL report positive experience with it /Narayana et al. 79/.

For a clean implementation of trap and interrupt handling, we have
to take into account that these are by no means hardware-bound exceptions (see, e.g., /Parnas,Würges 76/ /Ichbiah et al. 79/ /Nara-
yana et al. 79/). If the language provides an exception handling
feature, this can be applied to the operation of the hardware as
embellished by the standard prelude. Thus, the specification of the
prelude will not only indicate which items are exported but also
what trap/interrupt handling procedures have to be provided by the
programmer.

Let us close this section with a remark concerning system initialization. It has been mentioned in 3. that a minimal "bootstrap mapping" of resources cannot be accomplished by the program itself.
This means that it is the task of the compiler, loader, and run-time
support to install the first segment of the first process. Besides
this - logically inevitable - support, the system needs no additional manipulation between the compilation proper and the time when it
establishes itself in the machine.

7. Miscellaneous remarks

- It should be noted that the use of a standard prelude does not
necessarily imply the requirement for a run-time system. The proc-

edures supplied may be implemented as open subroutines by the compiler. As they are of a very trivial nature, this will even be the
"normal" approach.

- It must be pointed out once more, that an implementation language cannot meet high standards of safety unless it provides powerful hiding mechanisms (EUCLID and ADA are pleasing in this respect).
Hiding of features defined on a low system level (and used, e.g., on
the next system level) from higher system levels is indispensible for
the design of reliable systems. Example: as mentioned in 4., after
'reload processor' has been used for the implementation of process
management, it should be hidden from the rest of the system. Another
example: hiding of INIT PROCESS from higher system levels will prevent these from declaring processes. - Remember that lack of hiding
features in CPASCAL has the consequence that the (pretty dangerous)
'io' standard procedure is available throughout the program /Silber-
schatz 79/.

- The feasibility of some of the concepts presented here has been
demonstrated in a students project of designing an implementation
language which resembles a hybrid between SIMULA and EUCLID. The
use of the language has been tried on the design of a toy operating
system /Massar et al. 77/.

8. Conclusion

Safety is a relative notion. If we take the view that a safe implementation language should at least meet the safety level of, say,
CPASCAL, and at the same time be as flexible as any low-level implementation language, then there are five key issues for the design of
such languages:

- We cannot do without powerful mechanisms for data abstraction
  and selective passing of access rights.

- The language must provide the notions of concurrency and segmentation, but must <u>not</u> provide any features for <u>handling</u> the
  processes and segments indicated in the programs.

- Direct hardware manipulation has to be made safe through appropriate features provided by a standard prelude.

- Classical language safety issues (e.g. strong type checking) can only be achieved if the hidden application technique is used.

- An exception handling feature has to be present.

References

/Brinch Hansen 77/ P. Brinch Hansen: The architecture of concurrent
        programs. Prentice-Hall 1977

/Campbell,Kolstad 79/ R.H. Campbell, R.B. Kolstad: Practical applic-
        ations of Path Pascal in systems programming. Proc. ACM
        Ann. Conf., 1979

/Ichbiah et al. 79/ J.D. Ichbiah, J.G.P. Barnes, J.C. Heliard, B.
        Krieg-Brückner, O. Roubine, B.A. Wichmann: Preliminary
        ADA Reference Manual. ACM Sigplan Notices 14.6, 1979

/Joseph et al. 78/ M. Joseph, V.R. Prasad, K.T. Narayana, I.V. Rama-
        krishnan, S. Desai: Language and structure in an operating
        system. Proc. 2. Int. Symp. Operating Systems, IRIA Roc-
        quencourt, 1978 (Operating Systems - Theory and Practice,
        D. Lanciaux(Ed.), North-Holland 1979)

/Lampson et al. 77/ B.W. Lampson, J.J. Horning, R.L. London, J.G.
        Mitchell, G.L. Popek: Report on the programming language
        EUCLID. ACM Sigplan Notices 12.2, 1977

/LDRS 77/ Proc. Conf. Language Design for Reliable Software. ACM
        Sigplan Notices 12.3, 1977

/Löhr 77/ K.-P. Löhr: Beyond Concurrent Pascal. ACM Sigops Operat-
        ing Systems Review 11.5, 1977

/Massar et al. 77/ R. Massar, K. Nagel, H. Ortheil, H.D. Schmidtlein:
        COLA - an object-oriented language and its application in
        the design of well-structured operating systems. Diplom-
        arbeit, Fachbereich Informatik, TU Berlin 1977

/Narayana et al. 79/ K.T. Narayana, V.R. Prasad, M. Joseph: Some
        aspects of concurrent programming in CCNPASCAL. Software -
        Practice and Experience 9, 1979

/Parnas,Würges 76/ D.L. Parnas, H. Würges: Response to undesired
        events in software systems. Proc. 2. Int. Conf. Software
        Engineering, San Francisco 1976

/Prasad 78/ V.R. Prasad: Report on the concurrent programming lang-
        uage CCNPASCAL. TR 28, NCSDCT Tata Institute of Fundamen-
        tal Research, Bombay 1978

/Ritchie 75/ D.M. Ritchie: C Reference Manual. Bell Telephone Laboratories, Murray Hill 1975

/Silberschatz 79/ A. Silberschatz: On the safety of the IO primitive in Concurrent Pascal. Comp. J. 22.2, 1979

/Wirth 77/ N. Wirth: MODULA: A language for modular multiprogramming. Software - Practice and Experience 7, 1977

/Wulf et al. 71/ W.S. Wulf, D.B. Russell, A.N. Habermann: BLISS: A language for systems programming. Comm. ACM 14.12, 1971

BENUTZERGERECHTES EDITIEREN

- EINE NEUE SICHTWEISE VON PROBLEMLÖSEN MIT DV-SYSTEMEN

Horst Oberquelle
Fachbereich Informatik
Universität Hamburg
Schlüterstr. 70
2000 Hamburg 13

ZUSAMMENFASSUNG: Ausgehend von neuen Schwierigkeiten im Bereich der Programmierung
werden Trends in der Nutzung von DV-Systemen beschrieben und analysiert. Die Zunahme
der Dialoganwendungen und die verstärkte Zustandsorientierung führen zu dem Vorschlag, einen Paradigmenwechsel vorzunehmen: Die Nutzung von DV-Systemen durch einzelne sollte als verallgemeinertes Editieren von Objekten begriffen werden. Für die
Realisierung von "benutzergerechtem" Editieren werden Anforderungen entwickelt, wobei der Klärung des Objektbegriffs eine grundlegende Bedeutung beigemessen wird.
Es wird vorgeschlagen, Objekte durch ihren Dokument- und ihren Datenaspekt zu charak-
terisieren. Bzgl. des Dokumentaspektes werden Transportoperationen, bzgl. des Daten-
aspektes Zuweisungen als semantische Basisoperationen angesehen.

ABSTRACT: Starting with new difficulties in the field of programming trends in
computer usage are described and analyzed. The increasing application of conversational systems and the increase of state-orientation lead to the proposal for a
change of the programming paradigm: computer usage by single persons should be
viewed as a generalized form of object editing. A set of requirements for "user-
adequate" editing is proposed. A clarification of the notion "object" is one of
the basic requirements. The distinction between a document aspect and a data
aspect leads to a new concept of objects. As regards the document aspect transport
operations are found to be of basic interest. Assignments are the basic operations
with respect to the data aspect.

1. Einleitung

Daß DV-Systeme ein Hilfsmittel zur Reduktion der Komplexität mensch-
licher Problemlösungsprozesse sind, ist einer der Gründe für den Computer-
einsatz. Dabei wird sowohl die Möglichkeit zur Delegation komplexer
Handlungen wie der Speicherung komplexer Beschreibungen ausgenutzt.
Spätestens mit der Konstatierung der Software-Krise wurde deutlich, daß
die Verwendung von DV-Systemen neue Komplexitätsprobleme mit sich bringt.
Die Bemühungen im Bereich der Sprachentwicklung, des Übersetzerbaus, der
Programmiermethodik, der Datenstrukturtheorie usw. - getragen vom Para-

digma der Konstruktion virtueller Maschinen - haben viele wesentliche
Verbesserungen gebracht.

Bei der Verwendung der neu entstandenen Hilfsmittel ergeben sich jedoch
neue Komplexitätsprobleme. Es scheint daher ratsam, nicht nur einzelne
Klassen von Werkzeugen, z.B. Compiler, zu vervollkommnen, sondern von
Zeit zu Zeit die Gesamtsituation zu betrachten, allgemeine Trends zu
analysieren und eventuell einen Paradigmenwechsel vorzunehmen.

Dies ist umso schwieriger, solange es keine breit akzeptierte Grundvor-
stellung vom Gegenstand der Informatik und von der Natur von DV-Systemen
gibt. Eine pragmatikorientierte Betrachtung im Sinne von C.A. Petri
(PETR 79), die nicht fragt, was Computer im Prinzip können, sondern wozu
sie im allgemeinen eingesetzt werden, kann als Grundlage einer Situa-
tionsanalyse dienen. Nach C.A. Petri sind Computer als <u>allgemeines</u>
<u>Medium</u> <u>für</u> <u>streng</u> <u>organisierbaren</u> <u>Informationsfluß</u>, mindestens als
<u>neuartiges</u> <u>Kommunikationsmedium</u>, einzuordnen und als solches Gegenstand
einer um Organisationsgesichtspunkte erweiterten Informatik.

Die folgenden Ausführungen sind ein Beitrag zur Diskussion über zu-
künftige Nutzungsformen von DV-Systemen beim Problemlösen durch einzelne.
Sie geben eine knappe Zusammenfassung von Überlegungen wieder, die an
anderer Stelle ausführlich dargestellt wurden (OBER 79).

Ausgehend von neuen Schwierigkeiten im Bereich der Programmierung werden
Trends in der Rechnernutzung beschrieben und analysiert. Die Zunahme
der Dialoganwendungen und der Zustandsnutzung führen zu dem Vorschlag,
die Nutzung von DV-Systemen durch einzelne als verallgemeinertes Editieren zu begreifen und <u>"benutzergerechtes</u> <u>Editieren"</u> auf der Grundlage
eines neuen Objektbegriffs als neue Leitvorstellung für die Weiterent-
wicklung von DV-Systemen zu wählen.

2. <u>Neue Schwierigkeiten im Bereich der Programmierung</u>

Die bisherige Schwerpunktsetzung im Bereich der Programmierforschung
deckt nur einen Teil der Schwierigkeiten ab, hauptsächlich im Bereich
der Neuprogrammierung. Andere Bereiche bleiben bisher weitgehend unbe-
achtet.

Der Benutzer in Teilnehmersystemen sieht sich daher z.B. folgenden
Mängeln gegenüber:

a) Die Verwendung der Textrepräsentation für Programme und die Realisierung von Texteditoren sind nicht optimal:

   - Strukturell einfache Änderungen an Programmen wie das Einbetten
     einer Anweisungsfolge in eine bedingte Anweisung ("A;B;C" $\longrightarrow$ "IF P
     THEN A;B;C ELSE D;E FI") erfordern viele fehleranfällige Textände-

rungsschritte.

- Einfachste Änderungen an Programmtexten können unbeabsichtigt zu
starken Änderungen der Programmstruktur führen.
- Jede kleinste Änderung (z.B. einer Konstanten) erfordert eine
Neuübersetzung des gesamten Programms, ohne daß sich z.B. die bereits
erkannte Struktur des Programms geändert hat.
- Die Editiersprachen sind wenig systematisch konstruiert.
- Editiersysteme bieten zwar vielseitigen Komfort, wie Voreinstellungen, Positionierungen und Transportoperationen, sind aber kaum vollständig und formal beschrieben, so daß der Benutzer nur ein vages
Systemmodell als Basis seiner Handlungen entwickeln kann. Die aus
der Programmierung geläufige Basisoperation der Zuweisung (d.h. das
Ersetzen durch eine Kopie) ist für das Verständnis des Zusammensetzens
und Transportierens von Textstücken ungeeignet.

b) Trotz aller Bemühungen um Korrektheitsbeweise werden auch in Zukunft
Programmtests notwendig sein. Gesprächsfähige Laufzeitsysteme (DEBUG-
Systeme) finden immer mehr Verwendung, sind aber ebenfalls mit vielen
Unvollkommenheiten behaftet. Dialogsysteme wie APL\360 bieten im Hin-
blick auf die Zustandsanalyse seit langem wesentlich mehr Komfort.

c) Wechselt man zwecks Analyse von Fehlersituationen oder zwecks Pro-
grammänderung zwischen Laufzeitsystem und Texteditor hin und her, so
ist dies mit einem unangenehmen Informationsverlust verbunden. Verläßt
man das Laufzeitsystem, so geht der gesamte Programmzustand verloren;
verläßt man den Texteditor, so verliert man die aktuelle Positionierungs-
information und weitere aktuell gültige Voreinstellungen.

Die wenigen angeführten Beispiele scheinen uns symptomatisch zu sein
für die gegenwärtige Situation, in der viele Teilsysteme weiter spezia-
lisiert werden, ohne daß eine integrierende Sicht für die Entwicklung
von Gesamtsystemen vorliegt. Eine Verbesserung der Situation ver-
sprechen wir uns von der Untersuchung der Frage

"Wie und wozu wird das Kommunikationsmedium Computer durch
einzelne beim Problemlösen eingesetzt und was ist dabei das
Gemeinsame?"

3. Entwicklungstendenzen beim Problemlösen mit DV-Systemen

Bisher wurde Problemlösen weitgehend mit Programmierung gleichgesetzt.
Den algorithmischen Sprachen lag die Leitvorstellung zugrunde, daß
Programmieren im Instruieren einer Maschine besteht, die primär zur
Ausführung von Algorithmen dient. Das Vorhandensein eines Zustandes

wurde als notwendiges Übel der Praxis angesehen. Dies wird z.B. in
der mathematischen Semantik deutlich, die versucht, explizite Zustände
zu vermeiden, und zeigt sich auch in der Einschätzung von Variablen
als "niedriges" Programmierkonzept (BAUE 76).

Programmierung wird inzwischen als Konstruktion von virtuellen Maschinen
betrachtet, d.h. als Spezialisierung einer universellen Maschine durch
ein Programm P. Bei dieser Betrachtungsweise werden Zustände bewußt einbezogen. Programm und Daten, die zunächst als Gesamteingabe betrachtet
wurden, werden konzeptionell getrennt. Beide Betrachtungsweisen lassen
sich durch Netze aus Instanzen (☐) und Kanälen (◯) (vgl. PETR 79) folgendermaßen veranschaulichen:

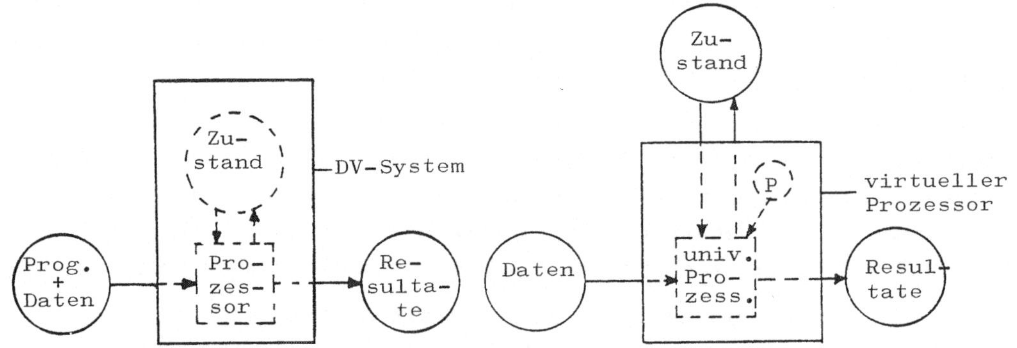

Abb. 1. DV-System als univer-
selle Funktion   Abb. 2. DV-System als virtuelle
Maschine

Die zunehmende Repräsentation von Beschreibungen aller Art in DV-
Systemen macht den verstärkten Einsatz von Dialogsystemen nötig, da
diese Beschreibungen vom Benutzer nur schrittweise und mit vielfältigen
Systemunterstützungen bearbeitet werden können. Damit wird ein Charak-
teristikum von Dialogsystemen, die Zustandsorientierung, ausgenutzt.
Auch andere Dialogcharakteristika gewinnen an Bedeutung.
Die Reflexivität der Dialogsprache, d.h. die Möglichkeit, in der Dialogsprache über Ausdrücke der Sprache (z.B. gespeicherte Aufträge) reden
zu können, tritt ins Bewußtsein. Viele der aus dem Bereich der algorithmischen Sprachen kommenden Benutzer lernen dieses Phänomen zuerst bei
der Delegation von komplexen, sich wiederholenden Texteditieraufträgen
kennen, wenn sie die Beschreibung der delegierten Aufträge wiederum mit
dem Texteditor bearbeiten.
Die Möglichkeit des gezielten Wechsels der Beschreibungsebene, z.B.
zwischen Sprachbeschreibung, Programm und aktuellem Zustand der Programm-
abwicklung, ist im Dialog ebenfalls gegeben, bisher aber nur unzureichend

genutzt worden, wie das Zusammenspiel von Texteditor und DEBUG-System zeigt.

Die Frage nach dem "Wie" des Rechnereinsatzes kann somit folgendermaßen beantwortet werden:

Die Rechnerbenutzung durch einzelne ist generell als <u>Dialog</u> zu betrachten,und der Benutzer ist in alle Betrachtungen einzubeziehen.

Diese Situation läßt sich allgemein durch ein <u>dialogfähiges System</u> (vgl. OBER 76) als Grundmodell erfassen.

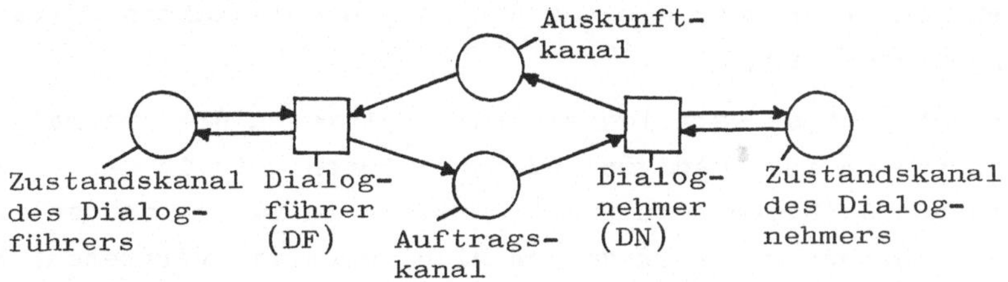

Abb. 3. Dialogfähiges System

Viele der aktuellen Entwicklungen laufen auf spezielle Dialogsysteme hinaus, die zu neuen Komplexitätsproblemen führen (z.B. durch die Vielzahl der Teilsysteme, die Uneinheitlichkeit der Sprachen und Repräsentationsstrukturen). Einen Ansatz für eine integrierende Sicht erhält man, wenn man weiter fragt
"Wozu dienen diese Dialoge im allgemeinen?".
Unsere Antwort lautet:

Sie dienen zum <u>Editieren</u> in einem verallgemeinerten Sinne, d.h. sie zielen primär auf die zweckgerichtete, schrittweise, lokale Bearbeitung von komplexen, individuellen Beschreibungen, die im Zustand des Dialogsystems repräsentiert sind.

Damit tritt der Dialog als Organisationsform des Problemlösungsprozesses bereits wieder in den Hintergrund, und der <u>Zustand des Dialog-systems</u> zusammen mit den durch den Dialognehmer, sprich <u>Editor</u>, vermittelten indirekten <u>Editieroperationen</u> nimmt die zentrale Stellung ein.

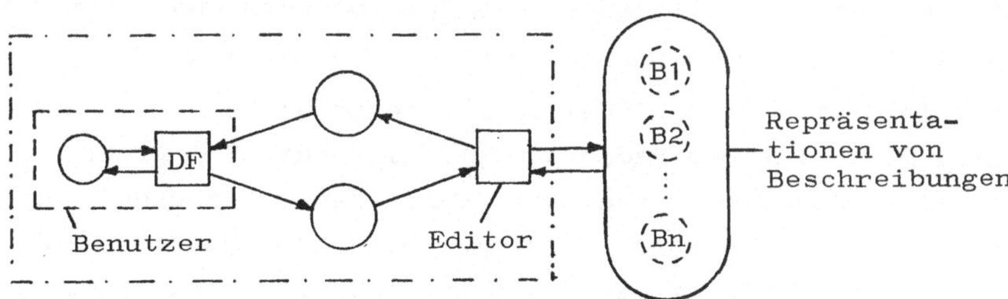

Abb. 4. Dialog als indirektes Editieren

Die alte Erkenntnis John von Neumann's, daß Programme und Daten nicht
prinzipiell unterschieden und deshalb in ein und demselben Speicher
untergebracht werden können, kommt in neuer Form zum Tragen: Alle
Arten von Beschreibungen können im Zustand von DV-Systemen repräsentiert
und durch Editieroperationen bearbeitet werden, die primär durch die
Möglichkeiten der Synthese (Aufbau, Modifikation, Abbau) und der Analyse
(Visualisieren und Auswerten) der Repräsentation sowie der Positionie-
rung bestimmt werden.

Programmieren kann als Editieren von Programmrepräsentationen, das
Exekutieren von Programmen als Ausführung von delegierten Editierauf-
trägen eingeordnet werden.

Der Standpunkt, daß so verallgemeinertes Editieren die zentrale Aufgabe
von Dialogsystemen ist, mag von anderen Autoren geteilt werden - einige
Bemerkungen von J. Nievergelt und J. Weydert (NIEV 79) deuten z.B.
darauf hin -, bisher wurde er jedoch nicht explizit vertreten. Er wird
auch durch die Beobachtungen von L.A. Miller und J.C. Thomas (MILL 77)
gestützt, die feststellten, daß 70 % aller Aufträge in einem Teilnehmer-
system Editieraufträge waren, sowie durch den Hinweis von E. Sandewall
(SAND 78), daß der Editor in interaktiven LISP-Systemen die Komponente
ist, die mit allen anderen Systemkomponenten interagiert.

4. "Benutzergerechtes" Editieren

Daß die gegenwärtig existierenden Editiermöglichkeiten noch unterent-
wickelt und somit nicht benutzergerecht sind, zeigt bereits eine Analyse
von Editiersystemen im engeren Sinne und ihr Vergleich mit traditionellem
Editieren.
Als Editiersysteme im engeren Sinne sind Texteditoren anzusehen sowie
ihre Weiterentwicklungen zu Programmeditoren, welche die syntaktische
Struktur (so z.B. PAD, s. HOFF 73) bzw. die semantische Struktur aus-
nutzen (Programme in abstrakter Syntax, s. DONZ 75, YONK 75). Am besten
entwickelt sind in dieser Hinsicht LISP-Systeme, da LISP-Programme als
Listen repräsentiert und bearbeitet werden können. Allerdings sind die
Editoren hier als Teilsysteme des Interpreters und nicht als Basissysteme
realisiert.

Im Vergleich mit traditionellen Editiertechniken (z.B. dem Umgang mit
Papier, Bleistift und Radiergummi) fällt auf, daß praktisch nur die
Operationen an Inschriften, wie "schreiben", "löschen" und "kopierendes
lesen" in rechnergestützte Systeme übernommen und modellmäßig erfaßt
wurden, während die oft zweckmäßigeren Operationen an den Trägern, wie

"einfügen", "vertauschen" und "entfernen" - allgemein <u>Transportoperatio-</u>
<u>nen</u> -, kaum realisiert und nicht formal beschrieben sind. Dies deutet
darauf hin, daß die Natur der beim Editieren bearbeiteten Objekte, d.h.
der zugrundeliegende <u>Objektbegriff</u>, noch nicht ausreichend geklärt ist.
Dieser ist sogar im Bereich der Programmierung wieder umstritten, wie
z.B. Überlegungen von G. Goos (GOOS 76), D.B. Lomet (LOME 76) und zur
Programmiersprache CLU (LISK 77) zeigen.

<u>Benutzergerechtes</u> <u>Editieren</u> im verallgemeinerten Sinn muß zunächst als
eine Zukunftsvision angesehen werden, die gegenwärtig höchstens durch
einen Forderungskatalog beschrieben und schrittweise realisiert werden
kann.
Zur Erreichung von benutzergerechtem Editieren fordern wir

1. die Entwicklung von <u>konzeptorientierten</u> <u>Repräsentationsmodellen</u>
   (d.h. von vereinheitlichten Modellen, die die Absichten von Be-
   nutzern einfach zu realisieren gestatten) auf der Basis eines
   geklärten Objektbegriffs.

2. die Einbettung dieser Modelle in explizit anzugebende <u>System-</u>
   <u>modelle</u> <u>des</u> <u>Editors</u> (d.h. Modelle, an denen der Benutzer seine
   Handlungen ausrichten kann). Diese müssen einen einheitlichen,
   komfortablen <u>Positionierungsmechanismus</u> für die lokale Bearbeitung
   aller Arten von Beschreibungen enthalten.

3. Die <u>Schnittstelle</u> <u>zwischen</u> <u>Benutzer</u> <u>und</u> <u>System</u> ist danach so zu
   gestalten, daß die Auftragserteilung einfach und ohne unnötige
   Wiederholungen geschieht, daß eine modelltreue Zustandsanzeige
   vorliegt und die Effekte von Editieroperationen soweit möglich
   unmittelbar angezeigt werden und daß der Benutzer auf alle im
   System verfügbare Information zugreifen kann.

4. Die <u>Prozeduralisierung</u> und <u>Delegierung</u> komplexer Editieroperationen muß möglich sein (allgemeine Programmierbarkeit).

5. Ein neuer Objektbegriff

Für die weitere Entwicklung von benutzergerechtem Editieren halten wir
die Klärung des Objektbegriffs für eine wesentliche Voraussetzung. Die
Überlegungen aus OBER 79 können hier nur stark verkürzt und anschaulich
wiedergegeben werden.

Die Unterscheidung von <u>Träger</u> und <u>Inschrift</u> beim traditionellen Editieren
und das Vorhandensein von Operationen, die sich auf beide Aspekte von
Repräsentationen beziehen, gibt den entscheidenden Hinweis.
Die bearbeiteten Objekte sind einerseits individuell und haben den Cha-

rakter von <u>Dokumenten</u>. Sie können andererseits gleiche Inschriften
tragen und haben deshalb auch den Charakter von beliebig kopierbaren
<u>Daten</u>. Diese Doppelnatur der Objekte wird beim Editieren genutzt und
muß sich in der Modellbildung widerspiegeln. Sie kann allgemein durch
Aufbau strukturierter Objekte aus individuellen Zellen (charakterisiert
durch einen eindeutigen Identifikator) mit verbindenden Relationen
(Dokumentaspekt) und die Vergabe von Attributen an Zellen (Datenaspekt)
erfaßt werden.

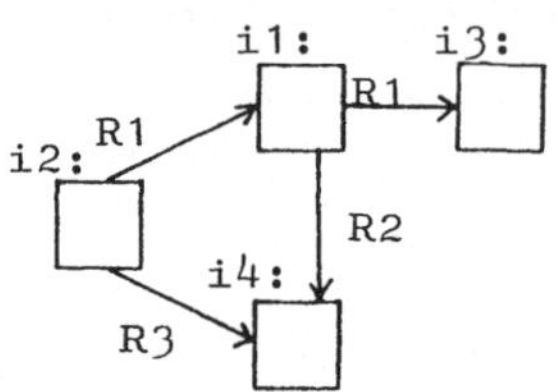 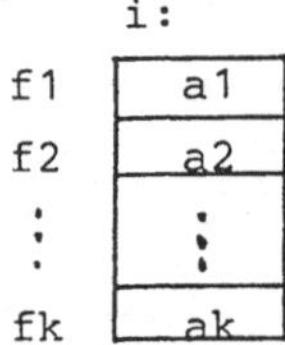

a) Dokumentaspekt   b) Datenaspekt

Abb. 5. Modellierung von Objekten

Die <u>Operationen</u> <u>an</u> <u>Objekten</u> <u>als</u> <u>Dokumenten</u> müssen diese als Individuen
behandeln und können höchstens die Relationen abändern, nicht aber Ob-
jekte erzeugen oder vernichten. Die Gesamtzahl der verfügbaren Zellen
muß in einem genügend großen Kontext als fest und endlich angenommen
werden.

Als <u>Operationen</u> <u>bzgl.</u> <u>des</u> <u>Datenaspektes</u> finden die traditionelle Zuweisung und der kopierende Zugriff auf einzelne Attribute Verwendung.

Als spezielles, für die Repräsentation von Programmen geeignetes Modell
wurde das Konzept der <u>dynamischen</u> <u>Wälder</u> entwickelt, das von geordneten
Wäldern von Zellen ausgeht (Relationen SON und SUCC).

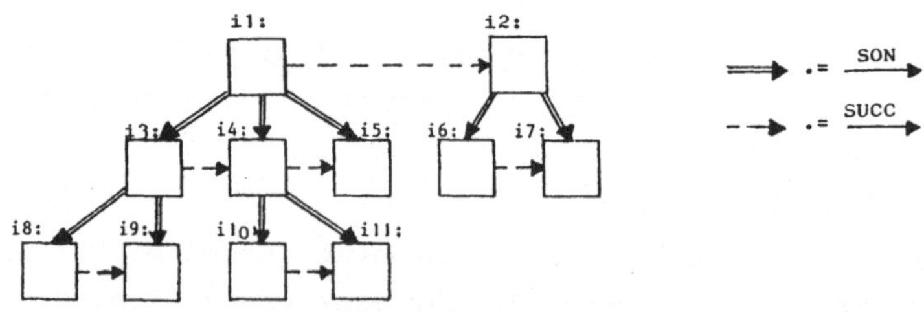

Abb. 6. Geordneter Wald

Als neuartige, für das Editieren wichtige Basisoperation gilt hier der
<u>Transport</u> <u>von</u> <u>Unterwäldern</u>, auf den viele der bisher nicht ausreichend
formal beschriebenen Editieroperationen, wie z.B. "einbetten", "extra-
hieren" und "vertauschen", zurückgeführt werden können.

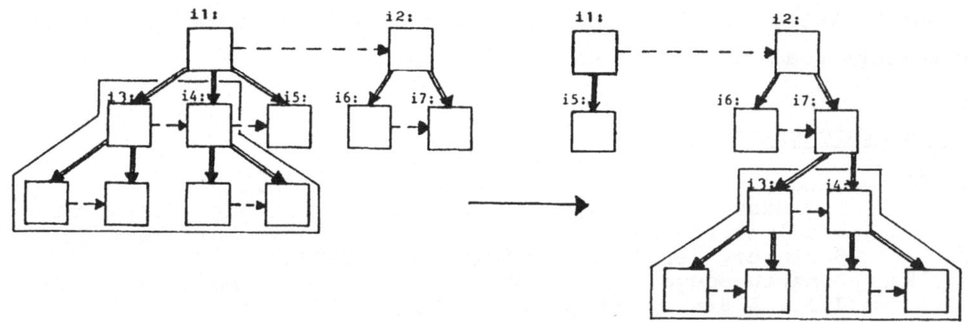

Abb. 7. Transport eines Unterwaldes (umrandet)

Die der Zuweisung entsprechende Operation an Dokumenten, "ersetzen durch
eine Kopie", erweist sich als eine aus Transporten und Wertzuweisungen
für Attribute ableitbare Operation.

Ein so präzisierter Objektbegriff schließt bezüglich des Dokumentaspektes unveränderliche Trägerstrukturen wie die sequentiellen Kernspeicher
ein, erweitert die Bearbeitungsmöglichkeiten für in ihnen realisierte
virtuelle Objekte aber in natürlicher, dem Benutzer aus anderen Bereichen vertrauter Art und Weise.

6. Ausblick

Im Rahmen der oben genannten Arbeit (OBER 79) wurden erste Schritte zur
Erreichung von benutzergerechtem Editieren unternommen, indem zunächst
begriffliche Grundlagen und ein neuer Objektbegriff entwickelt wurden.
Für Anwendungen im Bereich der Programmierung wurde ein konzeptorien-
tiertes Repräsentationsmodell vorgeschlagen, das es gestattet, Editiersysteme systematischer zu entwickeln und präzise zu beschreiben.

Die Gestaltung der Benutzerschnittstelle ist ein nachgelagertes Problem,
für das man z.B. bei H.-J. Hoffmann (HOFF 77), J. Palme (PALM 75) und
bei W. Teitelman (TEIT 77) interessante Hinweise findet. Die Erfahrungen von J. Nievergelt und J. Weydert (NIEV 79) bestätigen unsere These,
daß eine benutzergerechte Schnittstelle nur auf der Basis eines ver-
ständlichen Systemmodells entworfen werden kann.

Für die Programmierung bringt benutzergerechtes Editieren zum einen mit
dem neuen Objektbegriff eine Ergänzung der Grundkonzepte. Eine neue
Arbeitsteilung der Systemkomponenten, wie sie bereits bei DONZ 75 an-
gedeutet ist, kann eine weitere Folge sein: lexikalische und syntaktische Analyse von Programmen sowie strukturgerechtes Visualisieren sind
fester Bestandteil des Editors, Codeerzeugung, Interpretation, symbo-

lisches Exekutieren usw. können als spezielle Evaluatoren im Rahmen
des Editors realisiert werden.

7. <u>Literaturverzeichnis</u>

BAUE 76   Bauer, F.L.: Variables Considered Harmful;
           in: Bauer.F.L. + Samelson K. (Eds.): Language Hierarchies
           and Interfaces; Lecture Notes in Computer Science Vol. 46,
           Springer, Berlin etc., 1976, S. 230-241
DONZ 75   Donzeau-Gouge, V. + Huet, G. + Kahn, G. + Lang, B. + Levy,
           J.J.: A Structure Oriented Program Editor:
           A First Step Towards Computer Assisted Programming;
           IRIA Laboria, Rapport de Recherche no. 114, 1975
GOOS 76   Goos, G.: Zum Variablenbegriff in Programmiersprachen;
           Tagungsbericht Naturw. Linguistik, Akademie der
           Naturforscher, Leopolding, Halle, 1976
HOFF 73   Hoffmann, H.-J.: Programming by Selection; in Günther, A. +
           Levrat, B. + Lipps, H. (eds.); Intern. Computing Symposium,
           North-Holland, Amsterdam etc., 1974, S. 59-65
HOFF 77   Hoffmann, H.-J.: Betrachtungen zum Entwurf interaktiver
           Systeme; in: Blaser, A. + Hackl, C. (eds.):
           Interactive Systems; Lecture Notes in Computer
           Science Vol. 49, Springer, Berlin etc., 1977, S. 38-91
LISK 77   Liskov, B.H. + Snyder, A. + Atkinson, R. + Schaffert, C.:
           Abstraction Mechanisms in CLU; CACM 20,8, 1977, S. 564-576
LOME 76   Lomet, D.B.: Objects and Values: The Basis of a Storage
           Model for Procedural Languages; IBM Journal of Research and
           Development, Vol. 20,2, 1976, S. 157-167
MILL 77   Miller, L.A. + Thomas, J.C.Jr.: Behavioral Issues in the Use
           of Interactive Systems; Int. Journal of Man-Machine Studies
           9,5, 1977, S. 509-536
NIEV 79   Nievergelt, J. + Weydert, J.: Sites, Modes, and Trails:
           Telling the User of an Interactive System Where He Is,
           What He Can Do, And How to Get to Places; ETH Zürich,
           Institut für Informatik, Bericht Nr. 28, 1979
OBER 76   Oberquelle, H.: Grundbegriffe zur Beschreibung von Dialogen
           und dialogfähigen Systemen; Universität Hamburg, Institut
           für Informatik, Bericht Nr. 28, 1976
OBER 79   Oberquelle, H.: Objektorientierte Informationsverarbeitung
           als Grundlage benutzergerechten Editierens; Universität
           Hamburg, FB Informatik, Dissertation, 1979
PALM 75   Palme, J.: Interactive Software For Humans; Swedish
           Nat. Defense Research Inst., Report C10029-M3(E5), 1975
PETR 79   Petri, C.A.: Kommunikationsdisziplinen;
           in: Petri, C.A. (Ed.): Ansätze zur Organisationstheorie
           Rechnergestützter Informationssysteme; Berichte der GMD,
           Nr. 111, Oldenbourg, München, Wien, 1979, S. 63-76
SAND 78   Sandewall, E.: Programming in an Interactive Environment:
           The "Lisp" Experience; ACM Computing Surveys 10,1, 1978,
           S. 35-71
TEIT 77   Teitelman, W.: A Display Oriented Programmer's Assistant;
           Xerox Palo Alto Research Center, CSL 77-3, 1977
YONK 75   Yonke, M.D.: A Knowledgeable Language-Independent System for
           Program Construction and Modification;
           Univ. of Southern California, ISI/RR-75-42, 1975

SEQUENTIALISIERUNG VON PARALLELEN PROZESSEN

Jakob Schauer
Institut für Informatik II
Universität Karlsruhe
Zirkel 2, Postfach 6380
7500 Karlsruhe 1

ZUSAMMENFASSUNG: Für die Transformation von parallelen Prozessen in ein sequentielles Programm (Sequentialisierung) war bisher kein systematisches oder algorithmisches Verfahren bekannt. Diese Arbeit gibt eine Reihe von Transformationsregeln an,
die sich sowohl zur manuellen als auch automatischen Transformation eignen. Die
automatische Umsetzung in ein sequentielles Programm vermeidet sowohl unnötigen Aufwand bei der Problemlösung als auch den erheblichen Verwaltungsaufwand, den die Einrichtung und Kommunikation von parallelen Prozessen erfordern würde.

ABSTRACT: For the transformation of parallel processes into sequential programs no
systematic or algorithmic method was known until now. This paper presents a set of
transformation rules which can be used for manual or automatic transformation. The
automatic transformation avoids unnecessary overhead during the process of problem
solving as well as the considerable management overhead by the creation of parallel
processes and their communication.

1 Einleitung und Motivation

Viele Programmierprobleme lassen sich auf einfache und übersichtliche Weise mit parallelen Prozessen lösen. Die Implementierung der
Prozesse als solche und die Kommunikation zwischen ihnen ist sehr
aufwendig. Eine Prozessumschaltung erfordert meistens einige tausend
Befehle und ist damit oft um ein Vielfaches länger als die vom
Prozess auszuführende Befehlsfolge. In vielen Fällen steht auch das
Hilfsmittel der parallelen Prozessen nicht zur Verfügung (z.B. in
der Programmiersprache oder auf der Maschine). Trotz der Klarheit
einer Lösung mit parallelen Prozessen ist es daher wünschenswert,
das Problem auf sequentielle Weise zu lösen.

Löst man das Problem sequentiell, wird das Programm in der Regel viel komplizierter. Über Verfahren, die die Umwandlung paralleler Prozesse in ein sequentielles Programm beschreiben, findet sich in der Literatur sehr wenig. Lediglich Jackson [8] gibt unter dem Namen 'program inversion' eine zur Programmentwurfszeit einzusetzende Methode an, mit der zwei nur auf sehr einfache Weise kommunizierende parallele Prozesse umgewandelt werden können.

Jackson erläutert seine Idee an einem Beispiel: In einem der Prozesse wird die Anforderung einer Kommunikation durch eine Anweisungsfolge ersetzt, die den Anweisungen entspricht, die der andere Prozess zwischen zwei Kommunikationszeitpunkten ausführt. Er nutzt dabei die Bedeutung der Anweisungen und Randbedingungen der Problemstellung aus. Die Umformung liefert unübersichtliche Programme, in denen die ursprüngliche Struktur nicht oder nur sehr schwierig wiederzuerkennen ist. Er gibt keine systematischen Regeln an, so dass das Verfahren für den praktischen Einsatz unbrauchbar erscheint.

Bisher war für die Transformation von parallelen Prozessen in ein sequentielles Programm (<u>Sequentialisierung</u>) kein systematisches, algorithmisches oder gar automatisch einsetzbares Verfahren bekannt. Diese Arbeit untersucht systematisch parallele Prozesse auf ihre Sequentialisierbarkeit. Die wesentlichen Konzepte einer Programmiersprache für parallele Prozesse hat Hoare [7] definiert. Eine Realisierung dieser Konzepte erfolgte in der Sprache ADA ([10, 11], die als Grundlage der Untersuchung dient.

Es wird ein Verfahren vorgestellt, das eine <u>automatische Sequentialisierung</u> erlaubt. Ergebnis der Transformation eines Prozesses ist ein Monitor ([1, 2, 6]). Zielsprache der Transformation ist ADA. Der Monitor besitzt Prozeduren anstelle der Eingänge zur Prozesskommunikation. Im 'rufenden' Prozess wird die Anforderung einer Prozesskommmunikation durch einen Prozeduraufruf ersetzt. Unter bestimmtem Bedingungen (Kap. 5) können mit dem Verfahren mehrere Prozesse eines Prozess-Systems oder gar das ganze System in ein sequentielles Programm transformiert werden.

2 Parallele Prozesse in ADA

Im folgenden werden kurz die wichtigsten Sprachkonstruktionen für parallele Prozesse in ADA ([10], Kap.9) beschrieben.

Die <u>Deklaration eines Prozesses</u> (task, [10],9.1) besteht aus zwei Teilen: einer Spezifikation mit den Deklarationen, die die Schnittstelle zu anderen Prozessen bilden, und einem Prozessrumpf, der die Rümpfe der Schnittstellenprozeduren und die auszuführenden Anweisungen des Prozesses enthält.

In der Schnittstelle können Prozeduren (procedure) und Eingänge (entry) deklariert werden (neben Typen und Konstanten, aber keine Variablen). Eine <u>Prozedur</u> ([10],9.2) kann von mehreren anderen Prozessen aufgerufen und gleichzeitig ausgeführt werden. <u>Eingänge</u> ([10], 9.5) dienen der Kommunikation zwischen Prozessen unter gegenseitigem Ausschluss (Rendezvoustechnik, 'hand shaking'). Das bedeutet, zu einem Zeitpunkt kann ein Prozess höchstens einen Aufruf eines Eingangs bearbeiten. Die Kommunikation zwischen den Prozessen verläuft einseitig anonym: ein Prozess ruft einen Eingang des Prozesses auf, mit dem er kommunizieren möchte; der gerufene Prozess vollzieht das Rendezvous (mittels accept-Anweisung), ohne seinen Kommunikationspartner zu kennen.

accept-Anweisung ([10],9.5)

Eine accept-Anweisung definiert die Anweisungen, die auszuführen sind, wenn der zugehörige Eingang aufgerufen wird. Zu einem Eingang kann es mehrere accept-Anweisungen geben.

Beim Aufruf eines Eingangs gibt es zwei Möglichkeiten:
a) Ruft ein Prozess einen Eingang eines Prozesses auf, bevor dieser eine entsprechende accept-Anweisung erreicht hat, wird der rufende Prozess angehalten, bis solch eine Anweisung erreicht wird.
b) Erreicht ein Prozess eine accept-Anweisung, bevor der zugehörige Eingang aufgerufen wird, hält der Prozess an, bis ein Aufruf erfolgt.

Wenn ein Eingang aufgerufen wurde und eine entsprechende accept-Anweisung erreicht ist, werden die Anweisungen der accept-Anweisung unter gegenseitigem Ausschluss ausgeführt. Anschliessend können rufender und gerufener Prozess parallel weiterarbeiten. Rufen mehrere Prozesse den gleichen Eingang auf, bevor eine entsprechende accept-Anweisung erreicht wurde, werden die Aufrufe in eine Warteschlange zu diesem Eingang eingereiht. Jede Ausführung einer accept-Anweisung entfernt einen Aufruf aus dieser Warteschlange. Die Aufrufe werden in der Reihenfolge des Eintreffens abgearbeitet.

select-Anweisung ([10],9.7)

Die select-Anweisung erlaubt disjunktives Warten (selective wait) auf eine oder mehrere Alternativen. Sie basiert auf den guarded commands von Dijkstra [5], die von Hoare [7] für parallele Prozesse weiterentwickelt wurden.

Jede Alternative besteht aus einer, möglicherweise leeren Bedingung, einer accept-Anweisung und weiteren Anweisungen. Eine Alternative heisst offen, wenn keine Bedingung (when_condition) angegeben wurde oder wenn die zugehörige Bedingung erfüllt ist. Ansonsten heisst sie geschlossen.

Eine select-Anweisung wird wie folgt ausgeführt:
a) Die Bedingungen werden in der textuellen Reihenfolge ausgewertet, um die offenen Alternativen festzustellen.
b) Eine offene Alternative kann ausgewählt werden, wenn ein entsprechendes Rendezvous <u>unmittelbar</u> möglich ist, d.h die Warteschlange des zugehörigen Eingangs enthält mindestens einen wartenden Prozess. Wird solch eine Alternative ausgewählt, werden die accept-Anweisung und die anderen Anweisungen der Alternative ausgeführt.
c) Sind mehrere Rendezvous unmittelbar möglich, wird unter diesen ein beliebiges ausgewählt.
d) Wenn keine Alternative unmittelbar ausgewählt werden kann und ein else-Teil angegeben wurde, werden die Anweisungen des else-Teils ausgeführt. Wurde kein else-Teil angegeben, wartet der Prozess, bis eine offene Alternative ausgewählt werden kann.
e) Wenn alle Alternativen geschlossen sind und ein else-Teil angegeben wurde, wird dieser ausgeführt. Wurde kein else-Teil angegeben, wird die exception SELECT_ERROR ausgelöst.

<u>Start eines Prozesses ([10], 9.3)</u>

Durch Abarbeitung einer Prozessdeklaration wird dieser Prozess erzeugt, dessen Prozessrumpf aber noch nicht ausgeführt (er ist inaktiv). Die Abarbeitung des Rumpfs wird erst begonnen, wenn eine <u>initiate-Anweisung</u> für diesen Prozess ausgeführt wird: der Prozess wird aktiv. Wird bei der Abarbeitung das Ende des Prozessrumpfs erreicht, wird der Prozess wieder inaktiv. Er kann mittels einer initiate-Anweisung erneut aktiviert werden. Eine initiate-Anweisung für einen aktiven Prozess ist nicht zulässig (Auslösung der exception INITIATE_ERROR).

Ein Aufruf eines Eingangs oder einer Prozedur eines Prozesses ist nur zulässig, wenn der Prozess aktiv ist. Andernfalls wird die exception TASKING_ERROR ausgelöst ([10],9.2).

<u>3 Grundprinzip der Transformation</u>

Bei einem Rendezvous zwischen zwei Prozessen werden nur die Anweisungen der accept-Anweisung unter gegenseitigem Ausschluss ausgeführt. Danach können die Anweisungen bis zum nächsten Erreichen einer accept-Anweisung parallel zum rufenden Prozess abgearbeitet werden; d.h. an der Korrektheit des Programms ändert sich nichts, wenn der rufende Prozess erst nach der Ausführung jener Anweisungen weiterarbeitet. In diesem Fall verhält sich der gerufene Prozess ähnlich einer Koroutine. Es ist naheliegend, die Anweisungen, die bei solch einem Aufruf ausgeführt werden, zu einer Prozedur zusammen- zufassen. Die Anweisungen, die beim Aufruf eines Eingangs ausgeführt werden, beginnen immer mit einer accept-Anweisung zu diesem Eingang. Der Name dieses Eingangs kann als Prozedurname dienen.

Eigentlich haben diese Prozeduren nur die Aufgabe, Anweisungen ab genau definierten Punkten des Prozessrumpfs auszuführen. (Bei mehreren accept-Anweisungen zu einem Eingang sind in der Prozedur die geeigneten Punkte auszuwählen (mittels Zustandsvariablen o.ä.) Beginn der Ausführung an solchen Punkten kann leicht durch Sprünge erreicht werden. Da die Startpunkte jedoch innerhalb von Sprach-konstruktionen liegen können, in die nicht hinein gesprungen werden darf (z.B. Schleifen), muss der Prozessrumpf in eine äquivalente lineare Folge von Anweisungen und Sprüngen überführt werden (sog. 'Linearisierung'). Zu jedem Eingang kann damit eine Prozedur gebildet werden, die aus zwei Teilen besteht. Der erste Teil ist prozedurspezifisch und bestimmt den Startpunkt der Ausführung. Der zweite Teil besteht aus dem linearisierten Prozessrumpf. Dieser Teil kann daher von allen Prozeduren gemeinsam benutzt werden.

Die zu den Eingängen gebildeten Prozeduren müssen unter gegen-seitigem Ausschluss ablaufen, da der Prozess zu einem Zeitpunkt nur höchstens einen Aufruf eines Eingangs bearbeiten kann. Die Zusammen-fassung dieser Prozeduren zu einer Datenstruktur liefert daher einen Monitor [1, 2, 6]. Die Daten des Prozesses werden zu lokalen Daten des Monitors. Zusätzlich ist eine Prozedur für die initiate-Anweisung einzufügen, die die Anweisungen des Prozessrumpfs bis zum Erreichen der ersten accept-Anweisung ausführt.

Der Monitor ist noch um die Rümpfe der Prozeduren aus der Prozess-Schnittstelle zu erweitern. Im Gegensatz zu den Monitor-prozeduren für die Eingänge laufen diese Prozeduren <u>nicht</u> unter gegenseitigem Ausschluss ab ([10], 9.2).

Damit lässt sich das <u>Grundprinzip der Transformation</u> zusammenfassen:
- Der Prozess wird in einen Monitor transformiert.
- Die Daten des Prozesses werden zu Daten des Monitors.
- Die initiate-Anweisung wird auf eine Prozedur abgebildet, die die Anweisungen bis zum Erreichen der ersten accept-Anweisung ausführt.
- Zu jedem Eingang wird eine Prozedur gebildet, die neben einer prozedurspezifischen Anfangsbehandlung einen allen Prozeduren gemeinsamen Rumpf verwendet, der durch eine einfache Transformation aus dem Prozessrumpf gewonnen wird.
- Die Prozedur zu einem Eingang führt die accept-Anweisung sowie die Anweisungen bis zum Erreichen der nächsten accept-Anweisung aus.

4 Das Transformationsverfahren

Zunächst wird als Beispiel ein Problem mit Hilfe eines Prozesses in ADA gelöst. Die für die Transformation notwendigen Regeln werden entwickelt und damit das Beispiel transformiert. Die Regeln können vereinfacht werden, wenn die zu transformierenden Prozesse stärkeren Bedingungen genügen (4.4). Der letzte Abschnitt gibt Transformationsregeln für Prozesse an, in denen prozess-spezifische Sprachkonstruktionen uneingeschränkt verwendet werden können.

Zielsprache der Transformation ist ADA. Die verwendeten Anweisungen sind selbsterklärend. Zwei Besonderheiten der ADA-Syntax sollten jedoch erwähnt werden:
- Bezeichner in doppelten spitzen Klammern '<<id>>' stellen Markendefinitionen dar.
- Ab dem Symbol '--' wird der Rest einer Zeile als Kommentar überlesen (Zeilenende-Kommentar).

4.1 Beispiel: Bounded Buffer ([3, 6, 7, 11])

Aufgabe: Entwerfe einen Prozess, der als Puffer zwischen einem Erzeuger- und einem Verbraucherprozess dient (z.B. um Schwankungen in der Geschwindigkeit der Prozesse auszugleichen). Dieses Problem wird von folgendem Prozess gelöst:

```
task bounded_buffer is
    entry append (x: in  element);
    entry remove (x: out element);
end;


task body bounded_buffer is
    N                 : constant integer := 10;
    buffer            : array (0..N-1) of element;
    inelem, outelem: integer := 0;
begin
    loop
        select
            when inelem < outelem + N
                => accept append (x: in element)
                    do buffer (inelem mod N) := x;
                    end;
                    inelem := inelem + 1;

        or when outelem < inelem
                => accept remove (x: out element)
                    do x := buffer (outelem mod N);
                    end;
                    outelem := outelem + 1;
        end select;
    end loop;
end  bounded_buffer;
```

Das Feld buffer speichert die Elemente, inelem zählt alle abgespeicherten Elemente, outelem zählt alle abgegebenen. Wenn outelem <inelem < outelem + N gilt, hängt die Auswahl einer Alternative davon ab, ob zuerst append (Erzeuger liefert) oder remove (Verbraucher entfernt) aufgerufen wird. Gilt outelem = inelem, ist der Puffer leer und die zweite Alternative kann nicht ausgewählt werden, auch wenn remove vom Verbraucher aufgerufen werden solte. Entsprechendes gilt für inelem = outelem + N.

4.2 Transformationsregeln

Zur Verwirklichung der Transformation werden einige Hilfsgrössen benötigt.

Zustand des Prozesses

Eine Variable aktiv hält den Zustand (aktiv oder inaktiv) des Prozesses fest, um die Gültigkeit der Prozeduraufrufe zu überprüfen.

Gegenseitiger Ausschluss

Zur Realisierung des gegexseitigen Ausschlusses wird ein binäres Semaphore mutex ([3, 4]) verwendet. P (mutex) muss zu Beginn der Prozedur ausgeführt werden, V (mutex) normalerweise an deren Ende.

Verzögern eines Aufrufs

Definiert ein Prozess nur einen Eingang, sind bei einem Aufruf des Eingangs nur zwei Situationen zu unterscheiden. Ist der Prozess nicht aktiv, dann ist der Aufruf unzulässig. Im anderen Fall kann der Aufruf unmittelbar und vollständig bearbeitet werden.

Bei mehreren Eingängen kann jedoch folgende Situation eintreten: ein Eingang wird aufgerufen, der gerufene Prozess ist aktiv, der Aufruf ist also zulässig. Der Prozess ist jedoch in einem Zustand, in dem er den Aufruf eines anderen Eingangs erwartet. Das bedeutet, dass die Abarbeitung des Aufrufs verzögert werden muss, bis der Prozess diesen Aufruf akzeptiert. Werden mehrere Aufrufe eines Eingangs verzögert, sind diese in der Reihenfolge ihres Eintreffens abzuarbeiten ([10], 9.5).

Für die Darstellung von Wartesituationen in Monitoren hat Hoare [6] die condition variables eingeführt. Condition variables können weder gelesen noch geschrieben werden. Auf ihnen sind lediglich drei Operationen definiert:

a) eine <u>wait</u>-Operation, die den rufenden Prozess an eine Warteschlange anhängt. Diese Operation muss den gegenseitigen

Ausschluss beenden, um andere Aufrufe und damit das Fortführen von Prozessen der Warteschlange zu ermöglichen.

b) eine signal-Operation, die bewirkt, dass genau einer der Prozesse der Warteschlange fortgeführt wird. Ist die Schlange leer, ist die Operation ohne Wirkung. Die Weiterführung eines Prozesses muss der signal-Operation so unmittelbar folgen, dass keine Möglichkeit eines dazwischenliegenden Aufrufs eines Eingangs besteht.

c) eine boolesche Funktion queue, die den Wert true liefert, falls sich Prozesse in der zugehörigen Warteschlange befinden.

Die von Hoare [6] vorgeschlagene Realisierung der condition variables mittels Semaphoren kann hier durch die Art ihrer Verwendung in den Transformationsregeln vereinfacht werden. Für jede condition variable cv werden benötigt:
- count_cv: integer := 0;
  zählt die Prozesse in der Warteschlange zu cv;
- sema_cv: semaphore; (initialisiert mit 1)
  zur Realisierung der Warteschlange.

Realisierung der Operationen:
```
    cv . signal: if count_cv > 0
                 then V (sema_cv);
                 else V (mutex);
                 end if;
    cv . wait:   count_cv := count_cv + 1;
                 V (mutex);
                 P (sema_cv);
                 count_cv := count_cv - 1;
    cv . queue:  count_cv > 0
```

Zur besseren Lesbarkeit werden in weiteren nur Operationen auf condition variables (und nicht deren Realisierung) verwendet.

Regeln für die Transformation

Die folgenden Transformationsregeln gelten für Prozesse, deren Rumpf zu jedem Eingang höchstens eine accept-Anweisung enthält.

Für die Transformation werden zu jedem Eingang q benötigt:
- condvar_q: condition; zur Verzögerung der Aufrufe zu q
- legal_q: boolean; zeigt an, ob der Aufruf von q unmittelbar bearbeitet werden kann (d.h. ob der Prozess auf einen Aufruf dieses Eingangs wartet).

Rumpf der Prozedur für die initiate-Anweisung:

```
P (mutex);
if aktiv
then raise INITIATE_ERROR;
end if;
legal_q_i := false;        -- für alle Eingänge q_i
aktiv := true;

-- linearisierter Prozessrumpf
```

An den linearisierten Rumpf sind noch die Anweisung
```
aktiv := false;
V (mutex);
```
anzufügen, da ja das Erreichen des Endes des Prozessrumpfs den Übergang des Prozesses in den inaktiven Zustand bedeutet. (Weitere Aufrufe von Eingängen benötigen einen vorausgehenden Aufruf von initiate.)

Im linearisierten Prozessrumpf wird eine accept-Anweisung zu einem Eingang q (die nicht in einer Alternative einer select-Anweisung steht)

```
accept q (parameter_list)
do statement_list;
end;
```

transformiert in

```
legal_q := true;
condvar_q . signal;
return;                    -- Prozedur-Rücksprung
<<start_q>>
    -- behandle in-Parameter von q
    statement_list;
    -- behandle out-Parameter von q
```

Transformation der select-Anweisung:

```
select when bedingung_1 => accept q (parameter_list)
                           do statements_1;
                           end;
                           statements_2;
    or when bedingung_2 => accept r (parameter_list)
                           do statements_3;
                           end;
                           statements_4;
        else statements_5;
end select;
```

wird transformiert in

```
    -- behandle Bedingungen
    if bedingung_1
    then legal_q := true;
    end if;
    if bedingung_2
    then legal_r := true;
    end if;

    -- prüfe, ob else-Teil auszuführen ist
    if legal_q and condvar_q . queue
    then condvar_q . signal;
    elsif legal_r and condvar_r . queue
    then condvar_r . signal;
    else statements_5;
        goto end_select;
    end;
    return;

    -- Anweisungen aus den Alternativen
    <<start_q>>
       -- behandle in-Parameter von q
       statements_1;
       -- behandle out-Parameter von q
       statements_2;
       goto end_select;

    <<start_r>>
       -- behandle in-Parameter von r
       statements_3;
       -- behandle out-Parameter von r
       statements_4;
       goto end_select;
    <<end_select>>
```

Wurde kein else-Teil angegeben, ist der mittlere Teil zu ersetzen durch:

```
    if legal_q and condvar_q . queue
    then condvar_q . signal;
    elsif legal_r and condvar_r . queue
    then condvar_r . signal;
    elsif legal_q or legal_r
    then V (mutex);
    else raise SELECT_ERROR;
    end if;
```

Mit einer select-Anweisung wartet der Prozess auf den Aufruf eines der Eingänge, deren Bedingungen in den Alternativen erfüllt sind (die zugehörigen legal_q_i werden gesetzt). Die Prozeduren zu den Eingängen haben deswegen legal_q_i für alle Eingänge q_i des Prozesses zurückzusetzen.

Rumpf der Prozedur zu einem Eingang q:

```
P (mutex);
if not aktiv
then raise TASKING_ERROR;
end if;
if not legal_q
then condvar_q . wait;
end if;

legal_q_i := false;          -- für alle Eingänge q_i
-- linearisierter Rumpf
```

4.3 Transformation des Beispiels

Mit diesen Regeln kann unser Beispielprozess transformiert werden. Die Prozedur zum append erhält folgenden Rumpf:

```
P (mutex);
if not aktiv
then raise TASKING_ERROR;
end if;
if not legal_append
then cond_var_append . wait;
end if;

legal_append := false;
legal_remove := false;
goto start_append;

-- Beginn des transformierter Prozessrumpf

<<start_loop>>
    if inelem < outelem + N
    then legal_append = true;
    end if;

    if outelem < inelem
    then legal_remove := true;
    end if;
```

```
if legal_append and condvar_append . queue
then condvar_append . signal;
elsif legal_remove and condvar_remove . queue
then condvar_remove . signal;
elsif legal_append or legal_remove
then V (mutex);
else raise SELECT_ERROR;
end if;
return;

<<start_append>>
    buffer (inelem mod N) := x;
    inelem := inelem + 1;
    goto end_select;

<<start_remove>>
    x := buffer (outelem mod N);
    outelem := outelem + 1;
    goto end_select;

<<end_select>>
goto start_loop;

aktiv := false;
V (mutex);
```

4.4 Vereinfachungen der Regeln

Können neben der Bedingung des Abschnitts 4.2 (zu jedem Eingang
gibt es im Rumpf höchstens eine accept-Anweisung) weitere Einschränkungen gemacht werden, vereinfachen sich auch die Transformationsregeln.

Prozesse mit nur einem Eingang q

Beim Aufruf dieses Eingangs sind nur zwei Fälle zu unterscheiden.
Ist der Prozess aktiv, kann der Aufruf unmittelbar bearbeitet
werden, andernfalls war er unzulässig. Deshalb können in diesem Fall
die Grössen condvar_q und legal_q und damit sämtliche Operationen
auf ihnen entfallen.

Prozesse mit nur einem Eingang und einem Aufrufer

Kann neben der vorigen Bedingung zudem garantiert werden, dass
nur ein Aufrufer des Eingangs existiert, können auch die Operationen
auf dem Semaphore mutex entfallen.

4.5 Erweiterung der Transformationsregeln

Die Transformationsregeln des Abschnitts 4.2 liessen zu jedem Eingang q nur eine accept-Anweisung zu. Lässt man mehrere accept-Anweisungen zu, muss festgehalten werden, vor welcher accept-Anweisung der letzte Aufruf einer Monitorprozedur geendet hat. Dazu werden die accept-Anweisungen zu einem Eingang numeriert (z.B. in der Reihenfolge der Aufschreibung). Die Nummer der beim nächsten Aufruf von q auszuführenden accept-Anweisung wird in einer Variablen start_of_q festgehalten.

Im Rumpf der Prozedur zu q wird der Sprung auf die Startmarke durch eine Fallunterscheidung ersetzt (n sei Anzahl der accept-Anweisungen zu q):

```
case start_of_q of
    when 1 => goto start_q_1;
    when 2 => goto start_q_2;
        .           .
        .           .
    when n => goto start_q_n;
end case;
```

Bei der Transformation der i-ten accept-Anweisung zu q (ausserhalb einer Alternative einer select-Anweisung) ist vor der Weiterführung eines Prozesses aus der Warteschlange (condvar_q . signal) die Anweisung
```
    start_of_q := i;
```
einzufügen.

Bei der Transformation der select-Anweisung kann es zu einem Eingang mehrere offene Alternativen geben, unter denen eine beliebige auszuwählen ist. Die Transformation der Bedingung einer Alternative (mit der i-ten accept-Anweisung zu einem Eingang q) muss geändert werden:

```
if bedingung
then if legal_q
        then start_of_q := one_of (start_of_q, i);
        else legal_q := true;
            start_of_q := i;
     end if;
end if;
```

one_of (j,k) ist eine Funktion, die einen beliebigen der Parameter als Ergebnis liefert.

5 Transformierbare Prozesse

5.1 Voraussetzung für die Transformation

Mit den in Kapitel 4 angegebenen Transformationsregeln können alle Prozesse transformiert werden, die keine Eingänge anderer Prozesse aufrufen, weder direkt noch indirekt. Das bedeutet, in einer Prozedur zu einem Eingang q gibt es (ausser der durch die Transformation erzeugten Warteoperation condvar_q . wait) keine Anweisung, die einen Prozess, der diese Prozedur aufruft, in eine Wartesituation versetzen könnte. Die Anweisungen können unmittelbar und vollständig abgearbeitet werden (siehe auch 5.3).

5.2 Baumartige Aufrufstrukturen

Wenn die Eingänge eines Prozesses nur von einem anderen Prozess aufgerufen werden, können die Aufrufe als Baum dargestellt werden.

Beispiel mit sechs Prozessen:

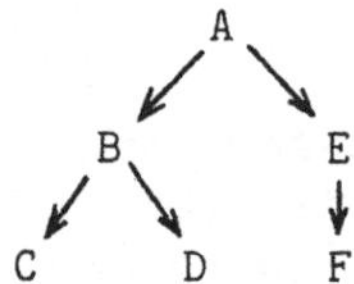

A → B: Prozess A ruft einen Eingang des Prozesses B auf.

Die Prozesse C, D und F rufen keinen Eingang eines Prozesses auf (Voraussetzung 5.1) und können damit transformiert werden. Da die Prozesse jeweils nur einen Aufrufer haben, können die Ergebnisse der Transformation als lokale Daten in den rufenden Prozess eingebettet werden (die Monitore zu C und D in Prozess B, der Monitor zu F in Prozess E). Nach der Einbettung erfüllen nun die Prozesse B und E ebenfalls die Voraussetzung und können transformiert werden. Ergebnis der vollständigen Transformation ist ein sequentieller Prozess.

Damit können Prozess-Systeme mit baumartiger Aufrufstruktur vollständig in ein sequentielles Programm transformiert werden.

5.3 Nichttransformierbare Prozesse

Werden mit den angegebenen Regeln Prozesse transformiert, die die Voraussetzung (5.1) nicht erfüllen, d.h. die Eingänge anderer Prozesse aufrufen, können beim Ablauf des transformierten Programms Verklemmungen auftreten, die bei einer Implementierung mit Prozessen vermieden worden wären.

Beispiel: Gegeben seien drei Prozesse T1, T2 und T3. Prozess T1 definiere zwei Eingänge p und q. Die Prozesse haben folgende Rümpfe (vereinfacht):

```
T1: begin accept p;        T2: begin T1 . q;
           accept q;            end;
    end;


T3: begin initiate T2;
           T1 . p;
    end;
```

Bei einer Transformation des Prozesses T2 würde beim Ablauf folgende Situation eintreten: Prozess T3 ruft die Prozedur initiate des Monitors zu T2 auf. Da T1 . q nicht unmittelbar ausgeführt werden kann, wird der rufende Prozess (das ist Prozess T3!) in den Wartezustand versetzt. Da aber nur dieser Prozess die Wartesituation auflösen könnte (durch den Aufruf T1 . p), ist damit eine Verklemmung eingetreten. Offensichtlich kann diese Verklemmung bei einer Implementierung von T2 als Prozess nicht auftreten.

6 Zusammenfassung

Es wurde ein Verfahren vorgestellt, dass die automatische Sequentialisierung von Prozessen erlaubt. Prozess-spezifische Sprachkonstruktionen können in den Prozessen ohne Einschränkung verwendet werden. Blöcke und lokale Prozeduren, die accept-Anweisungen umfassen, wurden nicht untersucht. Ich kann jedoch zeigen, dass sie keinen Einfluss auf die Transformationsregeln haben. Lediglich ist eine andere Verwaltung der Daten aus diesen Blöcken und Prozeduren erforderlich (näheres siehe [12]).

Die Transformationen liefern klare und übersichtliche Strukturen. Neben dem Einsatz zur automatischen Transformation (z.B. in einem Übersetzer im Anschluss an die semantische Analyse) sind daher die Regeln auch sehr gut zur manuellen Transformation geeignet.

Die Transformation von mehreren Prozessen oder gar ganzen Prozess-Systemen kann in vielen Fällen den Entwurf eines Systems wesentlich erleichtern. Das System kann vollständig mit parallelen Prozessen entworfen werden. Ein Übersetzer kann dieses System vollständig in ein sequentielles Programm überführen (vorausgesetzt, die Aufrufbedingungen wurden eingehalten).

Beispiel: Jammel und Stiegler diskutieren in ihrem Artikel 'Managers versus Monitors' ([9]) die Vorteile eines Betriebssytementwurfs mit hierarchisch geordneten Verwaltungsprozessen (managers, mit baumartiger Aufrufstruktur) gegenüber einem Entwurf mit Monitoren.

Durch das vorgestellte Transformationsverfahren ist diese Frage keine Entwurfsentscheidung mehr, sondern höchstens noch eine Implementierungsentscheidung (sofern man sie nicht einem Übersetzer überlassen will).

Literatur

[1]   Brinch Hansen, P.:
        The programming language Concurrent Pascal
        IEEE Trans. Software Eng. 1, 2 (June 1975)
[2]   Brinch Hansen, P.:
        Operating System Principles
        Prentice-Hall, Englewood Cliffs, N.J., 1973
[3]   Dijkstra, E.W.:
        Co-operating sequential processes
        In: Programming Languages, F.Genuys, Ed.
        Academic Press, New York, 1968
[4]   Dijkstra, E.W.:
        The Structure of the "THE"-Multiprogramming System
        CACM 11, 5 (Mai 1968)
[5]   Dijkstra, E.W.:
        Guarded commands, nondeterminacy, and formal
        derivation of programs
        CACM 18, 8 (August 1975)
[6]   Hoare, C.A.R.:
        Monitors: An Operating System Structuring Concept
        CACM 17, 10 (Oktober 1974)
[7]   Hoare, C.A.R.:
        Communicating Sequential Processes
        CACM 21, 8 (August 1978)
[8]   Jackson, M.A.:
        Principles of Program Design
        Academic Press, London, 1975
[9]   Jammel,A., H.Stiegler
        Managers versus Monitors
        Proceedings IFIP Conference
        Toronto, 1977
[10] Preliminary ADA reference manual
        SIGPLAN Notices 14, 6 Part A (June 1979)
[11] Rationale for the Design of the ADA programming language
        SIGPLAN Notices 14, 6 Part B (June 1979)
[12] Schauer, J.:
        Über Sequentialisierung paralleler Prozesse
        Interner Bericht 13/79
        Universität Karlsruhe, August 1979

Lecture Notes in Computer Science

Vol. 22: Formal Aspects of Cognitive Processes. Proceedings 1972. Edited by T. Storer and D. Winter. V, 214 pages. 1975.

Vol. 23: Programming Methodology. 4th Informatik Symposium, IBM Germany Wildbad, September 25–27, 1974. Edited by C. E. Hackl. VI, 501 pages. 1975.

Vol. 24: Parallel Processing. Proceedings 1974. Edited by T. Feng. VI, 433 pages. 1975.

Vol. 25: Category Theory Applied to Computation and Control. Proceedings 1974. Edited by E. G. Manes. X, 245 pages. 1975.

Vol. 26: GI-4. Jahrestagung, Berlin, 9.–12. Oktober 1974. Herausgegeben im Auftrag der GI von D. Siefkes. IX, 748 Seiten. 1975.

Vol. 27: Optimization Techniques. IFIP Technical Conference. Novosibirsk, July 1–7, 1974. (Series: I.F.I.P. TC7 Optimization Conferences.) Edited by G. I. Marchuk. VIII, 507 pages. 1975.

Vol. 28: Mathematical Foundations of Computer Science. 3rd Symposium at Jadwisin near Warsaw, June 17–22, 1974. Edited by A. Blikle. VII, 484 pages. 1975.

Vol. 29: Interval Mathematics. Procedings 1975. Edited by K. Nickel. VI, 331 pages. 1975.

Vol. 30: Software Engineering. An Advanced Course. Edited by F. L. Bauer. (Formerly published 1973 as Lecture Notes in Economics and Mathematical Systems, Vol. 81) XII, 545 pages. 1975.

Vol. 31: S. H. Fuller, Analysis of Drum and Disk Storage Units. IX, 283 pages. 1975.

Vol. 32: Mathematical Foundations of Computer Science 1975. Proceedings 1975. Edited by J. Bečvář. X, 476 pages. 1975.

Vol. 33: Automata Theory and Formal Languages, Kaiserslautern, May 20–23, 1975. Edited by H. Brakhage on behalf of GI. VIII, 292 Seiten. 1975.

Vol. 34: GI – 5. Jahrestagung, Dortmund 8.–10. Oktober 1975. Herausgegeben im Auftrag der GI von J. Mühlbacher. X, 755 Seiten. 1975.

Vol. 35: W. Everling, Exercises in Computer Systems Analysis. (Formerly published 1972 as Lecture Notes in Economics and Mathematical Systems, Vol. 65) VIII, 184 pages. 1975.

Vol. 36: S. A. Greibach, Theory of Program Structures: Schemes, Semantics, Verification. XV, 364 pages. 1975.

Vol. 37: C. Böhm, λ-Calculus and Computer Science Theory. Proceedings 1975. XII, 370 pages. 1975.

Vol. 38: P. Branquart, J.-P. Cardinael, J. Lewi, J.-P. Delescaille, M. Vanbegin. An Optimized Translation Process and Its Application to ALGOL 68. IX, 334 pages. 1976.

Vol. 39: Data Base Systems. Proceedings, 5th Informatik Symposium, IBM Germany, Bad Homburg v. d. H., September 1975. Edited by H. Hasselmeier and W. G. Spruth. VI, 386 pages. 1976.

Vol. 40: Optimization Techniques. Modeling and Optimization in the Service of Man. Part 1. Proceedings, 7th IFIP Conference, Nice, September 1975. Edited by J. Cea. XIV, 854 pages. 1976.

Vol. 41: Optimization Techniques. Modeling and Optimization in the Service of Man. Part 2. Proceedings, 7th IFIP Conference, Nice, September 1975. Edited by J. Cea. XIV, 852 pages. 1976.

Vol. 42: J. E. Donahue: Complementary Definitions of Programming Language Semantics. VIII, 172 pages. 1976.

Vol. 43: E. Specker, V. Strassen: Komplexität von Entscheidungsproblemen. Ein Seminar. VI, 217 Seiten. 1976.

Vol. 44: ECI Conference 1976. Proceedings of the 1st Conference of the European Cooperation in Informatics, Amsterdam, August 1976. Edited by K. Samelson. VIII, 322 pages. 1976.

Vol. 45: Mathematical Foundations of Computer Science 1976. Proceedings, 5th Symposium, Gdańsk, September 1976. Edited by A. Mazurkiewicz. XII, 606 pages. 1976.

Vol. 46: Language Hierarchies and Interfaces. International Summer School. Edited by F. L. Bauer and K. Samelson. X, 428 pages. 1976.

Vol. 47: Methods of Algorithmic Language Implementation. Edited by A. Ershov and C. H. A. Koster. VIII, 351 pages. 1977.

Vol. 48: Theoretical Computer Science, Darmstadt, March 1977. Edited by H. Tzschach, H. Waldschmidt and H.-G. Walter on behalf of GI. VIII, 418 pages. 1977.

Vol. 49: Interactive Systems. Proceedings 1976. Edited by A. Blaser and C. Hackl. VI, 380 pages. 1976.

Vol. 50: A. C. Hartmann, A Concurrent Pascal Compiler for Minicomputers. VI, 119 pages. 1977.

Vol. 51: B. S. Garbow, Matrix Eigensystem Routines – Eispack Guide Extension. VIII, 343 pages. 1977.

Vol. 52: Automata, Languages and Programming. Fourth Colloquium, University of Turku, July 1977. Edited by A. Salomaa and M. Steinby. X, 569 pages. 1977.

Vol. 53: Mathematical Foundations of Computer Science. Proceedings 1977. Edited by J. Gruska. XII, 608 pages. 1977.

Vol. 54: Design and Implementation of Programming Languages. Proceedings 1976. Edited by J. H. Williams and D. A. Fisher. X, 496 pages. 1977.

Vol. 55: A. Gerbier, Mes premières constructions de programmes. XII, 256 pages. 1977.

Vol. 56: Fundamentals of Computation Theory. Proceedings 1977. Edited by M. Karpiński. XII, 542 pages. 1977.

Vol. 57: Portability of Numerical Software. Proceedings 1976. Edited by W. Cowell. VIII, 539 pages. 1977.

Vol. 58: M. J. O'Donnell, Computing in Systems Described by Equations. XIV, 111 pages. 1977.

Vol. 59: E. Hill, Jr., A Comparative Study of Very Large Data Bases. X, 140 pages. 1978.

Vol. 60: Operating Systems, An Advanced Course. Edited by R. Bayer, R. M. Graham, and G. Seegmüller. X, 593 pages. 1978.

Vol. 61: The Vienna Development Method: The Meta-Language. Edited by D. Bjørner and C. B. Jones. XVIII, 382 pages. 1978.

Vol. 62: Automata, Languages and Programming. Proceedings 1978. Edited by G. Ausiello and C. Böhm. VIII, 508 pages. 1978.

Vol. 63: Natural Language Communication with Computers. Edited by Leonard Bolc. VI, 292 pages. 1978.

Vol. 64: Mathematical Foundations of Computer Science. Proceedings 1978. Edited by J. Winkowski. X, 551 pages. 1978.

Vol. 65: Information Systems Methodology, Proceedings, 1978. Edited by G. Bracchi and P. C. Lockemann. XII, 696 pages. 1978.

Vol. 66: N. D. Jones and S. S. Muchnick, TEMPO: A Unified Treatment of Binding Time and Parameter Passing Concepts in Programming Languages. IX, 118 pages. 1978.

Vol. 67: Theoretical Computer Science, 4th GI Conference, Aachen, March 1979. Edited by K. Weihrauch. VII, 324 pages. 1979.

Vol. 68: D. Harel, First-Order Dynamic Logic. X, 133 pages. 1979.

Vol. 69: Program Construction. International Summer School. Edited by F. L. Bauer and M. Broy. VII, 651 pages. 1979.

Vol. 70: Semantics of Concurrent Computation. Proceedings 1979. Edited by G. Kahn. VI, 368 pages. 1979.

Vol. 71: Automata, Languages and Programming. Proceedings 1979. Edited by H. A. Maurer. IX, 684 pages. 1979.

Vol. 72: Symbolic and Algebraic Computation. Proceedings 1979. Edited by E. W. Ng. XV, 557 pages. 1979.

Vol. 73: Graph-Grammars and Their Application to Computer Science and Biology. Proceedings 1978. Edited by V. Claus, H. Ehrig and G. Rozenberg. VII, 477 pages. 1979.

Vol. 74: Mathematical Foundations of Computer Science. Proceedings 1979. Edited by J. Bečvář. IX, 580 pages. 1979.